东北亚研究辑刊

二

毋育新 主编

浙江工商大学出版社
ZHEJIANG GONGSHANG UNIVERSITY PRESS
·杭州·

图书在版编目(CIP)数据

东北亚研究辑刊. 二 / 毋育新主编. —杭州:浙江工商大学出版社,2021.10
ISBN 978-7-5178-4494-5

Ⅰ. ①东… Ⅱ. ①毋… Ⅲ. ①远东—研究—丛刊 Ⅳ. ①K310.07-55

中国版本图书馆 CIP 数据核字(2021)第094796号

东北亚研究辑刊(二)
DONGBEI YA YANJIU JIKAN (ER)
毋育新 主编

责任编辑	鲁燕青　王　英
封面设计	林朦朦
责任印制	包建辉
出版发行	浙江工商大学出版社
	(杭州市教工路198号　邮政编码310012)
	(E-mail:zjgsupress@163.com)
	(网址:http://www.zjgsupress.com)
	电话:0571-88904980,88831806(传真)
排　版	杭州朝曦图文设计有限公司
印　刷	杭州高腾印务有限公司
开　本	787mm×1092mm　1/16
印　张	16.75
字　数	307千
版印次	2021年10月第1版　2021年10月第1次印刷
书　号	ISBN 978-7-5178-4494-5
定　价	59.00元

目 录
CONTENT

文学研究

文化、翻译研究

特约论文

日语专业国别和区域研究建设的困境及对策性思考

孙成岗　吴　宏①

（信息工程大学洛阳外国语学院　洛阳:471003）

摘　要:国内学者目前尚未对国别和区域研究的内涵与外延形成共识。本文厘清了日本学、日本研究、国别和区域研究三个学术概念的内涵和外延,指出国别和区域研究是高校科研工作新的增长点,加强培育这一新兴交叉学科,是学科建设的需要,也是时代的呼唤。同时,本文还阐述了日语专业在国别和区域研究方向存在的问题,并提出了对策性思考。

关键词:国别和区域研究;学科建设困境;对策性思考

国别和区域研究是个新生事物。2012年,为了落实党的十七届六中全会提出的服务国家外交战略、促进教育对外开放的要求,教育部在部分高校和研究机构启动了国别和区域研究基地的遴选与培育建设工作。2013年9月和10月,习近平分别提出了建设"新丝绸之路经济带"和"21世纪海上丝绸之路"的合作倡议,给国别和区域研究带来了重要的发展机遇。随后,教育部立即加强了对国别和区域研究的扶持力度,2015年印发了《国别和区域研究基地培育和建设暂行办法》,2017年又下发了《关于做好2017年度国别和区域研究有关工作的通知》,并颁布了《国别和区域研究中心建设指引(试行)》。

然而,国内学者目前尚未对国别和区域研究的内涵与外延形成共识。有人说它是类似美国区域研究的学科,也有人主张区域研究必须与国际研究有所区别,因为两者所采

---

① 孙成岗,信息工程大学洛阳外国语学院教授,博士生导师,研究方向为日本国别研究、日语教育研究;
吴宏,信息工程大学洛阳外国语学院教授,研究方向为跨文化交际研究、日语语言研究。

用的研究方法和理论是截然不同的。罗林和邵玉琢指出,国别和区域研究是对一个国家或地区特殊文化和社会的系统认知,是对当地政治、经济和社会变化内在动因的深刻理解,它在研究深度和广度上要远远大于研究国际社会中各行为体互相关系和作用机制的国际关系研究(罗林,邵玉琢,2018:80)。

正因为认识不一致及现有定义的宽泛性,所以造成了国别和区域研究的研究内容、知识体系的模糊不清,容易与其他学科混淆。

一、日本学与日本研究

教育部提出要加快推进国别和区域研究工作,使之全面覆盖世界各个国家和地区。在这一方针的指引下,许多外语院系都成立了教育部备案的国别和区域研究基地或培育基地,在几年来的探索中取得了一些成果,积累了一些经验;但总体而言,建设的路线图尚不够明晰,部分单位不知道建什么、怎么建。就日本方向研究而言,要解决这个问题,首先必须厘清"日本学""日本研究""国别和区域研究(日本方向)"几个学术概念。

(一)日本学

日本学这一概念最早是由欧美学者于日本明治维新前后提出的。它是欧美学者以翻译、研读日语经典文献为中心,对日本国家、社会、文化自觉开展的体系化、学科化研究。其标志是日本亚洲协会的成立与《日本亚洲学会学刊》的出版发行。

日本学者提出的日本学大概有两个系谱。第一个系谱是自20世纪30年代到1945年日本战败的日本学。这个时候的日本学实际上就是"国体学"的翻版,它主张维护以天皇为中心的皇国国体,强调天皇的正统地位,探究日本作为皇国的前进方向,主张遵循国体的原则,建设东亚新秩序。其代表人物是大关将一、上杉慎吉等。

第二个系谱是20世纪70—80年代的日本学。这一时期日本学的研究对象与日本传统的国学非常相近,但它摈弃了传统国学中狭隘的民粹主义,反对对儒教与佛教抱有敌意的研究方法,认为关于日本的学问,不应是站在狭隘专业视野之上的学问,而应是以更广阔的视野对日本进行综合的、哲学的研究。由此可以看出,战后的日本学实际上就是改良的日本国学。其代表人物是梅原猛。

在我国近代,虽然戴季陶、周作人、陶晶孙等人从日本在世界文化史中的地位、日本人的人情和对科学文化艺术的执着等角度对日本进行了研究,但并未使之成为一门学科,也没有日本学这一概念。日本学作为一个学术概念进入我国,则是1985年北京日本学研究中心成立之际的事情。从日本学研究中心的专业设置来看，无论是刚开始的语言、文学、社会文化三大专业，还是现在的六大专业（日语语言、日语教育、日本文学、日本文化、日本社会、日本经济），似乎都与日本国内兴起的日本学关系不大。因此，不妨将之纳入"海外日本学"的范畴。

从30多年的实践来看，海外日本学的主要研究对象是日语语言和日本文学。它从培养日语教师入手，在国外推动高等院校设立日语专业，取得了非凡的成果。在我国，1980—1985年，日本国际交流基金会在北京语言学院（现北京语言大学）兴办"大平班"，派遣日本专家200多名，共培训了600多名日语教师。1985年，中国教育部和日本国际交流基金会合作创建了北京日本学研究中心，该中心至今培养了1000多名硕士和博士，毕业生中相当一部分成了各高校的日语教师。可以说，中国目前的日语教师或多或少都与"大平班"或者北京日本学研究中心有着千丝万缕的联系。笔者本人也是受益者之一，曾在北京日本学研究中心做过客座研究员。

日本政府通过ODA（Official Development Assistance，政府开发援助）对海外日本学研究在人力与物力上进行了大力支持，旨在通过海外日本学的研究展现日本之美，体现日本之趣，增强相关国家人民对日本的了解，同时也利用海外日本学关于日本之美和日本之趣的研究成果，反过来影响日本民众，最终重塑日本在国内外的国家形象。这种做法确实收到了非常好的效果。

然而，这一做法对我国的日语教学模式也产生了有形无形的影响。高校日语专业自觉不自觉地都在以日本学研究之名行日语语言文学教学之实，其研究成果更加注重语言与文学的研究，而对日本社会与文化，不少只停留在对茶道、花道的展示上，缺乏系统性研究。这种片段式的文化解读方式往往缺乏学术性和系统性。

毋庸置疑，海外日本学中暗藏着一定的意识形态意图。因此，在重塑日本国家形象这一任务完成之后，日本学作为一个学科范畴自然就走向了衰弱。现在无论是日本的学科目录，还是中国的学科目录，都无法找到日本学这一概念。日本的维基百科只是泛泛地指出，日本学是"广泛研究日本文化、文明的学问，与'日本研究'大致同义"。这一解释显然不是一个严谨的学术概念，因为并未对其内涵进行进一步诠释，且与以日语语言和日本文学为主要研究对象的传统日本学不相符，同时又模糊了它与日本研究之间的界限。

（二）日本研究

近年来，日本学作为一个术语仍然不时地出现在各类学术论文中，学者们大多把它当成了日本研究的代名词。比如刘晓峰指出："当代日本研究可以考虑以平成元年（1989

年)划线,将平成日本单独列出作为一个独立的历史时期,如果给这一历史时期的日本研究作一个命名,可以称之为'平成日本学'。"(刘晓峰,2015:3)

目前,日本研究没有一个完整的定义,但从1949年之后陆续组建一些日本研究机构来看,日本研究的研究对象是日本的政治、经济、社会、文化、外交、安全、历史等,其中恰恰不包括日语语言研究,甚至日本文学也没有进入日本研究的范畴。从事日本研究的人员大多出身于日语专业,但因为他们脱离了传统日本学的学科框架,没有受到语言文学学科藩篱的束缚,所以其研究成果更具系统性、全面性。

(三)国别和区域研究(日本方向)

罗林和邵玉琢认为:"国别和区域研究是针对特定国家或者区域的政治、经济、社会、军事、人文、法律等领域的社会科学研究,是侧重于公共事务和公共政策的研究,具有多学科、跨领域的基本特点,国别和区域研究以精通对象国家和地区语言为基础,以当地语言书写的一手文献为源头,以长期深入实地的调查研究为核心,系统地研究对象国家和地区的总体特征,进而预测其未来的发展动向。"(罗林,邵玉琢,2018:79-80)教育部虽然没有对国别和区域研究这一概念进行定义,但对"国别和区域研究基地"进行了明确的界定。《国别和区域研究基地培育和建设暂行办法》指出,"国别和区域研究基地是指高校整合资源对某一国家或者区域的政治、经济、文化、社会等开展全方位综合研究的实体性平台","基地的名称一般为'×××'研究中心"。

不难看出,国别和区域研究(日本方向)与日本研究既相互联系又有所区别。两者的研究领域虽然高度重合,但侧重点不一样。前者是跨学科的综合性研究,以咨政服务为首要宗旨;后者是单学科研究,以揭示某一领域的规律为研究重点,更注重自身的学科属性。比如,日本政治研究属于政治学的范畴,日本经济研究属于经济学的范畴。前者的研究人员必须精通日本的语言;后者的研究人员也应通晓日语,但通晓日语并非是研究的必要条件,有时使用英语资料进行研究,独辟蹊径从外部看日本,可能会获得更为独到的观点。

二、高校开展国别和区域研究的必要性

国别和区域研究是高校科研工作新的增长点。加强培育这一新兴交叉学科,是学科建设的需要,也是时代的呼唤。其主要原因如下。

一是国家战略发展的需要。综合国力的增强使国人观察日本的视角发生了变化。

在某些领域由过去的追赶变成现在的并跑,从仰视变为平视。党的十九大报告提出要构建新型大国关系,自然包括竞争对抗与合作共存的中日关系。正如2019年10月国务委员兼外交部部长王毅在"北京—东京"论坛上所讲的那样:"中日两国的利益从来没有像今天这样广泛而深入融合,中日两国的发展也从来没有像今天这样直接而紧密相连。"①在这样的时代背景下,我国需要更多的能够全面认识日本并能预测其政策走向的新型人才,而传统的语言型人才已经满足不了时代发展的需求。国别和区域研究正是对这一需求的回应,它是对日本的具体情况、主要动向和对华关系所进行的多角度跨学科研究。其目的在于服务国家战略,为国家决策提供一定的政策建议和参考。

二是日语学科转型升级的需要。《普通高等学校本科日语专业教学指南》(以下简称"新大纲")要求今后的日语本科专业必须走内涵式发展道路。运用人工智能技术和基于神经网络系统的机器翻译的出现,使日语不再是"一招鲜"的专业技能,光靠语言本身很难满足社会需求。因此,必须"把坚持提高日语本身的综合技能与培养人文素养结合起来,把'日语+'的文章做好,把培养应用型人才提到议事日程上来"。根据专业定位"主动服务国家战略和地方经济社会发展,满足中华文化走出去、'一带一路'建设和构建人类命运共同体对复合型人才的强烈需求"(教育部高等学校外国语言文学类专业教学指导委员会,2020:105-107)。在该指导思想下,"新大纲"把"国别和区域研究"列为日语专业的一个重要方向,这就要求我们改变过去单一的语言文学思维,拓宽学科内涵,把社会需求作为衡量课程设置是否科学的尺子,积极推进学科转型。而国别和区域研究正是学科转型的一个重要突破口。

三、日语院系培养日本研究人才存在的问题

国别和区域研究的全面性、综合性对人才培养提出了更高要求,不仅要精通对象国的语言,还需要具备敏锐的问题意识和较强的研究能力,能够运用日语系统收集资料与信息,深入研究与把握日本的政治、经济、外交、社会等方面的总体特征,并根据实际情况和发展动向为国家制定政策提供参考性建议。

然而,目前国内大多日语院系在国别和区域研究学科建设方面或多或少地存在一些问题,主要表现如下。

---

① 国务委员兼外交部部长王毅在第15届"北京—东京"论坛开幕式上的致辞,https://www.fmprc.gov.cn/web/wjbzhd/t1710957.shtml?from=singlemessage&isappinstalled=0[2019-10-29]。

一是对国别和区域研究人才概念认识不清,培养目标模糊笼统。国别和区域研究方向培养的人才,应该是能够满足国家重大政策研究需求的"国别通""领域通""区域通",从某种意义上来说应该是通才而不是专才。不少研究中心并无实体,只重视项目的申报与研究,而忽视了对人才的培养。教师在教学中重视的依然是语言能力,而没有把提高学生的思辨能力纳入教学日程。

二是传统语言文学教学模式无法适应国别和区域研究人才培养的要求。日语院系的强势方向是语言与文学。虽然也有文化方向,但这个方向是个大杂烩,包罗万象,没有统一的研究理论与方法,难以产出一些有影响的成果,边缘化也在所难免。另外,课程中听、说、读、写、译五会能力的培养占据了大部分课时,而相关专业知识只在高年级的有限课时中开设,这就使得语言与知识被割裂开来。学生综合能力的系统化提升受到了限制,难以适应日本研究人才的发展需求。

三是与其他院系、其他层次的日本研究缺乏沟通和交流,人才培养缺乏互补性和连贯性。传统的语言文学教学模式过于重视语言技能,在一定程度上影响了学生思辨能力的提升,致使学生对国别和区域研究的理论知识运用和研究能力不足。语言能力与专业知识运用未能有效合理地衔接和互补,成为日语专业学生在硕、博阶段进行国别和区域研究的最大短板。

四、应对措施

尽管有学者呼吁国别和区域研究尽快学科化(李晨阳,2018;罗林,邵玉琢,2018),但迄今为止,学界对国别和区域研究的理论体系和研究方法尚未形成共识,需要探索的东西还很多。在学科化尚无现实可行性的情况下,我们做了一些有益的探索和思考。

(一)加强国别和区域研究方向的教学,提高人才培养质量

1. 修订人才培养方案,完善顶层设计

过去,语言文学强势的、画地为牢的学科壁垒影响着身处其中的教师们的身份认同和研究思路。在语言文学占据主导地位的日语专业中,原本有着良好语言文化修养的非语言文学研究者们,试图越界到其他学科,其激情常常因学科壁垒而遭到无情打压,其学术兴趣与学术成果在学科内部难以得到认同,往往趋于边缘化。为解决这一问题,我们对学科方向进行调整,学科方向不再是语言、文学和文化,而是在保持语言与文学传统优势的前提下,将文化方向改为日本研究方向,给予国别和区域研究与语言文学同等的学

术地位。

文化方向改为日本研究方向不仅仅是名称的变化,其研究内容也应结合未来毕业生的岗位需求而聚焦于政治、经济、外交和军事,同时在政策上予以配套支持。该方向与另外两个传统方向一样,可以招收硕士研究生和博士研究生。在教师激励方面,鼓励教师转型。转型成功的教师可以优先评定职称。

2. 推进课程改革,构建国别和区域研究专业的课程体系

在确保专业核心课程课时的前提下,在高年级开设相应的专业方向课,充分考虑学生毕业后的首次任职能力,实行融合式培养。关于日语专业国别和区域研究方向的课程,"新大纲"建议设立"当代中国外交""中日关系史"等课程,具体如表1所示。

表1　日语专业国别和区域研究方向的课程

课程名称	总学时	学分数	开课学期	周学时
当代中国外交*	32	2	5	2
中日关系史	32	2	6	2
日本社会与文化	32	2	5	2
日本经济与政治	32	2	6	2
国别和区域研究专题	32	2	5	2
东北亚专题	32	2	5	2
国际日本学研究	32	2	6	2
中日关系研究	32	2	6	2

注:标注*的课程为必修课程。

3. 完善配套教材

根据课程体系的调整,采取引进和自编相结合的方式,完善教材体系。有些教材需要体现自身特点,这就需要组织人力物力自主编写,尽最大可能体现特色。有些课程,比如专题研究类课程,需要保证时效性,则不需要固定教材,授课内容应与时俱进,实时跟踪。

4. 强化师资建设

国别和区域研究方向是一个新生事物,目前外语院系中的日语教师大多是语言文学专业出身。在现有条件下,加强该方向的师资队伍建设主要有三个途径:一是通过送训学习或攻读学位,鼓励年轻教师进行转型;二是走人才引进之路,引进一些在相关领域有

一定建树的学者;三是外聘专家,通过国内外知名专家学者的帮带,提高高校教师的专业素养和研究能力。

(二)解决"研究什么、怎么研究、出什么成果"的问题

1. 研究什么

作为外国语言文学专业中的国别和区域研究,既要符合相关学科的学术规范,又要有所区别。比如,日本历史研究不能脱离历史学的基本研究方法,但又不能全盘照搬。我们研究日本国情,是把这种研究变成日语语言文学学科的特色,实现从研究日语到用日语研究的飞跃,是扩大日语语言文学这一学科的研究领域与研究对象,应该是对这一学科的加强,而不是对这一学科的削弱与反叛。

2. 怎么研究

主要研究方法有批判性研究、借鉴研究和对策性研究。

在研究过程中要充分体现文化自信。政治学研究必须有鲜明的立场,站稳脚跟才能得出正确的结论。特别是在做政治与安全方面的研究时,必须始终从维护国家利益的立场出发。当然,维护国家利益不是强词夺理,必须有科学精神,要用事实来证明,用法理来解释。

对于网上资料,必须要有充分的分辨能力。要分清哪些是愤青言论,哪些是学者观点。多用一手原文资料进行研究。不盲从,不跟风,在确保论据真实有效的基础上进行细致分析,得出科学结论。

3. 出什么成果

成果的形式通常有学术论文和研究报告。学术论文与研究报告是对立统一的关系。学术论文是基础性研究,研究报告是应用性研究。没有深厚的基础性研究,是写不出高质量的研究报告的。

学术论文要有明确的理论框架,要对以往研究进行综述,在此基础上提出观点,进行论述并得出结论,通常篇幅较长。研究报告一般由三个部分组成,即"是什么、为什么、怎么办",一般字数较少,在1000—2000字之间。研究报告虽不体现理论和以往研究,但是如果没有深厚的理论基础,是无法把现状说清楚的,也无法解释出现这种现状的原因,更不用说提出切实可行的建议了。

参考文献

教育部,2017. 教育部办公厅关于做好2017年度国别和区域研究有关工作的通知[EB/

OL]．（2017-02-23）［2020-12-13］．http：//www.moe.gov.cn/srcsite/A20/s7068/201703/
　　t20170314_299521.html.

教育部高等学校外国语言文学类专业教学指导委员会,等,2020.普通高等学校本科外国
　　语言文学类专业教学指南：下［M］.北京：外语教学与研究出版社.

李晨阳,2018.区域国别研究的学科化［J］.世界知识（2）：73.

刘晓峰,2005.“平成日本学”论［J］.日本学刊（2）：1-23.

罗林,邵玉琢,2018.“一带一路”视域下国别和区域研究的大国学科体系建构［J］.新疆
　　师范大学学报（哲学社会科学版）（6）：79-88.

張彦麗,2011.思想問題としての「日本学」［J］.日本学研究（0）：263-269.

国别和区域研究

文化记忆对东北亚共同体意识建构的启示
——从仪式空间的视角出发

聂　宁①

（西安外国语大学日本文化经济学院　西安：710128）

摘　要：东北亚共同体意识建构是正处于"大变局"背景下的东北亚地区所需要探究的道路。本文在文化记忆视域下，从仪式空间这一文化记忆场出发，通过对仪式的"记忆"属性、空间的"记忆"属性、仪式空间的双重记忆功能的分析，明确仪式空间这一记忆场可以成为共同体记忆符号建构的媒介；通过"纵向""横向"的记忆的唤起与探寻，可形成属于东北亚共同体的具体的、可视化的记忆符号，明确文化记忆可为地区共同体意识建构提供可能。

关键词：仪式空间；文化记忆；共同体意识；东北亚

一、引　言

"实现合作共赢、共建共享、协商对话的平等合作"（吴增礼，易飘飘，2020：3），这不仅仅是人们期望在全球实现的目标，也是东北亚地区期望在当下能够实现的区域态势。而这一目标与态势的实现，需要"共同体"的存在。可以说，共同体的建构成为必然。吴增礼和易飘飘在《人类命运共同体：文明发展的世界意义》一文中谈及共同体建构时曾言："站在新时代的历史方位上，积极进行人类命运共同体建构，积极推动人类文明发展，必须本着'共同义利观''共同利益观''共同责任观''共同治理观'的价值旨归。"（吴增礼，

---

① 聂宁，博士，西安外国语大学日本文化经济学院讲师，东北亚研究中心研究员，研究方向为亚洲比较文化。

易飘飘，2020：5）可见，共同体建构的关键在于共同体意识的形成；而在共同体意识的形成中，最为重要的便是"共同"二字。寻求意识中"共通"之点、探明意识中"相同"之处是共同体意识建构的核心。东北亚区域所要建构的是东北亚共同体。然而，"由于不同意识形态、历史传统、文化传承、施政战略等因素影响"，国家之间存在着"无形的文明隔阂"。（吴增礼，易飘飘，2020：3）而目前东北亚地区处在"大变局"的背景下，客观上存在着各种矛盾相互交织的现象，"东北亚地区关系与秩序转变呈现出一种复杂和不确定的形态"（张蕴岭，2019：3），这更加迫切地需要共同体意识的建构。虽然东北亚各民族间意识中的"共通"之点和"相同"之处并不容易寻求与探明，但是文化记忆或许能为此提供一条探究道路。

二、文化记忆与共同体

人的心理结构、行为模式、思想体系中有相当一部分受其无意识的习惯支配，这些无意识的习惯受到社会背景与文化环境的影响。这就要求我们，当我们对东北亚共同体意识进行建构时，不能仅仅对表征于外的文化元素进行探讨，更重要的是对文化内核进行探究。而文化记忆是建构文化内核的重要组成部分。

文化记忆是德国海德堡大学古埃及学教授扬·阿斯曼（Jan Assmann）在法国心理学家莫里斯·哈布瓦赫（Maurice Halbwachs）"集体记忆"概念的基础上提出的，并用以概括人类社会的各种文化传承现象的极具当下意义的关键概念（扬·阿斯曼，2012：1-2）。文化记忆通过记忆媒介来使其得到体现。在文化记忆中，记忆的主要支撑载体、环境和支架之间的联系有其自身的特点：将作为载体的符号媒介放在中心位置，将社会交往作为其环境支撑，将个人记忆的不断激活作为其支架。"它以诸如符号、物体、媒介、程序及其制度等可传输、可流传的客体为载体，替代了寿命有限的人并通过其可传递性保证了长久效力，它的环境是以不断改变、更新和激活此基础的方式而保持与这种符号一致性的群体，它的支架是占有并研究这些符号的独立个体。"（阿莱达·阿斯曼，2012：44）文化记忆不同于社会记忆的载体、环境和支架，使其拥有着社会记忆所不具备的记忆的稳定性和持久性，这种稳定与持久的存在让当下的人们能够触碰到过去本身，让研究的个体能够触碰到文化内核这一影响着、决定着民族文化发展的中心存在。由此可知，文化记忆为我们探究民族文化的内核、中心提供了方法论。

文化记忆的基础是一个社会、地区、民族或国家的集体记忆力。它探究的正是文化认同性问题。在交流形式上，文化记忆所依靠的是有组织的、公共性的集体交流，其传承方式可分为"与文字相关的"（schriftliche Kohrenz）和"与仪式相关的"（rituelle Kohrenz）两大类别。这也正是文化记忆的记忆媒介类别。文化记忆的记忆媒介,是"任何能在集体层面与过去和民族身份联系起来的文化现象（无论物质的、社会的或精神的）"（阿斯特莉特·埃尔,2010:72）。而记忆媒介的作用则是"传递历史图像、集体同一性观念和价值理念"（阿斯特莉特·埃尔,安斯加尔·纽宁,2012:225）。

正如扬·阿斯曼所说:"凭借文化记忆,几千年的回忆空间得以展现,而正是文字在其中发挥着决定性的作用。"（扬·阿斯曼,2012:9）文字作为一种记忆符号影响且决定着文化记忆的形成和意识形态的建构。从"与文字相关的"角度来说,东北亚地区受到了汉字文化圈的深厚影响。在语言这个以文字表征为基础的文化记忆载体方面,汉字为东北亚共同体意识的建构提供了牢固的认知基底。正是因为这一认知基底的存在,东北亚共同体意识的建构更加成为可能。如果说,汉字这一东北亚的"历史共有"（张蕴岭,2019:4）的存在为东北亚共同体意识建构提供了牢固的认知基底,那么仪式空间的记忆延续或可为东北亚共同体意识建构提供具象化的、可视化的承接平台。因为,从"与仪式相关的"角度来说,文化记忆媒介包含着两个方面:一个是行为活动,一个是活动空间。在行为活动中,尤以被形式化、固定化的"仪式"更加具备稳定的文化传承性,即更贴近文化核心。在活动空间中,空间是活动发生的具体场所,是与活动相关的记忆的具象化载体。空间的记忆媒介作用主要发生在两个方面:一是伴随空间内典型活动的进行而唤起的对空间的记忆,二是对空间本身的建筑结构的记忆延续。因此,可以进一步地说,一个仪式空间能否作为文化记忆场来实现共同体记忆延续,其关键在于仪式空间是否确实具备"记忆"属性。而若其"记忆"属性得以确认,那么以仪式空间为记忆场的记忆延续是可以实现的;若东北亚地区的仪式空间存在着"相同"的记忆内容,那么以此为媒介建构东北亚地区的文化记忆之记忆符号亦成为可能。

三、仪式的"记忆"属性

仪式是一个"被形式化了的行为",它"在某种程度上超越了纯粹的程序,即形式不是简单的行为减负,而是在记号功能意义上在某种程度上将一种意义内容长久地稳定化,而这一意义内容不是为服务于行为的首要目的而产生的"（扬·阿斯曼,2012:4）。它通过具体的仪式中的实践行为,来指向其象征意义上的文化传承和记忆存续。

在仪式中,通过仪式的内容和具体的行为活动,使仪式所蕴含的文化意义在一次次的提及、一次次仪式的举行中被不断延续下来。

仪式的"形式化",表明了仪式拥有着代代相传的、固定化的行为活动,使得仪式具备了传承过程中的稳定性与固定性。进一步说,仪式具有很强的文化认同性和传承性,因为"当一种文化执着的价值从一代人传给下一代人时,借助于仪式可以变得更加容易"(菲奥纳·鲍伊,2004:173)。可见仪式也是一种使集体记忆得以存续的有效方式。而这里需要注意的是,仪式所实现的传承,除了仪式活动进行时所表现或象征的价值外,还有仪式活动本身。仪式通过在特定场合由特定人员定期举行的活动将源于过去的记忆和形象在当下显现,并将其继续保持和传承下去。这种在"当下的显现"让现代与过去形成直接关联,让人们能够形成对过去的文化认同,使文化记忆在仪式中能够继续存在并发展。而"当下的显现"包含过去的仪式行为本身和仪式意义两个方面,这也是仪式通过仪式活动而实现的记忆传承。

记忆随着时间的推移一般要经历记住(memorization)、保持(retention)、想起(remember)三个阶段。在记忆的三个阶段中,对于我们认知中最为重要的部分就是"想起"。想起对人的印象的定位、对意识的表现有着重要的甚至是直接的作用。想起的重点不在现在而在过去。所谓想起,它并不是通过某种方式去想起过去,并不是将过去作为它想起的对象,而是直接与过去相关联着的。正如过去的写照必须保有"过去"这层意义一样,它不得不与过去产生直接联系,其原型就是过去本身。想起与过去本身连接着,它要达到的目的地是过去本身。即使是"回忆不出"这一忘却存在,也是因与过去本身之间联系的欠缺才存在着的。所以,过去是想起的前提。在文化记忆中对过去本身的探究,也就成为阐释其存续的重要组成部分。记忆的想起使得记忆能够得到激活并保持其有效性,通过想起,当下与历史过去直接关联起来,使得过去的记忆在当下得到重现,并保持了记忆的稳定性与持久性。

仪式中的"当下的显现"就是想起的体现。仪式通过一个定型的行为系统,将思想和意识反映出来。人们通过仪式的进行能够进入一个"超自我"的状态,进入一个由思想构筑成的集体,它涵盖过去与当下,在这个集体中过去能够被唤起,当下能够获得过去的认同。仪式所具有的"稳定性"为这种"能够"提供了可能。这是仪式发生时所具备的"记忆"属性。

仪式的"记忆"属性,通过"形式化"的仪式活动而实现,同时通过仪式主体在仪式中的想起,将当下与历史过去直接关联起来而实现。这种"记忆"属性,保证了文化延续与传承的实现。由此,具备了"记忆"属性的仪式,成为能够触及民族文化内核的存在。文化内核直接影响着人的意识的产生、发展与重构,当我们要建构新的集体意识时,对文化内核的探究便是不可缺少的。因而,具备了"记忆"属性的仪式,能够为共同体意识的建构提供探究方法。

而人类活动离不开空间、时间、意识这三个要素,仪式的发生也需要空间的存在。当具体的仪式空间自身得以延续,仪式空间便具备了"记忆"属性,我们就不能忽视其本身的记忆作用。

四、空间的"记忆"属性

仪式在人类活动中具有特殊意义。从古至今,当仪式举行之时,其对应的仪式空间也随之出现。在一个仪式空间中,仪式作为人类行为被赋予了特殊的意义,而空间也因为仪式的举行拥有着不同于其他空间的含义。同样地,仪式空间也往往具备不同于一般空间的建筑构造。

空间将这段历史"提起",唤醒了人们意识深处的记忆,形成了对那段历史的再次认知,使这段记忆在人们的意识中被激活,促使一种在原有集体记忆基础上的新的集体记忆的形成。新的集体记忆又成为构筑文化记忆的一部分,而其所具有的文化记忆作用使文化的传承得以实现。

具体的仪式需要具体的仪式空间,空间场所的存在是仪式举行的基础。同时,仪式空间往往又与其他空间有所不同,根据仪式内容的不同其设置本身也会存在区别,这也使得仪式空间具有特殊性。因此,当仪式的行为主体存在于具有特殊性的仪式空间并进行着相关活动时,与该仪式相关联的记忆内容则被唤醒。这是仪式作为记忆媒介所产生的作用。而具体的仪式空间则通过客观存在着的具体的场所使得记忆的唤醒保持活跃性。这是仪式空间所普遍具有的记忆性。尤其当一种仪式被长时期传承时,会形成"定型"的仪式空间,这一空间的具体的空间构造本身便具备长时期的延续性、传承性。可以说,空间作为文化记忆中记忆的媒介具有不可忽视的"记忆"属性。而空间的"记忆"属性,不仅包含空间所唤起的对过去的记忆及空间的象征意义,同时还包含空间本身的建筑构造记忆。

在此以日本的祭祀仪式大尝祭的举行场所——"大尝宫"为例稍加赘述。

日本大尝祭是日本传统仪式中最具代表性的仪式活动之一,在日本现今历史记载中最为古老的史书《古事记》与日本最古老的敕撰史书《日本书纪》中都有记载。它是以日本天皇这一在神道信仰中拥有特殊身份的人物为中心而展开的祭祀活动,并且由日本"万世一系"的天皇代代相传直至今日。天皇驾崩后,新天皇首先举行"践祚"仪式继承皇位,使皇位传承不会出现空缺,然后举行大尝祭,最后再举行即位仪式。大尝祭是日本天皇在继承天皇位之后,将以日本太阳神——天照大神为主的天神地祇作为祭祀对象,通过奉上用当年的新稻制成之物,并与"神""共食"获得上天认可的仪式。每一代天皇只在即位时举行大尝祭,可谓"一代一度"的大型活动,故而在日本也将大尝祭称作"践祚大尝祭",它作为与天皇即位相关的重要仪式被日本保留并传承。日本现在的德仁天皇也在2019年11月举行了大尝祭,由此可见其现实意义。

大尝祭的仪式空间是"大尝宫"。关于大尝宫,日本平安时代的古代仪式书《贞观仪式》与《延喜式》中对其具体空间设置就有着详细记述。[①]

①各自_朝堂院東西腋門_入、至_宮地〔龍尾道南庭〕、分列_左右_、〔愈紀在_東、主基在_西〕、鎭_祭其地_

②其宮地東西廿一丈四尺、南北十五丈、中分之、東爲悠紀院、西爲主基院

③其宮垣〔拵柴爲垣、押收八重、垣末挿拵椎枝者、古語所謂志比乃和恵〕

④正南開一門〔高・廣各一丈二尺、楉爲扉、諸門亦同、其小門准減〕、內樹屏籬〔長二丈〕正東少北開一門、外樹屏籬〔長二丈五尺、悠紀國作〕、正北亦開一門、內樹屏籬

⑤正西少北開一門、外樹屏籬〔主基國作〕、南北兩門閒、縱有中籬〔長十丈〕、其南端通道〔道南籬長一丈、道北籬長九丈兩國中分造之〕、中籬以東一丈五許尺、有悠紀中垣

⑥其南北兩端各開小門〔與南北宮垣相去各三丈〕、其南北門閒有中垣、其南縱五閒正殿一宇

⑦木工寮大嘗院以北造廻立宮正殿一宇

⑧主殿寮以斑幔、張東西北三間〔自大嘗宮北垣、籠廻立殿以北〕

根据上述内容,大尝宫的具体设置如图1所示。

---

① 该部分记述根据皇学馆大学神道研究所编著的『儀式 践祚大嘗祭儀』第373—430页内容,以及田中初夫所著的『践祚大嘗祭 資料篇』第62—63页内容整理形成。

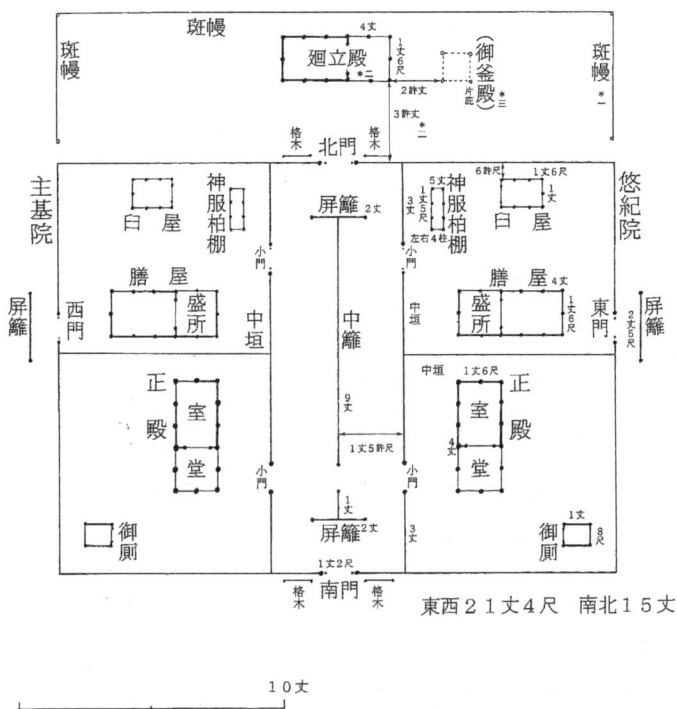

图1 皇学馆大学神道研究所所绘大尝宫图①

在大尝宫中,东西设立仪式正殿的悠纪殿、主基殿,北部设立仪式便殿的廻立殿,外用柴垣包围,四方开设小门。这种空间建筑构造时至2019年仍在使用。而当大尝宫在当下显现时,与大尝祭相关的稻作文化、自然意识、祖先崇拜等象征意义也被强调并唤醒。可见,空间的"记忆"属性通过空间的建筑构造实现,同时通过空间所唤起的空间的象征意义来实现。空间的"记忆"属性,也保证了文化延续与传承的实现,组成了文化内核的一部分。由此,可以说,具备了"记忆"属性的典型空间,同样能够对共同体意识的建构提供分析道路。

五、仪式空间对共同体记忆符号建构的作用

由上述可知,仪式具有"记忆"属性,空间同样具有"记忆"属性。而举行仪式的空间所具备的则是来自仪式及建筑空间本身的双重记忆功能。仪式空间的"记忆"属性,从文化记忆的角度来看,更多的是对与仪式空间相关的过去记忆的唤醒。反之,如果仪式空

---

① 皇学馆大学神道研究所『儀式 踐祚大嘗祭儀』(思文閣出版、2012年)844ページ。

间本身得以传承并延续,因为空间结构的固定,仪式主体在该空间中的具体行为也会在最大程度上得到继承,并同时被记忆。也就是说,在同一仪式内容的背景下,若空间固定,其记忆能力远远强于非固定的仪式空间。其原因则是固定的仪式空间还具备对自身的记忆,在该仪式空间伴随着仪式活动而出现时,其唤醒的记忆不仅仅是仪式,还存在着对自身空间的记忆性。同时,这种双重的记忆性也对仪式的记忆活力起着刺激作用。这便是仪式空间的双重记忆功能。

仪式空间的记忆功能为我们将东北亚作为对象探析其文化内核提供了可能。

对于东北亚文化的文化内核或者说是文化脊柱,人们一直都有着疑惑,甚至对于其存在本身也抱有不同的见解。当文化记忆进入我们的研究视野时,如上述所言,它为区域文化的研究,尤其是区域文化内核的研究提供了一个新的视角,甚至可以说让人有一种"柳暗花明"之感。某一社会群体的文化内核或文化脊柱就存在于其文化传承之中。而在对文化内核或文化脊柱进行探析的基础上,共同体意识的建构和共同体记忆符号的建构便也成为可能。

因此,仪式空间的"记忆"属性其实为我们提供了三条探索道路:仪式的、空间的、典型的仪式空间。而这三条道路皆是"纵向"的道路。记忆的内容通常是一个社会群体共同拥有的过去,其中既包括传说中的神话时代,又包括有据可查的历史事实。它在时间结构上具有绝对性,往往可以一直回溯到远古。任何一种文化,只要它的文化记忆还在发挥作用,就可以得到持续发展。相反,文化记忆的消失也就意味着文化主体性的消亡和文化的消失。故而,通过仪式、空间、典型的仪式空间,可以纵向地探明一个社会群体的文化内核与传承脉络。若以国家为社会群体单位,则可以纵向地探明各个国家的文化内核与传承机制。当东北亚被讨论之时,当人们寻求东北亚的共同体认同之时,建构东北亚为一个"集体"便是不可缺少的部分。因此,需要将东北亚作为一个新的社会群体,来进行共同体意识、共同体记忆符号的建构。而此时,单单"纵向"的记忆探路已不够,还需要进行"横向"的记忆研究。

从具体的研究方法来说,首先,在东北亚区域内对各主权国家所拥有的代代相传的仪式、从古传承至今的空间结构、在当下仍然存在的典型传统仪式空间进行分析。分析出其所蕴含的象征意义、民族特征、文化指向,探讨其中所体现的民族文化内核。其次,从具体的仪式活动中,找寻各国家相同、相通的行为活动和仪式形式,厘清其存续脉络。再次,从可视化的空间中找寻在各国家的历史中出现的相同的空间结构、建筑布局特点,厘清其对其他民族的影响脉络。最后,在前三点的基础上,横向地分析出典型仪式空间,并从这些仪式空间中探明彼此的相通点;同时以这些仪式空间为探究对象,纵向地厘清其存续过程,以及所存在的重构与改变。最终找到东北亚相通的仪式、相同的空间、共存的传统仪式空间,将东北亚各国的共通之点、相同之处,通过人的实际行为活动,通过具体的可视化建筑空间展现出来。也就是说,让东北亚的共同点看得到、触得及。

人在寻求其身份的认同时,在将自己与集体联系起来时,对过去的理解是其必然选择。了解过去即了解当下,过去是当下的基础与客观构成条件。建构东北亚共同体"共有"之记忆符号,需要了解的是东北亚文化内核中的"共同"的过去。通过仪式空间,从人的具体行为活动上,从可视化的空间上去找寻同一性。可以从直观感受上,让东北亚文化内核中"共同"的过去具象化。这为形成东北亚共同体记忆符号奠定了基础。

在文化记忆中,文化是将人类生活的环境定义为一个充满记号、符号的世界。这个世界为人类提供了更广阔的思考与探索的空间,而"这个有记号的世界称为'文化',甚至也可以将其理解为'记忆术',因为它着眼于赋予精神的内心和中间世界以稳定性和持续性,取消其易逝性和生命的短暂性"(扬·阿斯曼,2012:3-4)。也就是说,文化是记忆的一种方式,文化中的记号和符号是记忆的载体。东北亚共同体的建构需要形成关联的文化内核,形成同一符号,建立同一意识基础。而这能够进一步推动东北亚地区成为包容性更强、凝聚力更大的命运共同体。

六、结　语

在寻求东北亚共同体意识的建构之时,对文化内核的探究便成为必不可少的一环。文化记忆提供了探究道路。除语言、文学、历史书籍、城市、传统节日、祭祀活动、思想、传统艺术等记忆媒介之外,仪式空间亦可成为一个对文化内核进行探索的记忆媒介。通过对仪式的"记忆"属性、空间的"记忆"属性、仪式空间的双重记忆功能的分析,在"纵向""横向"记忆的唤起与探寻的基础上,或可形成属于东北亚共同体的具体的、可视化的记忆符号。在文化记忆的视域下,通过共同体记忆符号的建构,从而增加东北亚对"共同认知"的意识和增加东北亚对"历史共有"的意识当是可行之路。

参考文献

阿莱达·阿斯曼,2012. 记忆的三个维度:神经维度、社会维度、文化维度[C]//阿斯特莉特·埃尔,冯亚琳.文化记忆理论读本. 北京:北京大学出版社.

阿斯特莉特·埃尔,2010. 什么是文化记忆研究[C]//冯亚琳. 中外文化:第1辑. 重庆:重庆出版社.

阿斯特莉特·埃尔,安斯加尔·纽宁,2012.文学研究的记忆纲领:概述[C]//阿斯特莉特·埃尔,冯亚琳.文化记忆理论读本.北京:北京大学出版社.

菲奥纳·鲍伊,2004.宗教人类学导论[M].金泽,何其敏,译.北京:中国人民大学出版社.

吴增礼,易飘飘,2020.人类命运共同体:文明发展的世界意义[J].江苏大学学报(社会科学版)(1):1-10.

扬·阿斯曼,2012.文化记忆[C]//阿斯特莉特·埃尔,冯亚琳.文化记忆理论读本.北京:北京大学出版社.

张蕴岭,2019.对东北亚和平时代构建的思考[C]//张蕴岭.东亚评论:第2辑.北京:世界知识出版社.

皇学馆大学神道研究所,2012.儀式 踐祚大嘗祭儀[M].京都:思文閣出版.

田中初夫,1975.踐祚大嘗祭 資料篇[M].東京:木耳社.

中日亚洲主义刍议

——兼论其对新亚洲主义的启示

梁秋军　　张忠锋①

（吉林大学公共外交学院　长春：130000；

西安外国语大学日本文化经济学院　西安：710128）

摘　要: 本文通过对中日亚洲主义的比较,从中挖掘对新亚洲主义发展的启示,以完善中日亚洲主义比较成果的影响和应用研究。中、日两国早期的亚洲主义发展道路不同,日本亚洲主义最终走向了侵略扩张的道路,而中国亚洲主义逐渐走向了争取国家独立和民族解放的革命道路。通过比较发现,事实上新亚洲主义发展面临的阻力不小,但推力也不容小觑。本文认为,新亚洲主义必须是和谐、信任、合作、开放的亚洲主义。这些启示是新亚洲主义的核心理念,同时也是指导亚洲一体化发展的理论武器。

关键词: 亚洲主义;中国;日本;新亚洲主义;一体化

一、引　言

亚洲主义是近现代中国和日本都出现过的一种思潮。诸多学者都对中日亚洲主义进行了较为全面的比较及单独研究,如竹内好的《亚细亚主义》一书是研究亚洲主义的经典之作,还有中平亮的《大亚细亚主义》、王屏的《近代日本亚细亚主义研究》,以及陈鹏飞的《中日两国亚洲主义思潮的主流学派之比较》等,但仍有有待完善之处。迄今为止,中日亚洲主义比较成果的影响和应用研究相对缺乏,对中日亚洲主义启示方面的研究也比

---

① 梁秋军,吉林大学公共外交学院在读硕士研究生;张忠锋,西安外国语大学日本文化经济学院教授,硕士生导师,研究方向为日本文学与日语语言文学。

较少,尤其是在新时代亚洲一体化发展方面,对中日亚洲主义与新亚洲主义联系的研究较为薄弱,所以这些领域的研究仍有待深入。

二、中日亚洲主义产生的时代背景

中国和日本在产生亚洲主义之前有着比较相似的历史环境,即东方开始落后于西方。15世纪末欧洲开辟新航路后开始慢慢超越东方各国。第一次工业革命后欧洲国家的实力大大提升,西力东渐已是不争的事实,表现在以英、法为首的西方国家对亚洲的破坏[1],1840年鸦片战争后中国国门被打开,中国沦为半殖民地半封建社会国家。当然日本也不例外[2],同样遭到了美国的严重骚扰。美国用战舰打开了日本国门,逼迫日本签订了不平等条约,日本也面临被他国侵略的危机。

仅有相同的历史背景还不足以促使中、日两国产生以联合思想为主的亚洲主义思潮。中、日两国的文化基础和交流也是亚洲主义产生的一个重要原因。19世纪中日的文化交流主要以朝贡体系为主,日本从经济、文化角度都未完全脱离朝贡体系,尤其是文化方面仍在儒家文化圈内。[3]后来日本虽对中华文化有过"胡清"之类的贬低,但仍吸取清朝优秀文化,如将清朝的一些"圣谕"进行翻译,然后在日本宣传。总之这些在日本有重要影响,使得中日社会文化具有很高的相似性。[4]面对内忧外患局面,1871年中日签订《中日修好条规》联合反帝反侵略,在幕末三次对华外交交往中,日本明治政府继续以友好姿态处理和改善同清朝的关系。

除中、日两国面临的相似背景之外,当时中日还有很多人都提倡联合,但此时日本的联合思想已经开始不纯洁。在鸦片战争之前,佐藤信渊提倡日本要去征服中国,但美国1853年强迫日本签订不平等条约之后,他由"侵略中国"转变为"必须保全、强化支那,日支提携",以此来对抗美国侵略的联合思想。这标志着日本主张联合亚洲主义的开始。与此同时,中国人中也有人提倡中日联合,最早有曾纪泽对日本驻英公使交流时曾提倡

---

① 陈鹏飞:《中日两国亚洲主义思潮的主流学派之比较》,延边大学硕士学位论文,2015年,第6—7页。
② 王屏:《近代日本亚细亚主义研究》,商务印书馆2004年版,第16—17页。
③ 古代日本向中国"拜师学艺",取中华文化之精华为己所用,并对其进行创新进而形成日本文化。江户时代儒学成为日本的"官学"已在多方面对日本文化产生广泛影响,到德川幕府时代更是将儒学以礼为内涵的忠孝思想发扬光大以强化统治秩序,从而奠定了朱子学在日本政府"御用"学说的显赫地位。参见盛雪雁:《十七、十八世纪中日关系研究》,山东师范大学硕士学位论文,2006年,第85页。
④ 盛雪雁:《十七、十八世纪中日关系研究》,山东师范大学硕士学位论文,2006年,第85页。

中国和日本应该联合一致[①],不可单行,中日地缘相邻近仅隔一海,只有共同联手反对欧美列强侵略才是亚洲的出路。

由于时代背景、文化共鸣、精英主张等多方面的原因产生了以"亚洲联合"为主要思想的中日亚洲主义。但随着历史的演进,中日亚洲主义开始走向不同的发展道路,即日本亚洲主义走向了对外扩张道路,而中国亚洲主义走向了争取国家独立和民族解放的革命道路。

三、中日亚洲主义发展的异同点

综观中日亚洲主义的发展过程,两者分别走向了不同的道路。近代日本最早有关亚洲主义的表述是在1825年会泽安出版的《新论》中。书中提到的"兴亚"论和"提撕"论等标志着日本早期亚洲主义的萌芽。[②]

1877年[③]或1878年[④]成立的振亚社是日本早期亚洲主义产生的标志。振亚社成员提出过"亚洲连带"的"兴亚"论。随后由于成立者太久保利通遇刺身亡,振亚社发展演变为兴亚会。[⑤]兴亚会正式取代振亚社是在1880年,主要成员有长冈护美、曾根俊虎、重野安绎等。他们大多在政府、军队等任职,正是由于兴亚会构成人员的复杂性,所以他们的性质也不再简单。[⑥]随后,1883年兴亚会更名为亚细亚协会,以"日中提携"为主旨强调中日对等和联系,着重加强商贸和社会文化方面的联系,如在贸易上提出"中日两国的当务之急就在于合纵及收回利商权"[⑦]。

1891年东邦协会成立,早期日本亚洲主义进入转变期,标志着日本亚洲主义开始走向右倾扩张阶段。在转变过程中,日本亚洲主义主要通过成立一些组织和开展一系列活动来走向侵略道路。1893年,樽井藤吉提出大东合邦论将东邦协会进一步升级,这也标

---

① 李芸:《曾国藩、曾纪泽父子日本观之比较研究》,《船山学刊》2010年第3期,第53页。
② 盛邦和:《日本亚洲主义与右翼思潮源流——兼对戚其章先生的回应》,《历史研究》2005年第3期,第133页。
③ 草間時福「興亜会創立史」(『興亜会報』第1号、1880年、4ページ)。
④ 王屏:《近代日本亚细亚主义研究》,商务印书馆2004年版,第21页。
⑤ 王屏:《近代日本亚细亚主义研究》,商务印书馆2004年版,第21页。
⑥ 如曾根俊虎不仅是一个军官还是一个思想家,曾被派来中国搜集情报,内容包含政治、军事、社会等多个领域。在这种实践中,他逐渐对亚洲主义有了自己的思考。他说:"方今亚洲之中,其中能得独立者,唯有日清两国而已。况同文同种,唇齿之谊,当此时视为一家人。"参见陈鹏飞:《中日两国亚洲主义思潮的主流学派之比较》,延边大学硕士学位论文,2015年,第12页。
⑦ 盛邦和:《日本亚洲主义与右翼思潮源流——兼对戚其章先生的回应》,《历史研究》2005年第3期,第133页。

志着日本亚洲主义右倾化道路的正式开始。《大东合邦论》①是樽井藤吉写的关于日本亚洲主义的书籍,创作目的之一就是宣传合邦的好处。②

1894年,中日甲午战争中国战败,被迫签订《马关条约》,日本的亚洲主义扩张道路开始走得越发明确。此后,日本亚洲主义成立了一些更具右倾侵略性质的组织,如东亚同文会。进入20世纪初,因为日本大力发展经济,所以这样的组织就减少了。由于国内社会矛盾激化,走右倾扩张道路能够更好、更快地转移矛盾,所以政府与民间组织、右翼集团等又联合起来再次壮大了右翼势力。直至1916年小寺谦吉提出大亚细亚主义论,以及在老壮会和犹存社成立之后,日本亚洲主义彻底完成了转型。随后则进入了日本亚洲主义的后期,即最典型的右倾侵略时期。在"一战"期间,日本大亚细亚主义论的集大成者小寺谦吉出版了《大亚细亚主义论》,详细阐释了大亚细亚主义论,使其成为日本亚洲主义右翼侵略思想的代表。

后期日本提出东亚联盟理论和大东亚共荣圈论,这标志着日本亚洲主义右翼侵略道路走到了顶峰。20世纪30年代,石原莞尔分别出版了《东亚联盟建设纲领》和《昭和维新论》,系统地阐释了东亚联盟理论。③他的东亚联盟论及其亚洲主义思想综合了明治时期以来的多种右翼侵略扩张思想,明确反映了日本人发动战争侵略中国时的亚洲观念。不可忽视的是,东亚联盟论提倡的联盟不是单纯的联合合作,而是谋求统一亚洲的霸权思想。同大东亚共荣圈一样,是为了实现侵略亚洲目标提出的一种欺骗国际舆论的阴谋手段,是日本亚洲主义发展到顶峰的标志。

说完日本,我们再看中国亚洲主义的发展道路。19世纪80年代,西欧列强在中国掀起了瓜分狂潮,越来越多的人开始走上反帝反封建的革命道路。面对当时的情况,孙中山说:"列强如此疯狂地侵略瓜分中国和其他亚洲国家,不久之后亚洲各国在未来都有可能沦为欧美列强、白种人的奴隶的命运。"④此时,孙中山已初步意识到中国目前的命运必须联同其他国家才能改变。他与日本友人如头山满等交流时,经常提到中国革命和亚洲革命之间的联系,所以他说日本应该支持中国反帝:"以救支那四万万之苍生,雪亚东黄

---

① 原名『大東合邦論』,明治二十六年(1893年)出版。
② 如合邦可增强实力抵抗欧美,还能产生很多经济效益,节省外交费用等。但他认为合邦计划有吞并意图会被朝鲜人拒绝,故他认为有必要让中国也加入,实行"三国联合"计划。1910年,日本最终吞并了朝鲜,这也印证了樽井藤吉的大东合邦论具有很强的右倾亚洲主义根源。参见王屏:《近代日本亚细亚主义研究》,商务印书馆2004年版,第36页。
③ 史桂芳:《东亚联盟论研究》,首都师范大学出版社2001年版,第39页。
④ 陈旭麓、郝盛潮:《孙中山集外集》,上海人民出版社1990年版,第121页。

种之屈辱。"①从中可以看出孙中山的亚洲主义观,而他的这一观念与当时日本的大亚洲主义恰好相映衬,如头山满主张的中日提携、东洋盟主论等。

1913年,孙中山在东京一个留学生欢迎会上发表讲话,鼓励并劝告留学生要和日本"捐弃前嫌",说道:"亚洲大局维持之责任,在我辈黄人,日本与我国利害相关,绝无侵略东亚之野心。"②还说:"假使中日两国协力进行,则势力膨胀,不难造成一大亚洲,恢复以前光荣之历史。"③同年3月,他在大阪一个基督教青年会的讲话中首次使用了大亚洲主义一词,但这几年里孙中山的亚洲主义观念是不成熟的,并且孙中山没有看清楚处于转折期的日本亚洲主义的真面目。④

到了1919年,孙中山的亚洲主义观念开始发生转变。他在面对日本记者大江卓时说:"尔日本非亚细亚人也,尔日本人为欧人使用而侵略亚洲人者,焉得为亚细亚人乎。"⑤同年6月,在接见日本记者时孙中山直接批评日本侵华政策:"予向为主张中日亲善之最力者。"用词和态度的转变可以明显看出此时的孙中山已经开始认识到日本亚洲主义的实质,不再附和日本亚洲主义并对其抱有幻想。1924年,孙中山在日本神户女子高等学校演讲时主张亚洲各国应该联合合作反抗欧美侵略,强烈批判日本亚细亚主义的右倾侵略思想,这也是孙中山大亚洲主义走向成熟的标志。

中国的亚洲主义也具有明显的阶段特征:早期和后期。孙中山的大亚洲主义是早期的,而后期则主要是李大钊的新亚细亚主义思想。

李大钊新亚细亚主义的产生离不开当时列强侵略亚洲、"一战"和十月革命等时代因素。十月革命后马克思主义的传播深深地影响了李大钊。他发现世界、亚洲、中国三者之间的民族解放运动有很大的联系,必须相互联合合作才能走向胜利,这对其新亚细亚主义产生了巨大的影响。此外,他还深受孙中山及其大亚洲主义的影响,所以两人的亚洲主义观是有很多共同点的。⑥可以说李大钊的新亚细亚主义是对孙中山大亚洲主义的

---

① 孙中山:《孙中山全集》第一卷,中华书局1981年版,第174页。

② 孙中山:《孙中山全集》第三卷,中华书局1984年版,第26—27页。

③ 孙中山:《孙中山全集》第三卷,中华书局1984年版,第14、26、27页。

④ 例如,他还曾设想实行亚洲门罗主义,以亚细亚人来治理亚细亚等,他的种种言论和倡议都表明此时的孙中山虽已具有亚洲联合共同反帝的亚洲主义观念,但仍处于不成熟的早期阶段,所以他的亚洲主义观也面临着转型和发展。参见陈德仁、安井三吉编:《孙文讲演"大亚细亚主义"资料集》,法律文化社1989年版,第172页。

⑤ 深町英夫:《同种同文? 孙中山的亚洲主义话语》,《广东社会科学》2017年第3期,第79页。

⑥ 韦英思:《孙中山的"大亚洲主义"与李大钊的"新亚细亚主义"之比较》,《青海民族研究》1995年第1期,第79页。

继承和发展。①

对孙中山大亚洲主义的发展体现在李大钊的新亚细亚主义不仅明确地提出了反帝的主张，而且更加深刻地揭露和批判了日本大亚细亚主义，还倡导民族自决反对狭隘的民族主义，主张世界民族平等，提出世界联合的设想，期望世界民族的解放。②他的新亚细亚主义具有丰富的联合思想，体现在三个层面，即中日的联合、亚洲弱小民族的联合、世界的联合，以此来实现国家独立和民族解放的目标。

首先是中日的联合。李大钊早期的新亚细亚主义思想虽然对日本的侵略扩张行径进行了批判和揭露，但他同孙中山的亚洲主义一样对中日联合有过一定程度的幻想。日本在1918年12月成立了黎明会，随后李大钊发表了《祝黎明会》，他在文中写道："中日两国本来有'最亲切的关系'，呼吁中日两国民众，改善两国关系，联合起来，与东亚各国，携手同行，保障亚洲和平。"③1923年，东京大地震致使日本经济损失惨重，李大钊设想并说："倘能于日灾赈济以后，两国间扫除一切芥蒂，从此自新，东亚间的多少纠纷，都可自由解决。"④以上都反映了李大钊早期新亚细亚主义观念中的中日联合思想，但同时也表明此时的他对日本大亚洲主义抱有一丝幻想。

其次是亚洲弱小民族的联合。亚洲国家要想获得国家独立和民族解放必须要联合反对日本的大亚洲主义。李大钊发表了《大亚细亚主义与新亚细亚主义》⑤一文，向人们深刻地揭露日本大亚洲主义的侵略本质。在五四运动爆发之后，他又发表了《再论新亚细亚主义》，再次强调他的新亚细亚主义。此举就是要告诉人们亚洲的民族解放是"对内的，不是对外的，是对日本的大亚细亚主义的，不是对欧、美的排亚主义的"⑥。同时，他表示亚洲人只有首先消除亚洲内部的强权，其次才有可能消除来自欧美列强外部的强权。因此，他呼吁亚洲的弱小民族联合起来，共同反对并且破坏日本的大亚细亚主义才能实现新亚细亚主义。⑦

最后是世界的联合。李大钊的新亚细亚主义提出此联合思想，欲使受到压迫的世界

---

① 继承在于他们的亚洲主义观有很多共同点。他们都揭露了日本亚洲主义的右倾侵略企图，都主张反帝，在争取国家独立和民族解放上是一致的。李大钊提出新亚细亚主义的目的之一，就是反对日本大亚细亚主义的军国主义色彩及其巨大的危害性和破坏性。由于孙中山的亚洲主义观还有很多不成熟的地方，所以继承并非主要，发展才是重点，发展部分将具体展开阐述。

② 邹国振：《试论李大钊的新亚细亚主义》，《湖南行政学院学报》2012年第4期，第88页。

③ 李大钊：《李大钊全集》第二卷，人民出版社2006年版，第300页。

④ 李大钊：《李大钊全集》第五卷，人民出版社2006年版，第345页。

⑤ 李大钊：《大亚细亚主义与新亚细亚主义》，人民出版社1959年版。

⑥ 李大钊：《再论新亚细亚主义》，人民出版社1959年版，第278页。

⑦ 邓凤瑶：《李大钊的新亚细亚主义评析》，《邵通学院院报》2015年第2期，第74页。

各民族都得到解放,主张各民族实行民族自决,鼓舞人们要敢于对抗帝国主义。在此角度上,李大钊的新亚细亚主义已经成为亚洲受帝国主义压迫民族实行民族自决、国家独立和民族解放运动的代名词。

李大钊提倡的世界联合,从侧面反映了他"主张世界民族平等的思想"①。当然从李大钊其他的联合思想中也可以看出,他的新亚细亚主义主张民族平等,反对民族歧视和偏见,尤其是在亚洲和世界联合思想中。李大钊的新亚细亚主义强调的就是要"创造一个平等、自由、没有远近亲疏的世界"②。这是李大钊新亚细亚主义宏大格局的体现,并对后来中国亚洲主义在民族解放上,以及亚洲一体化建设上都具有重要的指导意义。

以上,就"二战"前中、日两国亚洲主义发展的不同点进行了分析。当然,共同点也是存在的。首先,中日亚洲主义具有不同的阶级特性。通过上述中日亚洲主义不同发展道路的详细阐释,可以明确看出日本亚洲主义代表当时以军国主义为主的统治阶级利益,所以日本亚洲主义成为右倾侵略扩张道路的指导思想,而中国亚洲主义始终代表的是被压迫人民的利益。

其次,中日亚洲主义都深受各自历史文化的影响,具有较强的民族特性。日本亚洲主义受到武士道精神的影响继承了武士道的"忠君尚武"思想。这极大地影响了日本亚洲主义,从而使其走向了崇尚武力和对外扩张的道路。中国亚洲主义深受中国历史文化的影响,具有鲜明的中华民族特性。中国的文化历来主张"王道"和平而反对"霸道"扩张,所以不能忽视几千年历史文化传统对孙中山、李大钊亚洲主义观的影响。

通过对比"二战"前中、日两国亚洲主义发展的异同点可知,中日亚洲主义在发展过程中走向了不同的道路这一不同点是最主要的,而相同点则是次要的,对于其发展异大于同的阐释也是挖掘新亚洲主义启示的主要途径。

四、从中日亚洲主义比较中探析新亚洲主义的启示

通过中日亚洲主义的详细比较是可以给新亚洲主义的发展带来很多启示的。在此之前,首先需要明确什么是新亚洲主义。新亚洲主义即受中日亚洲主义影响的新时代亚洲一体化发展的理念,新亚洲主义不是简单地从亚洲的地理意义上来界定的狭义概念,相反,新亚洲主义就是要突破这种亚洲的地缘局限,以一种更开放和包容的理念去促进

---

① 邹国振:《试论李大钊的新亚细亚主义》,《湖南行政学院学报》2012年第4期,第88页。
② 李大钊:《李大钊全集》第三卷,人民出版社2006年版,第78页。

亚洲的发展，尤其是在经济上，只要能够促进亚洲地区经济发展，总的来说就是值得推行的，但在政治上，新亚洲主义坚决反对一切外国势力的干涉。此外，新亚洲主义重点提倡亚洲各国加强各个领域的合作，尤其是在经济、安全、治理等方面，当然也必须重视同外部合作。合作是没有国界的，所以新亚洲主义提倡的是一种平等的观念，从而为亚洲未来走向全面合作打下坚实的基础并最终走向亚洲一体化。新亚洲主义不在于提倡搭建一个类似于欧盟的统一亚洲组织或者机构，而在于各个地区、各个领域先实现初步一体化，随后进行整合并最终推动亚洲一体的进一步发展。因此，新亚洲主义是以和谐、信任、合作、平等、开放、包容等为核心，指导亚洲一体化发展的新时代科学理念。[1]中日亚洲主义的详细比较，可以给新亚洲主义的发展主要带来两方面的启示，即间接启示和直接启示。

一方面，通过对中日亚洲主义的详细比较，可以给新亚洲主义的发展带来诸多间接启示。新亚洲主义的三位"外教"和两位"本土"老师就是间接启示。

中日亚洲主义的发展与当时国内和国际背景有着直接和间接的关系，这启示新亚洲主义的发展必须认清现在亚洲的内部和国际环境。新亚洲主义发展的一个重要国际背景是美洲、欧洲、非洲在一体化道路上已经取得了很大的成果，而亚洲一体化发展仍处于探索期。新亚洲主义可以向这样的"国际背景"学习，即向美洲、欧洲、非洲一体化的发展借鉴经验，在这种程度上可以将这三个洲一体化的发展作为老师。由于这三个洲都在亚洲之外，所以这些请来的老师可称为"外教"。

美洲一体化是第一位"外教"。1890年4月14日，美洲十八国在华盛顿建立了美洲共和国国际联盟，这是美洲开始走向一体化的标志。美洲一体化是几大洲区域一体化发展的先锋，其探索意义是相当重要的。美洲共和国国际联盟推动了美洲地区的商贸发展，从而为美洲地区经济一体化发展起到了重要的推动作用。1948年，美洲共和国国际联盟正式更名为美洲国家组织，随后其成员也在不断发展壮大。

美洲一体化后来在发展过程中还出现了南美洲国家联盟。2004年12月8日《库斯科宣言》的发表标志着南美洲一体化发展迈出了重要一步。此外，还有美洲玻利瓦尔联盟、太平洋联盟、拉美和加勒比国家共同体等一系列拉美一体化的组织。[2]新亚洲主义的发展需要向美洲一体化学习和借鉴。伴随美洲一体化出现的一些地区性一体化组织，如美洲玻利瓦尔联盟等，可以为新亚洲主义反向提供借鉴，这启示新亚洲主义的发展如果实

---

[1] 王毅：《思考二十一世纪的新亚洲主义》，《外交评论》（外交学院学报）2006年第3期，第8—9页。

[2] 王冠：《拉丁美洲一体化运动的新发展》，《同行》2016年第10期，第369—370页。

现亚洲整体一体化阻力较大,可先实现各个地区或者相邻两个地区间的一体化,在各个地区一体化程度都有所提高后,再来推动整个亚洲的一体化发展,如率先发展起来的较高水平的南盟和东盟一体化。

欧洲一体化是第二位"外教"。首先,欧洲的经济和政治发展水平是欧洲一体化的重要前提和基石。欧洲一体化是先从欧洲煤钢联营即经济层面的一体化进程开始的,新亚洲主义在推动亚洲一体化过程中可以借鉴欧洲一体化的经验,先从经济领域开始。

其次,欧洲的大国在一体化进程中起到了很好的牵头作用,如英、法、德等。这启示新亚洲主义在发展过程中必须突破"大国因素",确立亚洲各个地区的一体化发展的主导国,主导国应该有大国的担当和责任。此外,在欧洲一体化过程中,经济发达国家带动了经济落后国家发展,如欧盟基金委员会的成立。这启示可以建立亚洲货币基金发展的新机制,还可以依托亚洲基础设施投资银行等已成立的机构,这对于亚洲金融体系的建设都是极其重要的,可以促进未来亚洲金融一体化的发展,从而推动亚洲经济一体化的发展。[①]

非洲一体化是第三位"外教"。1963年5月25日《非洲统一组织宪章》的发表标志着非洲统一组织(简称"非统")的成立。非洲在历史上也遭受了帝国主义的侵略,在"非统"出现前,非洲只有32个独立国家,但很多非洲国家和地区都意识到非洲只有联合合作才能真正获得国家独立和民族解放,所以非洲以"促进非洲国家的统一和团结,加强非洲国家在政治、外交、经济、文化、军事等方面的合作,保卫非洲国家的主权、领土完整与独立,从非洲根除一切形式的殖民主义,促进国际合作"为宗旨成立了"非统",从宗旨中可以明确看出团结、统一、主权是"非统"的重要精神。这是一种泛非主义精神,这是非洲统一的指导思想。[②]2002年7月,非洲联盟正式成立,非洲联盟的成立标志着非洲一体化发展到了一个新的高度,也意味着"非统"正式被取代。非洲联盟是继欧盟之后的第二个全洲性政治、经济、军事的一体化政治实体。[③]此后,非洲国家在政治经济发展、军事安全等方面的合作进程进一步加快。

非洲一体化发展可以给新亚洲主义带来很多参考和经验。首先,"非统"成立的国际背景是值得认真分析的。非洲国家的命运和亚洲很多国家很相似,都遭受了列强的侵略,触发了非洲国家寻求非洲的统一和团结的方式去反帝,这与中日亚洲主义的产生和

---

① 苏蔓蓉:《亚洲一体化:向欧盟学什么?》,《国际金融报》2004年4月23日,第T00版。

② 何曙荣:《非洲联盟研究(2002—2017)》,上海师范大学博士学位论文,2018年,第18~23页。

③ 路征远、雷芳:《从非统到非盟——泛非主义发展的必然》,《盐城工学院学报》(社会科学版)2018年第3期,第53页。

发展十分相似。其次,非洲一体化从"非统"到非洲联盟的转变,启示新亚洲主义的发展一定要与时俱进,要有自我发展、革新的理念,适应亚洲一体化发展的现状适时转变才能真正地发展。

拜师学艺可以请"外教",也可以向"本土"老师学习。由于东盟和南盟一体化是亚洲地区一体化发展的佼佼者,所以新亚洲主义必须向南盟和东盟学习,以促进西亚、东亚等地区的一体化发展。

东盟是第一位"本土"老师。1967年8月7日《曼谷宣言》的发表标志着东南亚国家联盟的成立。东盟的成立是亚洲地区一体化探索的首次尝试,具有里程碑式的重要意义。

东盟一体化发展也是先从经济层面开始的,例如大力推进东盟成员国之间的经济合作,建立了东盟自贸区,推动了东盟经济共同体的建设。同时,东盟与其他亚洲国家纷纷签署自由贸易协定,倡议并启动"区域全面经济伙伴关系"的谈判,尤其是《区域全面经济伙伴关系协定》的签署,不仅推动了东盟经济一体化的发展,同时还极大地推动了东亚乃至亚洲经济一体化的发展。

《东盟宪章》中写道,东盟共同体由经济、安全、文化共同体三方面组成,以经济方面为主,同时兼顾其他领域的发展,如安全合作方面强调东盟安全观、亚洲安全观等在东南亚地区安全合作和地区秩序建构过程中的重要作用。[①]因为单一领域的一体化无法为东盟一体化发展提供强有力的推力,这不仅是东盟一体化的发展理念,也是欧洲、美洲一体化等的发展理念。新亚洲主义的发展要想真正有所突破,必须在发展理念上做出合理的顶层设计和选择,这不仅是"外教"带来的启示,也是"本土"老师发出的忠告。

第二位"本土"老师是南亚区域合作联盟(简称"南盟")。1985年12月7日,南亚七国发表了《达卡宣言》,这标志着南亚一体化进程有了新的发展,同时也标志着亚洲内部第二个地区在一体化道路上取得了新进展。

南盟在经济、安全等方面带来的启示同东盟比较相似,但南盟的成立带来更多的是反思性的启示。因为南盟一体化的发展面临着诸多问题,所以南盟的一体化程度到目前为止还不是很高,而且一体化所涉及的领域也有限。主要原因是国家冲突与大国因素。南亚国家一体化道路上的这两个主要问题,启示新亚洲主义的发展内部必须要和谐,同时应该克服大国因素这一阻力。

另一方面,从中日亚洲主义的比较中可以探析出一些新亚洲主义发展的直接启示。

---

① 韦红:《东盟安全观与东南亚地区安全合作机制》,《华中师范大学学报》2015年第6期,第27—34页;郑先武:《"亚洲安全观"制度构建与"中国经验"》,《当代亚太》2016年第2期,第4—27页;郑先武:《"安全共同体"理论和东盟的实践》,《世界经济与政治》2004年第5期,第20—25页。

第一，日本亚洲主义的发展走向了右倾侵略扩张道路，以失败而告终，中国的亚洲主义以一种友好互助的和平态度通过互相联合合作最终促使很多亚洲国家走向了国家独立和民族解放，这启示新亚洲主义不能走扩张称霸道路，必须是和谐的亚洲主义。日本的亚洲主义逐渐将联合合作思想发展转变为不和谐的侵略扩张思想，因而最终走向了失败。中国的亚洲主义，尤其是孙中山的大亚洲主义观念，对亚洲传统文化做出了充分的肯定，是以"和""仁义道德"等为核心的中华文化，提倡的是与人为善、友好和谐的"王道文化"，而不是诉诸武力的"霸道文化"。"二战"后亚洲整体的和平环境成就了如今的亚洲，实践证明，只有亚洲的整体环境是和谐、安全的，亚洲国家才能相互信任并进行合作，亚洲才能真正走向经济、政治、文明的快车道以赶上发达国家。只有亚洲内部和谐，各个国家、地区之间和谐相处、睦邻友好才能促进亚洲一体化的真正发展。新亚洲主义首先要构建的就是和谐的观念，将和谐作为重要内涵概念。

第二，中国亚洲主义发扬无产阶级精神，联合、帮助、支持其他国家如印度和越南的民族解放运动，同时这些国家也信任中国的帮助，所以最终获得成功；而日本的亚洲主义以一种单独行动形式侵略亚洲国家，最终走向失败。这启示新亚洲主义必须是信任的、合作的亚洲主义。

信任是前提，没有互相信任，新亚洲主义就不能克服大国因素，相信中国的和平崛起绝不会对外扩张；没有互相信任，就不能在各方达成更深层次的合作。南盟的发展至今没有重大突破，就是因为南亚国家间的冲突导致各国的信任缺失，进而严重阻碍了南亚一体化进程。因此，亚洲各个国家和地区只有互相信任才能互相合作，真正走新亚洲主义的亚洲一体化道路。合作是新亚洲主义的核心理念之一，并且新亚洲主义的合作是多层次、多方面的。

合作的主要领域除了经济上的合作外，还有安全、气候、治理等方面的合作。例如安全层面的合作，新亚洲主义可以以习近平的"新亚洲安全观"为内涵。此外，加强东北亚、东南亚多边安全合作机制的建设也是极其重要的。新亚洲主义的发展需要加强多边领域合作，尤其是建立东北亚多边安全合作机制。[①]

第三，中日亚洲主义虽然一成一败，但他们都主张以开放的姿态走出去。这启示新亚洲主义必须是包容、开放的。新亚洲主义开放的含义至少有两方面：一方面是亚洲内部的开放，亚洲国家之间要坚持开放原则，中国的改革开放表明只有开放才能真正地发展；另一方面是亚洲的开放必须面向世界，一视同仁，并且开放的信心和底气必须充分，

---

① 朱亚娇:《亚洲利益共同体的"碎片化"及其超越探析》,《知与行》2017年第2期,第60页。

就像如今中国对以美国为首的贸易保护主义国家仍然坚持开放，并且中国开放的大门只会越来越大。

第四，新亚洲主义应该是包容的亚洲主义。日本亚洲主义右倾侵略扩张道路对亚洲国家进行了疯狂地侵略，残杀了无数民众，给亚洲国家带来了沉痛的灾难。没有人会忘记这一段历史，但历史已经过去，只有更好地发展自己，让自己更加强大，才能避免历史的重演。在发展的道路上应该以包容的心态面对国家间的冲突，更多地看向现在、看向未来，就像法德和解促进欧洲经济共同体的发展一样。包容过去、携手合作是新亚洲主义新的内涵，也是亚洲一体化发展必然要坚持的理念。

五、结　语

本文主要通过对中日亚洲主义的比较，挖掘出对新亚洲主义发展的启示。目前对中日亚洲主义比较成果及应用方面的研究相对缺乏，恰恰这种以联合合作思想为内涵的中日亚洲主义对新时代亚洲一体化的发展又具有重要影响，尤其是中国在和平崛起过程中提出的人类命运共同体和"一带一路"倡议等与新亚洲主义又有着密切的联系。比较中日亚洲主义的重点在不同点，本文着重对中日亚洲主义的不同发展道路进行了详细比较和分析，在此基础上产生了一系列对新亚洲主义发展的间接和直接启示。这些启示是对中日亚洲主义比较成果的挖掘和应用，是新亚洲主义的发展理念，同时也是亚洲一体化发展的理论武器。虽然挖掘了众多启示，但新亚洲主义在指导亚洲一体化发展道路上目前仍处于阻力大于推力的时期。简单来说，笔者认为主要有如下四方面的阻力需要补充说明。

第一，新亚洲主义发展面临严重的"碎片化"困境。目前，区域亚洲主义发展的现状是"碎片化"现象严重。这种"碎片化"现状主要表现在两方面，即地域"碎片化"和领域"碎片化"。①

第二，地区经济发展参差不齐。一方面，亚洲六个地区经济发展呈现着较大的差

---

① 地域"碎片化"，亚洲的地域辽阔，下辖六个不同地区：东亚、西亚、南亚、北亚、中亚、东南亚。这六个地区差异很大，如东亚和西亚在政治、经济、宗教文化制度等方面有着天壤之别。地域间由于异大于同，阻碍了这六大地区的合作发展，各自发展后形成了地区间合作的现状，即地域"碎片化"现状。目前，这种地域"碎片化"现状呈现出三个层次：地区内部合作还未突破，如西亚；地区间尝试合作但有着巨大困境，如东亚、中亚；地区间合作已经达成且发展较好，如南亚、东南亚。领域"碎片化"，除东盟、南盟在政治、经济、安全等方面有着不错的一体化合作之外，其他的地区间一体化合作仍面临巨大的挑战。所以想要达成全方面合作是十分困难的，目前的合作更多是单方面、单领域的合作，如亚太经济合作组织。

异。①首先亚洲六个地区中有经济总体较发达的地区,如东亚,其次是西亚,而中亚、北亚等地区则整体较落后,南亚、东南亚处于中游,总之这六个地区经济都不在一个发展水平上。另一方面,六个地区内部经济发展水平也有较大差异,每个地区内部既有经济十分发达的国家,又有经济落后的国家,如东亚和东南亚有日本、韩国、新加坡等发达国家,也有如老挝、缅甸等人均 GDP 低于 300 美元的经济落后国家。

第三,新亚洲主义的发展面临大国因素阻力。亚洲地区有众多综合国力强大的国家,东亚有中、日、韩三国,南亚有印度,无论是哪一个国家主导新亚洲主义的发展都会让其他国家心存戒备。此外,新亚洲主义还面临亚洲之外的大国因素干预,如美国、俄罗斯。地区大国、中美关系、地区力量结构等在东南亚地区安全秩序中占据主导作用。②再如,东南亚地区存在多个力量中心的“多层次”双边和多边安全合作机制。③因此,亚洲内外部大国主导和大国利益诉求也成为新亚洲主义发展的巨大阻力。

第四,新亚洲主义面临着历史阻力。从中日亚洲主义的比较中我们可以看出,日本的亚洲主义走的是右倾侵略扩张道路,这些被侵略的国家能否在新亚洲主义的基础上与日本达成真正的深度合作和信任是一个难以预测的问题,尤其是当新亚洲主义发展到具有让渡部分国家主权性质的较高层次时。此外,亚洲的领土争端问题也是另一个重大的历史遗留问题,如钓鱼岛争端、南海争端、中印中越领土争端等④,这些都是新亚洲主义发展必须要突破的历史阻力。

此外,一些现实问题的发生也成为一体化发展新的阻力。例如,2020 年 1 月 30 日英国正式脱欧为欧洲一体化的未来蒙上了一层阴霾,再如新型冠状病毒感染的肺炎在全球

① 朱亚娇:《亚洲利益共同体的“碎片化”及其超越探析》,《知与行》2017 年第 2 期,第 58 页。

② Roth, Hans J. "The Dynamics of Regional Cooperation". *The Dynamics of Regional Cooperation in Southeast Asia*. Geneva: GCSP-Geneva Centre for Security Policy, 2015; Frazier, Derrick and Stewart-ingersoll, Robert. "Regional Power and Security: A Framework for Understanding Order within Regional Security Complexes". *European Journal of International Relations*, 2008(4), pp.731-753; Goh, Evelyn. "Great Power and Hierarchical Order in Southeast Asia: Analyzing Regional Security Strategies". *International Security*, 2007(3), pp.113-157; Ikenberry, G. John. "American Hegemony and East Asian order". *Australian Journal of International Affairs*, 2004(3), pp.353-367;刘若楠:《大国安全竞争与东南亚国家的地区战略转变》,《世界经济与政治》2017 年第 4 期,第 60—82 页;张云:《东南亚区域安全治理研究:理论探讨与案例分析》,《当代亚太》2017 年第 4 期,第 122—151 页。

③ Thayer, Carlyle. "Southeast Asia: Patterns of Security Cooperation". *Australian Strategic Policy Institute*, 2010;韦红:《东南亚地区非传统安全合作机制架构与中国的策略思考》,《南洋问题研究》2013 年第 2 期,第 1—8 页;郑先武:《东亚大国协调:构建基础与路径选择》,《世界经济与政治》2013 年第 5 期,第 88—113 页。

④ 聂宏毅:《中国与陆地邻国领土争端问题研究》,清华大学博士学位论文,2009 年,第 119、153 页。

范围暴发及传播,使得人们开始再次深刻反思全球化和一体化。

可以说,新亚洲主义的发展面临诸多的阻力。亚洲国家如何看待和解决这些阻力是新亚洲主义必须要突破的困境。同时,如果新亚洲主义发展得好,则会将这些阻力在一定程度上转化为推力,从而促进亚洲命运共同体的发展,使新亚洲主义成为亚洲一体化发展的强大理论武器。

当然,新亚洲主义发展也有一些推力。亚洲幅员辽阔,国家众多,并且有着诸多的共性,使得亚洲具有丰富的资源和巨大的贸易潜力。[①]亚洲六个地区虽有海洋阻隔,但同时也造就了重要的海上运输航道和海峡,如马六甲海峡、霍尔木兹海峡等重要的海上"咽喉"。新亚洲主义的理论构建离不开这些地缘政治的考虑,亚洲命运共同体的发展一定要充分利用这些地缘优势。

亚洲丰富的文化也是新亚洲主义发展需要挖掘的资源。世界五大文明发源地中亚洲占了三个:东亚黄河流域、西亚两河流域、南亚印度河流域。例如,新亚洲主义可以在三大文明发源地中挖掘亚洲一体化的共同意识。此外,东盟和南盟的一体化发展也是新亚洲主义发展的巨大推力,因为东盟和南盟的一体化发展可以给新亚洲主义带来很多的启示,新亚洲主义可以学习南盟和东盟的经验,从而促进亚洲一体化的发展。

总之,新亚洲主义发展面临的阻力不小,但推力也不容小觑。未来新亚洲主义在指导亚洲一体化发展上仍任重道远。

参考文献

陈鹏飞,2015. 中日两国亚洲主义思潮的主流学派之比较[D]. 延吉:延边大学.

陈旭麓,郝盛潮,1990. 孙中山集外集[M]. 上海:上海人民出版社.

邓凤瑶,2015. 李大钊的新亚细亚主义评析[J]. 邵通学院院报(2):72-74.

何曙荣,2018. 非洲联盟研究(2002—2017)[D]. 上海:上海师范大学.

刘若楠,2017. 大国安全竞争与东南亚国家的地区战略转变[J]. 世界经济与政治(4):60-82.

李大钊,1959a. 大亚细亚主义与新亚细亚主义[M]. 北京:人民出版社.

李大钊,1959b. 再论新亚细亚主义[M]. 北京:人民出版社.

李大钊,2006a. 李大钊全集:第二卷[M]. 北京:人民出版社.

李大钊,2006b. 李大钊全集:第三卷[M]. 北京:人民出版社.

[①] 朱亚娇:《亚洲利益共同体的"碎片化"及其超越探析》,《知与行》2017年第2期,第59页。

李大钊,2006c. 李大钊全集:第五卷[M]. 北京:人民出版社.

李芸,2010. 曾国藩、曾纪泽父子日本观之比较研究[J]. 船山学刊(3):52-54.

路征远,雷芳,2018. 从非统到非盟——泛非主义发展的必然[J]. 盐城工学院学报(社会科学版)(3):49-53.

聂宏毅,2009. 中国与陆地邻国领土争端问题研究[D]. 北京:清华大学.

深町英夫,2017. 同种同文? 孙中山的亚洲主义话语[J]. 广东社会科学(3):74-84.

盛雪雁,2006. 十七、十八世纪中日关系研究[D]. 济南:山东师范大学.

盛邦和,2005. 日本亚洲主义与右翼思潮源流——兼对戚其章先生的回应[J]. 历史研究(3):129-144,192.

史桂芳,2001. 东亚联盟论研究[M]. 北京:首都师范大学出版社.

苏蔓薏,2004. 亚洲一体化:向欧盟学什么?[N]. 国际金融报,2004-04-23(T00).

孙中山,1981. 孙中山全集:第一卷[M]. 北京:中华书局.

孙中山,1984. 孙中山全集:第三卷[M]. 北京:中华书局.

王冠,2016. 拉丁美洲一体化运动的新发展[J]. 同行(10):369-370.

王屏,2004. 近代日本亚细亚主义研究[M]. 北京:商务印书馆.

王毅,2006. 思考二十一世纪的新亚洲主义[J]. 外交评论(外交学院学报)(3):6-10.

韦红,2013. 东南亚地区非传统安全合作机制架构与中国的策略思考[J]. 南洋问题研究(2):1-8.

韦红,2015. 东盟安全观与东南亚地区安全合作机制[J]. 华中师范大学学报(6):27-34.

韦英思,1995. 孙中山的"大亚洲主义"与李大钊的"新亚细亚主义"之比较[J]. 青海民族研究(1):77-82.

张云,2017. 东南亚区域安全治理研究:理论探讨与案例分析[J]. 当代亚太(4):122-151.

赵李博望,2018.《中日修好条规》与《朝日修好条规》签订之比较研究[D]. 延吉:延边大学.

郑先武,2004. "安全共同体"理论和东盟的实践[J]. 世界经济与政治(5):20-25.

郑先武,2013. 东亚大国协调:构建基础与路径选择[J]. 世界经济与政治(5):88-113.

郑先武,2016. "亚洲安全观"制度构建与"中国经验"[J]. 当代亚太(2):4-27.

朱亚娇,2017. 亚洲利益共同体的"碎片化"及其超越探析[J]. 知与行(2):56-60.

邹国振,2012. 试论李大钊的新亚细亚主义[J]. 湖南行政学院学报(4):85-90.

草間時福,1880. 興亜会創立史[J]. 興亜会報(1):4.

FRAZIER D, STEWART-INGERSOLL R, 2008. Regional power and security: a framework for understanding order within regional security complexes [J]. European journal of international relations(4):731-753.

GOH E, 2007. Great power and hierarchical order in Southeast Asia: analyzing regional security strategies[J]. International security(3):113-157.

IKENBERRY G J, 2004. American hegemony and East Asian order[J]. Australian journal of international affairs(3):353-367.

ROTH H J, 2015. The dynamics of regional cooperation[C]//ROTH H J. The dynamics of regional cooperation in Southeast Asia. Geneva: GCSP-Geneva Centre for Security Policy.

THAYER C, 2010. Southeast Asia: patterns of security cooperation[J]. Australian strategic policy institute.

战后日本敬语政策研究[*]

杨晶晶^①

（西安外国语大学日本文化经济学院　西安：710061）

摘　要：敬语在日本人的语言生活中扮演着极为重要的角色，长期以来受到日本的专家学者及民间人士的高度关注。本文从语言政策研究的角度对第二次世界大战后日本政府出台的《今后的敬语》《现代社会中的敬意表达》《敬语的指针》三份敬语相关文件进行分析，梳理了文件出台的背景、具体内容、意义及影响，厘清了第二次世界大战后日本"敬语政策"的变迁。最后，就如何教授敬语提出了一些建议，对日语教育工作者有一定的参考价值。

关键词：语言政策；敬语；敬语政策；敬意表达

一、引　言

日语中的敬语，是一种建立在人际关系的基础上灵活运用的语言形式。因此，虽然从古至今敬语经历了各种各样的变迁，却仍然保留至今。敬语表达反映出日本社会、日本文化的原型，在日本人的语言生活中占据着重要地位（井出祥子，2001）。

日语的敬语虽然由来已久，然而这一语言现象受到关注大约是从17世纪开始的。当时的葡萄牙传教士罗德里格斯发现日语中有发达的敬语体系，在其所著的《日本大文典》

---

* 本文系教育部2017—2018年度国别和区域研究"日本语言政策研究——以战后'敬语政策'的变迁为中心"的相关成果；西安外国语大学2019年度国别和区域研究专项"1895—1945年间日本对华语言同化政策的演变及发展"（19XWD25）的阶段性成果。
① 杨晶晶，西安外国语大学日本文化经济学院讲师，东北亚研究中心研究员，研究方向为日语语言学、日语教育、语言政策。

《日本小文典》中均提到了这一现象，后来逐渐有英国学者和日本学者加入这一语言现象的研究（毋育新，2014:6-7）。不过，直到19世纪末，有关敬语的研究都是在民间学者之间展开的。日本政府开始关注敬语问题是在1902年文部省（今文部科学省）设立国语调查委员会①之后。该委员会在十年左右的时间里就日本的语言文字问题做了大量调查并公布了多份报告，其中《东京话敬语语法略表》（『東京語敬語法略表』）列出了动词的「常語」「謙語」「敬語」，《关于口语体书简文的调查报告》（『口語体書簡文に関する調査報告』）对"口语体书简文"做出规范并提供学校教育指导。另外，1916年公布的《口语法》（『口語法』）对当时的口语使用做出规范，其中包括敬语。不过，之后的三十年间，日本政府的相关机构把研究的重点放在了文字及表记问题上，不太关注敬语及语言表达方面的问题。

"二战"后，日本政府先后出台过三份敬语相关文件，分别是1952年的《今后的敬语》（「これからの敬語」）、2000年的《现代社会中的敬意表达》（「現代社会における敬意表現」）和2007年的《敬语的指针》（「敬語の指針」）。这三份文件根据不同时期的国家和社会需求制定并出台，对确立战后敬语使用准则意义深远，给日本人的语言生活带来深刻的影响。本文试图从政策出台的背景、具体内容、意义及评价等角度对这三份文件进行梳理及分析。

二、第一份文件——《今后的敬语》

（一）出台背景

1945年8月15日，所谓的"大日本帝国"灰飞烟灭。明治以来一直持续的贵族制度也被废弃，军队解散。1946年1月1日，日本昭和天皇发表了具有历史意义的否定自己是神的"人间宣言"，日本由一个以天皇为象征的专制国家逐渐向民主主义国家发生转变。

在这样的大变革时代，日本人的价值观也发生了巨大的变化。针对日语敬语问题出现了废止和保留之争。敬语废止派认为，作为旧时代的敬语是封建社会的产物，已经不适应新的社会，应当予以废止。而敬语保留派认为，虽然没有必要完全保留战前的敬语

---

① 国语调查委员会成立于1902年3月，1913年废除。1916年，作为文部省的调查研究机构，国语调查室成立，之后发展为临时国语调查会，并于1934年12月废除。同年12月，作为文部大臣咨询机构的国语审议会成立，并于2000年12月完成使命。自2001年1月起，关于国语的审议由新成立的文化审议会国语分科会负责。

规范,但是民主主义的根本是个人的相互尊重,作为可以表达人们敬意的敬语不应该被废除,而应该简化之后予以保留。就是在这种形势下,国语审议会出台了《今后的敬语》,确立了适应新时代要求的敬语基准。

(二)具体内容

《今后的敬语》由前言、基本方针和十二项具体内容构成。文件前言中指出:"敬语问题原本不仅仅是语言问题,它是和现实生活中的礼仪融为一体的。因此我们希望,今后的敬语能够随着新时代生活的新的礼仪观念变得简洁明快、简单朴素,实现健全发展。"①

1. 文件的基本方针

文件的基本方针包含四点,具体如下。

第一,迄今为止的敬语产生于旧时代,存在过分烦琐之处。今后的敬语应当戒除过度使用,纠正误用,朝着简洁明快、简单朴素的方向发展。

第二,迄今为止的敬语主要建立在人们的上下级关系上,今后的敬语应当立足于相互尊重的基础上,尊重每个人的基本人格。

第三,女性用语中存在过度使用敬语和美化语(例如过度使用「お」)的倾向,希望女性能够反省并认识到这一点,逐步实现敬语使用简单化。

第四,以服务行业为主,存在许多由于对服务精神的不当理解而过度使用尊他语或自谦语的现象。这会导致人们在无意识的情况下忘记自我和他人的尊严。对此,希望全体国民能够省悟,予以纠正。

2. 十二项具体内容

该文件分别对人称代词、敬称、「たち」和「ら」、「お」和「ご」、语体、动作的表敬、形容词结句形式、寒暄语、学校用语、新闻广播用语、皇室用语等项目做了具体规定,并在结语部分指出"社会人之间的谈话应当平等互敬"。以下,就该文件部分项目内容进行说明。

(1)人称代词

关于第一人称,文件规定以「わたし」作为标准形式,郑重场合用「わたくし」。「ぼく」是男性学生用语,应该教育其走向社会后使用「わたし」。文件还指出,要避免将「じぶん」作为「わたし」之意使用。

---

① 原文为「元来,敬語の問題は単なることばの上だけの問題でなく,実生活における作法と一体をなすものであるから,これからの敬語は,これからの新しい時代の生活に即した新しい作法の成長とともに,平明・簡素な新しい敬語法として健全な発達をとげることを望むしだいである」。译文在参考毋育新(2014)和卢万才(2010)的基础上由笔者译出。

关于第二人称,文件规定以「あなた」作为标准形式,同时指出迄今为止作为书信(公函及私信)用语的「貴殿」「殿下」希望今后统一改用「あなた」。另外,「きみ」「ぼく」等词仅限于关系亲密者之间使用,一般情况下应使用「わたし」「あなた」这样的标准形式。因此,「おれ」「おまえ」也应逐步规范。

(2)敬称

文件规定以「さん」作为标准形式,「さま(様)」除了用于郑重场合、惯用表达外,主要作为收信人的称呼。公文中「殿」的称呼也应统一为「さま」。「氏」作为书面语,在口语中一般使用「さん」的形式。「くん(君)」是男性学生用语,以此为基准也可用于称呼年轻人,但是成年人的会话原则上使用「さん」。另外,无须在「先生」「局長」「課長」「社長」「専務」等表示职业或职务的词语后面加「さん」。

(3)语体

文件规定今后对话的基调应为「です・ます」体,这是作为社会人之间对话的一般语体,但并不限制在演讲时使用「であります」体,在郑重场合下使用「ございます」体,以及在关系亲密者之间使用「だ」体。

(4)动作的表敬

文件指出,动作的表敬分为三种类型。第一类是「れる」「られる」型,虽然容易和被动表达混淆,但可以通过规则变化接在所有动词之后,方法简单,将来应以此形式作为动作的主要表敬方式。第二类是「お～になる」型,文件强调无须使用「お～になられる」的形式。第三类被称作「あそばせことば」,文件指出这类动作表敬方式不符合今后敬语简洁明快、简单朴素的发展方向,将会逐渐衰退。

(5)皇室用语

文件指出,迄今为止有关皇室的敬语多采用晦涩难懂的汉语词汇,今后皇室敬语应在普通词汇范围内采用最高级别的形式。例如,将「玉体・聖体」改为「おからだ」,「天顔・龍顔」改为「お顔」,「宝算・聖寿」改为「お年・ご年齢」,等等。文件还指出,在昭和二十二年(1947年)的国会开幕式上,已将「勅語」改为「おことば」,天皇的自称也由「朕」改为「わたくし」。①

———————————

① 姜红(2012)指出,昭和二十二年(1947年)6月23日昭和天皇在第一次特别国会开幕式上首次使用了「わたくし」的自称表达。

（三）意义

《今后的敬语》这份文件是"二战"后日本民主主义意识的深刻反映,它出台后通过教育、公文、报纸、广播、电视等多种方式对日本民众的语言生活产生了很大的影响(浅松绚子,2001)。例如,文件建议自称时应以「わたし」为标准形式,谈话时的基调语体为「です・ます」体,使用动词加「れる」「られる」的形式表示尊敬,形容词的结句形式为「です」,等等,这些都在日本人日后的实际生活中得到了贯彻,使日本民众摆脱了"二战"前森严的等级制度的束缚。不过,也有部分内容没有实现。例如,文件中虽然指出第二人称应以「あなた」为标准形式,然而实际上这种形式并没有得到认可与推广,文件提倡的多用「れる」「られる」型也并未完全普及。另外,该文件的内容主要着眼于词形和语法层面,未涉及语用问题,即应该在什么样的场合使用什么样的语言,这是该文件的欠缺部分。

总而言之,《今后的敬语》的目的就是要废除"二战"前繁杂的敬语,提倡在相互尊重的基础上使用浅显易懂的敬语。它成为"二战"后日本敬语的规范,属于语言规划当中的本体规划。

三、第二份文件——《现代社会中的敬意表达》

（一）出台背景

20世纪70—80年代日本经济高速发展,与此同时,城市化、国际化、信息化、少子老龄化等一系列社会变化给日本人的语言生活、语言使用带来不小的影响。换言之,随着日本社会的变化,日本人的语言生活和他们的价值观、生活方式共同发展,一起走向多样化。在这种情况下,语言呈现出的多样性有时却成为阻碍人们顺利交流的主要原因。在那一时期,日本文部省(今文部科学省)对国民所做的民意测验也显示,很多人认为日语使用中出现了「乱れ」(混乱),有必要进行匡正。

1993年11月,在第二十届日本国语审议会召开之初,国语审议会就日本文部大臣所提出的"新时代国语政策现状"这一问题进行了回答,认为在把握现代社会语言使用多样性的基础上公示理想的语言表达是非常重要的。为了适应形势,解决新时代语言使用过程中出现的问题,经过几年的探讨,国语审议会于2000年出台了《现代社会中的敬意表达》。

(二)具体内容

《现代社会中的敬意表达》由前言、语言表达的基本认识、现代社会语言表达的课题、语言表达中的敬意表达、敬意表达的注意事项等五部分构成。

1. 前言

该文件在前言部分提出了"敬意表达"这个概念,将其定义为"人们在交际中基于相互尊重的理念,出于顾及对方和场合的考虑而区分使用的语言表达形式,是说话人在尊重对方人格、立场的基础上,从敬语、非敬语等各种表达方式中选择出的适合具体交际场合的自我表达方式"①。

文件指出,现代社会语言表达的核心正是保证人们交际顺利进行的"敬意表达"。

2. 语言表达的基本认识

在这一部分,文件首先强调了语言表达在文化创造、发展和传承过程中发挥的重要作用,继而又指出在新的社会环境中出现了"语言混乱"的事实,影响了人们之间交流的顺畅,有时甚至会损害人际关系。但同时指出,这些"语言混乱"也存在语言变化的问题,因此把所有问题都按照一定的准则做出定论是不妥当的。笔者认为,正是出于这样的考虑,国语审议会的相关委员们做出了不制定具体细则,而是宏观指导国民语言使用的决定。

3. 现代社会语言表达的课题

在这一部分,文件分别对城市化发展、年龄差异、性别差异、信息设备的发展与语言表达之间的关系,以及商业、大众媒体、与外国人交流等场合中的语言表达问题进行了阐述。文件指出,以上问题的共通点在于以交际为核心的社会环境、人际关系呈现出多样性,因此与之相对应的语言表达也应多种多样。

笔者认为,该部分为下一部分"语言表达中的敬意表达"做了铺垫。

4. 语言表达中的敬意表达

该部分内容主要分为两个方面:一是圆满的交际与敬意表达,二是敬意表达的概念。

(1)圆满的交际与敬意表达

在这一部分,文件指出社会生活是建立在人与人之间的交际基础上的,要想顺利完成交际,必须要准确、恰当地传递信息,还要简单、恰当地进行表达。笔者认为,该文件强

---

① 原文为「敬意表現とは、コミュニケーションにおいて、相互尊重の精神に基づき、相手や場面に配慮して使い分けている言葉遣いを意味する。それらは話し手が相手の人格や立場を尊重し、敬語や敬語以外の様々な表現から適切なものを自己表現として選択するものである」。译文在毋育新(2014)的基础上稍做改动。

调的这几点与格莱斯"合作原则"中的四条"谈话准则"高度吻合。毋育新也指出,该文件"虽然没有使用'礼貌策略'的术语,但其提出的'敬意表现'的概念在本质上与布朗和莱文森的礼貌策略理论并无太大差别"(毋育新,2014:13)。

（2）敬意表达的概念

在这一部分,文件再次陈述了"敬意表达"的概念,并对概念进行详细的阐释,强调"敬意表达"概念虽然是从说话人的角度出发,但同样适用于听话人。此外,文件还对敬语与敬意表达的关系进行了论述。文件指出,1952年出台的《今后的敬语》是迄今为止国语审议会关于敬语的唯一正式见解,在当时来说是一个划时代的提议,其主张避免过度使用敬语的理念要继续继承下去;但同时,在顾及对方和场合的表达方式中除了敬语,还存在其他表达方式,该文件将这些统统归结为"敬意表达"。

5. 敬意表达的注意事项

该部分指出,为了顺应社会的复杂化和人际关系的多样化,人们根据不同的对象和场合区分使用敬意表达,因此现代社会的交际中实际使用的敬意表达是多种多样的,而从多样的表达方式中选择哪一种作为恰当的表达则全凭个人的判断。该部分强调,敬意表达是基于相互尊重的精神,根据不同的对象和场合,按照社会习惯从多种语言表达当中挑选出的恰当的表达方式,要特别注意不可过度,同时还应当避免表面恭维内心瞧不起对方的失礼行为。此外,该部分还强调,要宽容对方的语言表达,即对儿童及非日语母语者不熟练的敬意表达、由于地域差异和年龄差异造成的没有听惯的语言表达等都应采取宽容接受的态度。

（三）意义

《现代社会中的敬意表达》这份文件是在日本社会出现多样化、全球化的背景下制定并出台的。它把现代社会中出现的种种问题纳入视野,将"敬意表达"看作是保障人们顺利交际的语言表达方式,强调相互尊重,希冀通过这种方式指导人们在复杂化和多样化的社会中顺利沟通与交流。

然而,该文件在对"敬意表达"的说明中,将「その本、貸してくれない↑」「この本、貸してほしんだけど」「ちょっといい↑」「ちょっと読みたいので」「悪いけど……」「私の説明が不十分で……」等都当作"敬意表达",认为只要是顾及对方或对方心情、说话场合和情形的表达都属于"敬意表达"。这一概念范畴实在太大,而且过于抽象,缺乏具体准则,在现实中不易操作。因而有学者批判该文件只是停留在逻辑考察阶段的抽象论(柴田武,2001)。

四、第三份文件——《敬语的指针》

（一）出台背景

《现代社会中的敬意表达》的提出,在日语学界掀起了敬语研究的高潮,使得人们对"敬意表达"的内容和形式进行了广泛的探讨,许多学者认为敬语的概念还有需明确之处(卢万才,2008)。另外,日本民众敬语意识高涨,认为语言表达中的敬语非常必要[①],但是现实中人们使用的敬语还存在许多不规范之处[②],高涨的敬语意识和实际的语言生活之间有着很大的差距。2000年发布的《现代社会中的敬意表达》虽然提出了"敬意表达"的新概念,指导人们在交际时应该使用"敬意表达",但这一概念过于抽象,人们需要一个具体的准则。于是,2007年文化审议会国语分科会"敬语小委员会"向文部科学大臣提出了审议报告——《敬语的指针》。

（二）具体内容

除去前言和结语,《敬语的指针》由三章构成,即有关敬语的基本思路、敬语的构造、敬语的具体使用方法。

前言中强调该文件是对《现代社会中的敬意表达》的继承,认为敬语是敬意表达的一种形式,是保障人们顺利交际、建立良好的人际关系不可或缺的要素。

在有关敬语的基本思路这个部分,文件强调了敬语的重要性,并特别指出敬语应该建立在互相尊重的基础上,这与第一份文件《今后的敬语》和第二份文件《现代社会中的敬意表达》中的理念是一致的。笔者认为这体现了民主思想的一贯性。该部分还对敬语的使用提出两点需要人们注意的地方:第一,敬语是一种自我表达,需要说话人根据人际关系及场合做出恰当的选择;第二,虽然是自我表达,但是也要注意避免敬语的误用或过度使用。

敬语的构造这一部分提出了敬语"五分法",即「尊敬語」「謙譲語Ⅰ」「謙譲語Ⅱ」「丁寧語」「美化語」。文件指出,"五分法"是为了让人们在过去"三分法"的基础上加深对现

[①] 日本文化科学省文化厅在2004年进行的"关于国语的民意调查"显示,有96.1%的人认为敬语非常必要。

[②] 日本文化科学省文化厅在2005年进行的"关于国语的民意调查"显示,有八成人认为错误使用敬语的情况增多了。

代敬语使用方法的理解,从而将「謙譲語」细分为「謙譲語Ⅰ」和「謙譲語Ⅱ」,将「丁寧語」分为「丁寧語」和「美化語」。该部分对每一类敬语进行了详细的说明,并列举出相应的表达方式。

敬语的具体使用方法这一部分主要从敬语使用的基本思路、选择恰当的敬语、具体场合的敬语使用方法三个方面进行阐述,通过设问方式解决人们在敬语实际使用过程中遇到的疑问和困惑,总共设置了36个问题。

(三)意义

该文件为敬语的具体使用制定了标准及依据。敬语"五分法"的意义在于,为敬语的规范化确立了方针,为敬语教育和学习提供了新依据,明确了敬语种类的概念,并为敬语的实际应用提供了方法,还能客观地唤起人们对敬语的关心和重视。夏建新(2009)认为,该文件对敬语的基本认识、对敬语发展方向的理解,以及对敬语具体使用的规范会对今后敬语的走向和学校中的敬语教学产生一定影响,同时对于我国目前的敬语教学和研究,特别是教材中应该如何处理和解说敬语也具有很大的启示作用。刘佳(2010)也指出,该文件对日语敬语体系的细分体现了人们对于敬语实际运用方面的重视,这对日语教育工作者在敬语教学方面提出了新的挑战。

五、结　语

"敬语"是日语中使用频率很高的一个词,这是因为日语具有"高度发达的、成体系化的敬语,这一点在世界上数千种语言中也是鲜见的"(菊地康人,1996:13)。"二战"后,为了让民众能够平等自由地交流,日本政府出台了第一份敬语相关文件——《今后的敬语》,废除了"二战"前繁杂的敬语。近半个世纪后,为了适应国际化、信息化、少子老龄化等社会变化给语言生活带来的影响,日本政府又颁布了第二份敬语相关文件——《现代社会中的敬意表达》,用以指导民众正确使用敬语。但是,由于该文件偏重宏观指导,缺乏具体准则,在现实中不易操作。因此,日本政府在2007年发布了第三份敬语相关文件——《敬语的指针》,旨在为国民正确使用敬语提供具体指导。不过,该文件出台后对日本国民的敬语使用带来了哪些影响,目前学界的相关研究较少,笔者将在今后的研究中探讨这方面的问题。

同时,作为一名日语教师,笔者在敬语的教学实践中曾经有过以下思考。首先,比起名词和形容词,日语的动词敬语形式多样、用法复杂,一直都是中国学生的学习难点之一。而在传统的敬语教学当中,由于受到教材编排的限制,教师通常会集中教授「尊敬語」「謙讓語Ⅰ」「謙讓語Ⅱ」「丁寧語」「美化語」,这种短期内不分重点的教学方式,给学习者带来了较大的学习负担,很大程度上导致了学习者记忆上的混乱和心理上的排斥(任丽洁,2013:56)。因此,在今后的敬语教学实践当中,教师可以确立优先教授的内容,以及指导的顺序,有重点、分阶段地开展教学活动,以便解决学习者记忆上的混乱和心理上的排斥问题,帮助学习者顺利掌握敬语的使用。其次,《敬语的指针》中指出,敬语是敬意表达的一种形式,是保障人们顺利交际、建立良好的人际关系不可或缺的要素,因此在教授敬语时,除了让学习者正确理解其结构形式外,还应强调敬语所体现的社会文化因素,使学习者真正认识并理解敬语的作用,以便其能在恰当的场合使用恰当的敬语。

参考文献

姜红,2012. 基于新闻语料的日本天皇敬语使用变化研究——以昭和以来刊载于《朝日新闻》上的天皇发言为考察对象[J]. 日语学习与研究(4):43-50.

刘佳,2010. 日语敬语结构的新变化——以"五分法"为中心[J]. 长沙大学学报(4):107-108.

卢万才,2008.「敬語の指針」出台的背景及其意义[J]. 日语学习与研究(1):20-23.

卢万才,2010. 现代日语敬语[M]. 哈尔滨:黑龙江大学出版社.

梅子,2014. 从跨文化交际能力培养的视角分析日语敬语教学[J]. 教育教学论坛(52):150-151.

任丽洁,2013. 关于日语中敬语动词的教学探讨——基于日剧中敬语动词的定量调查[J]. 日语学习与研究(4):56-62.

毋育新,2014. 现代日语礼貌现象研究[M]. 杭州:浙江工商大学出版社.

夏建新,2009. 日语敬语新规文件的趣旨[J]. 扬州大学学报(人文社会科学版)(5):117-122.

浅松絢子,2001. 国語施策100年における敬語の扱い[J]. 人文学と情報処理(32):82-89.

井出祥子,2001. 敬意表現の輪郭[J]. 人文学と情報処理(32):2-6.

菊池康人,1996. 敬語再入門[M]. 東京:丸善ライブラリー.

柴田武,2001. 何が目的の「敬意表現」か[J]. 日本語学(4):34-37.

安田敏朗,2007. 国語審議会—迷走の60年—[M]. 東京:講談社.

国語審議会,1952. これからの敬語(建議)[EB/OL]. [2020-03-25]. https://www.bunka.

go.jp/kokugo_nihongo/sisaku/joho/joho/kakuki/01/tosin06/index.html.

国語審議会, 2000. 現代社会における敬語［EB/OL］.［2020-03-25］. https://www.bunka.
go.jp/kokugo_nihongo/sisaku/joho/joho/kakuki/22/tosin02/index.html.

文化審議会, 2004. 平成 15 年度「国語に関する世論調査」の結果について［EB/OL］.
［2020-03-25］. https://www.bunka.go.jp/tokei_hakusho_shuppan/tokeichosa/kokugo_yoron
chosa/h15/.

文化審議会, 2005. 平成 16 年度「国語に関する世論調査」の結果について［EB/OL］.
［2020-03-25］. https://www.bunka.go.jp/tokei_hakusho_shuppan/tokeichosa/kokugo_yoron
chosa/h16/.

文化審議会, 2007. 敬語の指針［EB/OL］.［2020-03-25］. https://www.bunka.go.jp/seisaku/
bunkashingikai/sokai/sokai_6/pdf/keigo_tousin.pdf.

"草原丝绸之路"上音乐文化的交流与交融

——以哈萨克族乐器为视角

陈江琼　　陈　曦[①]

(伊犁哈萨克自治州文化艺术研究所　伊宁：835000；

西安外国语大学日本文化经济学院　西安：710128)

摘　要："草原丝绸之路"是一条沟通亚欧大陆的商贸大通道,生活在中亚草原的哈萨克人,其音乐受到东、西方的影响。本文选取几种较为成熟且受东、西方影响较为明显的哈萨克族乐器,梳理其在中国及世界乐器体系中的归属,明确其在东、西方音乐文化交流、交融中的地位,探究"草原丝绸之路"上乐器的亲缘关系,为这一带的文化"走出去"提供新思路。通过梳理,本文认为,中国哈萨克乐器及音乐作品要"走出去",必须求同存异,有方向地创作,有目标地传播,做到"有的放矢"。战略步骤为首先走周边,然后重走"草原丝绸之路",联结东西,兼顾南北,最终走向世界。

关键词：丝绸之路；游牧；哈萨克；乐器；交流交融

一、引　言

欧亚大陆是全球最大的陆块,是人类最早、最先进的文明发源地,也是世界历史的"中心地带"。陆块上各民族、各文明之间存在着巨大的、持续的相互影响,特别是在北纬40度至50度之间的草原区,东起呼伦贝尔草原,向西依次为蒙古高原、南西伯利亚和中亚北部、黑海北岸的南俄草原、喀尔巴阡盆地,这一地带地势较平坦,生态环境也较一致,成为草

---

① 陈江琼,伊犁哈萨克自治州文化艺术研究所副研究馆员,研究方向为非物质文化遗产保护;陈曦,博士,西安外国语大学日本文化经济学院副教授,东北亚研究中心研究员,硕士生导师,研究方向为日语语言学、二语习得、区域国别研究。

原游牧民族迁徙、驻牧、角逐之地。考古界在德国南部斯图加特附近发掘出2500年前的丝绸残片,说明这条草原上的丝绸之路(以下称"草原丝绸之路")早在先秦时期就已经开通。

欧亚大陆草原东端是大海,南面是农业区,北方是寒冷的森林地带,因此游牧民族通常沿着"草原丝绸之路"向西发展。特别是历史上几次大战争引起草原民族如多米诺骨牌般向西一路迁徙,将东方文明向西方传播,也将东亚大地上的音乐文化传播到了欧洲。除西迁之外,草原民族在几千年的历史进程中不断南迁,无论是南附还是入主农耕区,最终都融入了农耕民族,这又引起了音乐文化的南北交融。而近代欧洲全球霸主地位的确立,又引领了世界各地音乐文化的现代化进程。

哈萨克人及其先祖千百年来生活在中亚草原地带,处于"草原丝绸之路"的联结带,其音乐文化受到东西南北的影响,呈现出复杂、多元的混合型草原音乐文化特征。游牧的生产和生活方式使其音乐文化,特别是乐器中保留了较为古老的形态和技艺。

由于哈萨克族保存下来的典籍少,各种知识大都以传说、故事,以及民歌、诗歌的形式呈现,证史价值不高。哈萨克族研究者对包括汉文古籍在内的文献解读能力有限,导致哈萨克族乐器研究起步晚,研究成果少。哈萨克族乐器研究从20世纪40年代开始,起初多为如周菁葆(1985)的介绍性文章。关于哈萨克族乐器研究的有毛继增(1980)、周菁葆(2009)、王建朝(2015)等。涉及哈萨克族乐器交流、交融的有周静怡(2015)、雷嘉彦(2013)等。面向丝绸之路乐器研究的有金千秋(2001)、赵维平(2003)、劳沃格林等(2004),以及梁秋丽和周菁葆登载于《乐器》的七篇系列论文《丝绸之路上的"笙簧"乐器》,另外还有周菁葆的系列成果(周菁葆,2011,2013)。介绍国外相关乐器的有赵春婷的系列论文《亚细亚传来的乐音——邮票中的亚洲传统乐器》。以"草原丝绸之路"为研究对象的有杜亚雄于2018年发表于《人民音乐》上的《草原丝绸之路和草原音乐文化的传播》等。

以上资料可以看到一个逐步深入的研究过程,从对哈萨克族乐器的简介到对丝绸之路上某一乐器流变的研究,再到杜亚雄先生以"草原丝绸之路"为视角得出的结论——回顾历史,应当说草原民族的音乐文化对东、西方音乐的发展都做出了杰出的、不可磨灭的贡献,而由于历史上的种种原因,这些贡献在过去却被低估了[①]。虽然蒙古族学者早已开始关注"草原文化与草原丝绸之路"研究,但将哈萨克族乐器放回"草原丝绸之路"乐器交流交融的千年洪流中,运用东、西方乐器研究的最新成果,关注哈萨克人及其先祖的乐器在欧亚大陆乐器东流、西渐、南入、北出方面的纽带作用,从而指导哈萨克族器乐发展的研究还是空白。

---

① 杜亚雄:《草原丝绸之路和草原音乐文化的传播》,《人民音乐》2018年第8期,第45页。

本文选取哈萨克民族乐器中几个研究较为成熟且受东、西方影响较为明显的乐器，梳理其在中国及世界乐器体系中的归属，明确其在东、西方音乐文化交流、交融中的地位，从而力争为哈萨克族以器乐为主的音乐创作指明方向，指导以展示、传播哈萨克艺术为主的艺术表演团体有针对性、分阶段地制定"走出去"战略。

二、"草原丝绸之路"上的哈萨克人及其乐器

"哈萨克"是哈萨克语"kazakh"一词的汉语译音，有学者解释为"无家可归的、处境不好的人""真正的塞种""自由人""独立者"等，也有学者说是由"古代的卡斯甫部落和萨克部落"合并以后形成的名称，在民间普遍解释为哈萨克祖先是由白天鹅化身的姑娘和一名勇士结合而生的，因此由"kaz"（天鹅）与"ak"（白色）构成，意为"白天鹅"，并有种种与之相关的禁忌和崇拜习俗。中亚哈萨克草原处于世界性民族大迁移的十字路口，许多民族东征西讨、南下北上，都在这里留下过自己的足迹，不同民族成分被融化到哈萨克民族中，也有许多哈萨克人被融入其他民族。18世纪中叶，哈萨克开始陆续迁到清政府管辖下的伊犁、塔城、阿勒泰三个地区游牧，成为近代中华民族大家庭中的一员。

哈萨克族是一个酷爱音乐的民族，有着"歌声伴随着婴儿躺进摇篮，歌声伴随着逝者离开人间"之说，也有用器乐讲述故事和对话的习惯，传统民歌及器乐曲浩如烟海，风格独特。哈萨克族乐器种类很多，可分为弦鸣乐器、气鸣乐器、膜鸣乐器、体鸣乐器四大类。

哈萨克族弦鸣乐器主要有冬不拉（多种形制）、霍布孜（传统与改良）、切尔铁尔、阿德尔纳、巴尔布特、萨孜根、波赞齐等。气鸣乐器主要有克尔乃依（横笛）、斯尔乃依、杰勒霍布孜、卡尔德乃（号筒）、塔斯塔乌克（埙）、斯布孜额、乌然等。膜鸣乐器主要有达布勒（战鼓）、可普其克当哈拉、达吾勒帕孜、马背达吾勒帕孜、手拍达吾勒帕孜、马蹄达吾勒帕孜、牛角达吾勒帕孜，以及库尔克孜族的巴斯、多兀勒（手鼓）、夏的勒克（带柄单面鼓）、当哈拉、琴达吾勒等。体鸣乐器主要有腔霍布孜（口弦）、斯德尔马克（多种形制）、阿萨塔亚克（多种形制）、阿提吐亚克、排铃、萨合普、斯尔达吾克、恰尔特勒达克等。

三、"草原丝绸之路"上乐器交流交融中生成的哈萨克族乐器

（一）乌德、琵琶——冬不拉、切尔铁尔、巴尔布特

世界各地琉特类的弹拨乐器很多，形制相似，共鸣箱一般为扁平半梨形，木制，琴颈

长短不一,有直颈也有曲颈,年代久远者大多无品。多数学者认为,这类琉特类弹拨乐器起源于中东地区的乌德。乌德约定型于6世纪末,早期乌德面蒙皮膜,之后受到波斯音乐和乐器的影响,改为木制面板。一般有5组双弦,每双弦为同音,定弦音为G、A、d、g或d、e、a。这种乐器形制较小,可抱在怀中弹奏,便于携带和在行进中演奏,深受游牧民族的欢迎,哈萨克族的冬不拉、切尔铁尔、巴尔布特都属于这类乐器体系中的成员。

1. 冬不拉

冬不拉(也写作"冬布拉""东不拉""东布拉")是哈萨克族出现最早、发展最完善、使用最广泛的代表性拨奏弦鸣乐器,古老的冬不拉随艺人的喜好和材料的限制,样式各有不同,音箱有扁平状、半瓢型、蚂蚁状和羊尾状等。现在常见的音箱有两种形式:一种是扁平的三角形琴箱,被称为阿拜冬不拉,琴杆较短;另一种是半瓢状椭圆形的江布尔冬不拉,琴杆较长。两者都张两根羊肠弦或丝弦,采用四度或五度定弦,有品。

与冬不拉相似的乐器有蒙古族的托布秀尔、柯尔克孜族的库木孜、锡伯族的东布尔。

2. 切尔铁尔

切尔铁尔是哈萨克族弹拨乐器中形状不一、结构不同、音色和演奏方式独特的一种古老的三弦乐器,介于冬不拉和克勒库布孜之间。外形上与新疆柯尔克孜族的库木孜和云南纳西族的苏古笃相像。古老的切尔铁尔也有一弦和二弦的,有无琴面的切尔铁尔和有琴面的切尔铁尔。切尔铁尔由音箱、琴杆、琴头组成,音箱的面部和底部呈扁平状,由5个音箱条组成,里面有坚硬的支架木,音箱下部大部分由骆驼皮或牛皮包裹,用弹片演奏。

3. 巴尔布特

哈萨克人的巴尔布特是拨弦乐器,半梨形的音箱,曲颈,张5根弦,5个旋钮,19个音品,定弦为A、D、G、C、F,音域三个半八度。其音色洪亮柔美,能够演奏古典音乐,也能演奏各民族乐曲,还能独奏、合奏。原始的巴尔布特由整块的木料挖制而成,用羊肠做弦,张4根弦或5根弦。20世纪后,制作方法改为背面用薄板条黏合而成,琴面为松木板。琴杆用果木、桦木等硬质不易变形的木头制作,增加到19品,琴面蒙骆驼皮或木板,琴头向外翘起,装有5个旋钮,用木刻狼头装饰,琴弦是钢丝弦,外面缠有尼龙丝。演奏方法是抱在怀中横弹。一般用拨片或者用牛角片、羊角片、马蹄做成的薄片弹奏,也可以手弹。

从这一组乐器的对比来看,可以说乌德是源头,通过"草原丝绸之路"传到中亚及中国新疆,在哈萨克族中呈现出冬不拉、切尔铁尔、巴尔布特等乐器,而中原从汉代起的典籍中就频繁出现的琵琶,应是这类乐器的佼佼者。

（二）胡琴、火不思——库布孜

胡琴是我国古代对北方和西北方少数民族乐器的泛称,在唐宋时期既是拉弦又是弹弦乐器,中文典籍中常记作"琵琶""火不思"等。元代之后,中国史学者将其限指拉弦乐器,具体则指以弓弦演奏的胡琴(即二胡)。其宗祖是阿拉伯人发明的"拉巴卜"(rabab),波斯人改进为"卡曼恰"(即二弦拉巴卜),蒙古人西征返中原时沿袭称之为胡琴。这种用外置弓来拉奏的弓弦乐器,与我国图瓦人的叶克勒、蒙古族的马头琴、维吾尔族的艾介克和萨塔尔、藏族的根卡相似,哈萨克族称之为"库布孜"其结构基本属于费斗类颈杆型。

库布孜(也写作"霍不兹""霍布斯""柯布孜"),是哈萨克族的一种古老拉弦乐器,由音箱、琴杆、弦轴及弓子组成,琴身木制,像一把大木勺。共鸣箱上半部无共鸣板,下半部蒙上骆驼羔皮或羊皮。指板上没有品位,演奏时两腿夹琴,左手用指尖至第一关节处的外侧抵弦,右手用马尾弓拉奏。

（三）竖琴、箜篌——阿德尔纳

竖琴是一种大型拨弦乐器,在欧洲、美洲和亚洲等地区都有出现,在古埃及被称为"贝尼琴",在古希腊和古罗马被称为"里拉琴",是由新石器时代的原始弦琴衍化而来的。在千百年的发展中,一支通过增加弦数拓宽音域,另一支则通过指板按弦改变音高,衍化成鲁特琴的雏形。到古希腊及美索布达米亚时期,古典式弦琴早已走入民间,成为吟游诗人的伴奏乐器。

早期文献对竖琴的记载有多种名称,被发掘的第一把拱形竖琴写作"arched harp",在美索布达米亚,年代为公元前2500年,它有13或14根琴弦,与缅甸竖琴相似。演奏者以左手拨弦,右手按弦止音。这样的竖琴在中非、西非地区仍能见到。现存最古老的竖琴是制造于14世纪的爱尔兰竖琴,有30—36根弦,使用指甲弹奏。竖琴从古代西域传入中国后被称为箜篌。1996年,在新疆且末县扎滚鲁克墓地出土两件角形箜篌(见图1和图2),年代距今为2711±61年,初步推定为春秋战国时期(公元前770—公元前221)[①]。其造型独特、结构简单、风格质朴,是我国目前发现最早的箜篌。

---

① 王博、鲁礼鹏、徐辉鸿等:《新疆且末扎滚鲁克一号墓地发掘报告》,《考古学报》2003年第1期,第132页。

图1 角形箜篌（一）　　　　　　图2 角形箜篌（二）

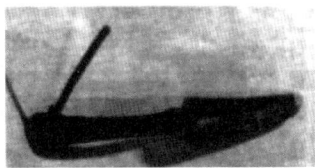

公元前500年至公元前350年,生活在阿尔泰山帕祖鲁克和且末县扎滚鲁克的人是哈萨克族的先祖塞种人,这也说明竖琴在哈萨克族中有着悠久的历史。

哈萨克人将竖琴、箜篌叫作"阿德尔纳",原意为"弓弦",民间古老的阿德尔纳,就如弓的一半,属于角竖琴。哈萨克族民间艺人一般就地取材,制作角形的阿德尔纳,张7根弦,没有音箱,一个弦为一个声音。

在这一组乐器中,竖琴是西方对一类乐器的统称,箜篌是一个具有中国文化符号、享誉千年的乐器,而处于西联南系的哈萨克草原,有古老而年轻的乐器阿德尔纳。古老是因为它出现在传说、民歌和诗歌等作品中,年轻是指它在近20年中还在迅速改变着结构和样式。到了今天,世界上的竖琴更加趋同,这也是交流与交融的结果。

（四）胡笳——斯不孜额、冒顿潮尔

对于胡笳,早在2000年前的史书中就有记载。《天平御览》卷五八一:"笳者,胡人卷芦叶吹之以作乐也,故谓曰胡笳。""笳"字在汉代为"葭"字,《说文解字》中说,"葭,苇之未秀者""苇,大葭也"。说明葭、芦、苇三字是指同一植物。

斯不孜额是哈萨克族古老的吹管乐器,也译作斯不斯额、斯比斯额,在哈萨克语中是"心灵的笛子"之意。斯不孜额是一种边棱气鸣乐器,用"丛文依草"制作,也有用杨木、松木制作,现多用铜管、铝管、铁管制作,管体中空,无簧哨装置。吹奏时先由喉部发一长音,将气息送入管中,让喉音与管音同时发音,喉音在乐曲中作持续低声部,管音作上方的旋律声部,两者协调而融合。其与蒙古族的楚吾尔相似。

有学者认为,斯不孜额是汉代匈奴胡笳的遗制。日本学者林谦三先生在其著作《东亚乐器考》中提到,胡笳(葭)是始于汉代匈奴族所用复簧有管的气乐器。其起源当在西亚地方,匈奴受之于其西邻民族而传之汉族的,分有指孔与无指孔两种。前者为筚篥所夺而早亡,后者以卤簿鼓吹的乐器而经汉魏六朝以至隋唐宋还存在。[1]哈萨克族学者也认为,斯布孜额跟胡笳有渊源关系。而穆罕默德·喀什噶尔所著的《突厥语大词典》第一

---

① 林谦三:《东亚乐器考》,上海书店出版社2013年版,第364页。

卷第514页有词条"sibizigu"——笛子。说明在公元11世纪斯布孜额的应用已经很普遍。

新疆阿尔泰地区喀纳斯湖一带居住的蒙古族吹奏的"冒顿潮尔"(意为木笛),形制与吹奏方法几乎和哈萨克族的斯布孜额完全相同,都使用"八字形"指法。蒙古族的乌梁海部,在清初东迁到了内蒙古东部的科尔沁草原,当时的喀喇沁王府乐队将这种三孔竖吹的木笛加以改造,增加吹口和喇叭似的底部,而后带到清代宫廷时又进一步组合成为清代四方乐之一的"箛吹部"。日本民俗学家鸟居君子在1920年拍摄的清蒙古族箛吹部中的胡箛,亦保留着传统的"八字形"指法。

胡箛是在中国典籍中频繁出现且有着深刻文化内涵的乐器,有的学者直接说哈萨克草原上的斯不孜额就是胡箛,笔者对这种说法持保留意见,因为这个世界上没有一件东西跟它2000年前的样貌相同,这并不是要否定现在与历史的联系,而是只有抓住流变这个主题,乐器的演变过程才能更为清晰可见。

(五)埙——萨孜斯尔乃

埙是一种开口吹奏鸣响乐器,以陶制最为普遍,也有石制和骨制等,呈圆形或椭圆形。最早的埙只有吹孔而无音孔,后出现了除吹孔外又增加了单音孔的埙,后来逐渐出现了2孔、3孔、4孔、6孔埙。再后来还出现了9孔、11孔甚至更多洞孔的埙。人的手指是十指,加上吹孔,最多可以控制11孔。埙的历史可追溯到7000年前的新石器时期。

萨孜斯尔乃为哈萨克语音译,"萨孜"是泥巴、泥土的意思,"斯尔"即心弦,"乃"是乐器,即能够表达心绪的陶制乐器。萨孜斯尔乃主要有三种,分别叫作萨孜斯尔乃、玉苏库热克、塔斯塔吾克,均属陶制。哈萨克族的萨孜斯尔乃与汉族的陶埙形制相同,吹奏方法也是用气流冲击吹孔发音,形制有圆形、椭圆形、圆锥形和鸟形。古老的萨孜斯尔乃多为1孔至3孔,现在的一般为6孔。萨孜斯尔乃的吹奏方法为,右手食指、中指、无名指按外侧3个孔,左手拇指按内侧1个孔。演奏者可吹奏出各种不同的声音,如鸟的啾鸣声、风的嗖嗖声、婴儿的啼哭声、狼的嚎叫声。萨孜斯尔乃可引入民乐队演奏,它的音域较宽,可演奏经典乐曲和现代作品。

埙是陶制乐器,从出土文物来看,无论7000年前、5000年前还是3000年前,与现在相比,这种乐器的变化都不大。哈萨克族的萨孜斯尔乃和其他民族的同类乐器相近,这充分说明了乐器的交融。

四、西方音乐交响化引起的哈萨克乐器改革与
民族乐队的出现

20世纪在西方音乐文化强势传播的背景下,世界其他地区的民族都经历过一个世纪的乐器改革历程。哈萨克乐器改革在20世纪前半叶受苏联的影响较深,到中华人民共和国成立后,中国哈萨克乐器改革就汇入了中国乐改的洪流。

20世纪中期,哈萨克斯坦作曲家、音乐家阿合买提·朱巴诺夫从哈萨克斯坦的各地招集知名乐器演奏者,按照因多声部音的原理而产生的管弦乐体系建立了第一个哈萨克民族乐队,之后发展为民族管弦乐队,名为库尔曼哈孜乐团。乐队的乐器主要有冬不拉、库布孜、切尔铁尔、斯尔乃依,以及西洋的木管管乐、打击乐、大提琴、大贝斯。

紧随其后,哈萨克斯坦作曲家、演奏家努尔黑沙·托列恩代沃夫成立了纯哈萨克乐器的哈萨克民族乐团,名为讹答剌萨孜(讹答剌乐团)。乐器有冬不拉组、库布孜组、切尔铁尔组、低音冬不拉组、哈萨克古老吹奏乐器组、打击乐组、斯尔乃组等。编排为右边是冬不拉(弹拨乐),左边是弦乐,中间是中音系列乐器组,中间后排是高音乐器组及普力玛、斯尔乃,再后面是低音组和打击乐,为西洋管弦乐排列形式。这个乐团是国家级乐团,其教学法跟欧洲一样进行了细分。由此,哈萨克乐器研究、演奏法研究也进一步深入。

后来,哈萨克斯坦每个州都成立了这样的民族特色乐队,各大学也有自己的乐队。进入21世纪,哈萨克斯坦出现了很多由民族特色乐器组成的小组合,被称为萨孜根组合、吐然组合、阿德尔纳组合、杰特根组合、卡斯沙克组合等,使哈萨克族民族特色乐器得到了保护和传承。这些小组合也在器乐合奏方面进行着探索。

在我国,1950年建立了冬不拉乐器组。该乐器组将传统的冬不拉由8—11品增加到12—17品,肠弦或丝弦改为塑料或铜质音品。1961年,伊犁州歌舞团建立了由最高音、高音、中音、次中音、低音等5种冬不拉组成的乐队,增加了音量,纯净了音质,取得了成功。库布孜是哈萨克族常用的拉弦乐器,经过改良的“系列库布孜”分为高音、中音、低音和倍低音乐器,改良后的琴弦增至4条,使用丝弦或钢丝弦,定弦与提琴相同,琴体增加指板,上半部改为松木面板,下半部蒙以蟒皮或羊皮。其他乐器的改革也取得了不同程度的进展。自1983年霍尔果斯口岸对哈萨克斯坦国和第三国开放以来,中国哈萨克乐器受到哈萨克斯坦乐器改革的影响,改革向着保持民族特色、提高乐器性能的方向发展。1986年,哈萨克族作曲家卡热木·阿不都热合曼按照多声部音原理建立了民族乐队,配器并担任指挥。乐队由冬不拉组(高音、低音、倍低音)、库布孜组(中音)、吹奏乐器组和打击乐

组成。

1993年，在苏里堂哈孜的带领下，组成了民族特色小乐队，乐器有冬不拉、库布孜（马尾、高音）、阿德尔纳、切尔铁尔、斯尔乃、萨孜斯尔乃、杰特根、低音冬不拉、大提琴。2001年州地合并，乐队合并到州歌舞团大乐队，乐队最多时有56个编制。2014年，沙肯德克组建了阿尔兰组合，由7名演奏员组成，乐队编排为半圆形，左边第一个为阿德尔纳，依次为冬不拉1、冬不拉2、青克勒迭克、沙孜斯尔乃（杰特根）、打击乐（口弦琴）、马尾库布孜。乐队演奏的乐曲有十几种，有传统名曲、民歌，可以演奏乐曲，也可以伴奏、伴唱。

五、结　语

哈萨克人及其先祖千百年来生活在"草原丝绸之路"的联结带，游牧的生产和生活方式，以及草原上频繁的战争，使他们不断地迁徙，也不断地被来自东西南北各方族群所涉足，文化呈现出开放、兼容并包的风格，特别是音乐文化形态多样、内容丰富，五声调式与欧洲大小调式并存，常规节拍、复合节拍、混合节拍共存，曲式结构有简有繁，各具特色。乐器是音乐的物质载体，乐器的丰富为音乐的丰富奠定了基础，而乐器也是音乐文化交流交融中的一个更直观的证明。

本文选取了哈萨克族不同类型的几件乐器，在文献、文物，以及相关研究成果的指引下，以当代哈萨克民族乐器为视角，并涉及蒙古族、柯尔克孜族、锡伯族乐器，将其放进"草原丝绸之路"千百年的交流交融的历史背景中，探寻源头、影响和流变，对草原上同宗同系不同样的乐器及音乐特色进行归纳和小结，从而进一步明确哈萨克人及其先祖的乐器在东、西方音乐文化交流与交融中的纽带作用。

在我国实施"一带一路"倡议和文化"走出去"战略的今天，作为"草原丝绸之路"上的一个跨国民族，中国哈萨克器乐及音乐如何保持草原游牧民族本色，怎样跟上全球化、现代化步伐，又以何种方式体现中华文化的一体多元，都需要我们回顾历史、看清现在、面向未来。

通过梳理，我们认为中国哈萨克器乐及音乐作品要"走出去"，必须抓住"求同寻异"这个兴趣点，有方向地创作，有目标地传播，做到"有的放矢"，战略步骤为首先走周边，然后重走"草原丝绸之路"，联结东西，兼顾南北，最终走向世界。

参考文献

杜亚雄，2018. 草原丝绸之路和草原音乐文化的传播[J].人民音乐(8):45-47.

贾嫚,2011. 箜篌在中国新疆地区的流播[J]. 人民音乐(4):57-59.

金千秋,2001. 古丝绸之路乐舞文化交流史[D]. 北京:中国艺术研究院.

劳沃格林,方建军,林达,2004. 丝绸之路乐器考[J]. 交响.西安音乐学院学报(3):49-54.

梁秋丽,周菁葆,2016. 丝绸之路上的"筚篥"乐器(五)[J]. 乐器(3):54-56.

雷嘉彦,2013. 冬不拉与库姆孜的比较研究[J]. 大舞台(7):236-237.

林谦三,2013. 东亚乐器考[M]. 上海:上海书店出版社.

毛继增,1980. 冬不拉和冬不拉音乐[J].音乐研究(3):75-86.

王博,鲁礼鹏,徐辉鸿,等,2003. 新疆且末扎滚鲁克一号墓地发掘报告[J]. 考古学报(1):89-136,161-176.

王建朝,2015. 声音与乐器历史属性——以哈萨克斯坦哈萨克族弓弦乐器阔布孜研究为例[J]. 音乐探索(1):31-38.

赵春婷,2015. 亚细亚传来的乐音(十八)——邮票中的亚洲传统乐器[J]. 乐器(12):50-51.

赵维平,2003. 丝绸之路上的琵琶乐器史[J]. 中国音乐学(4):34-48.

周菁葆,1985. 丰富多彩的哈萨克族乐器[J]. 乐器(6):25-27.

周菁葆,2009. 丝绸之路与中亚哈萨克族的乐器[J]. 乐器(12):64-67.

周菁葆,2011. 丝绸之路上的五弦琵琶研究[J]. 中央音乐学院学报(3):122-128.

周菁葆,2013. 丝绸之路上的双簧乐器研究(四)[J]. 乐器(5):78-81.

周静怡,2015. 文化变迁视野下哈萨克族斯布孜额的调查与研究[D]. 新疆:新疆师范大学.

LAWERGREN B,乐平秋,2010. 古代箜篌的方方面面[J].乐府新声(沈阳音乐学院学报)(3):142-153.

第五福龙丸事件及日本战后反核运动

梁济邦①

(西安外国语大学日本文化经济学院　西安:710128)

摘　要:自1945年核武器问世以来,其被作为国家实力的象征,用来威慑敌对国。在"二战"结束之后的冷战初期,美苏竞相研制新型核武器,在反复试验中,其他国家也在各方面受到不同程度的损害和影响。其中,日本的远洋捕鱼船第五福龙丸就是一个典型的例子。以第五福龙丸事件为契机,"二战"后日本掀起了反核运动。研究第五福龙丸事件,对于当今世界各国有一定的现实意义。

关键词:核试验;战后;第五福龙丸;反核运动

国内外有关第五福龙丸事件的介绍在网络上都可以搜索到,但大多只局限于事件本身,很少全面地审视事件对日本、美国乃至世界的影响。国内主要论文有郭培清分别于2000年和2001年发表的《福龙丸事件始末》和《福龙丸事件与美国对日政策的调整》。前者主要注重介绍事件的前前后后,后者则从日美关系的视角分析事件。另外,还有一些杂志上的介绍文章,如雨文于1955年在《世界知识》上发表的《日本妇女的呼声——反对氢弹试验、禁止大规模毁灭性武器》,侯宏森于1955年在《科学通讯》上发表的《日本气象学家反对美国试验氢弹的斗争》等,但这些文章均篇幅较短,论述成分较少。日本方面多见以书籍、杂志介绍第五福龙丸事件,例如,1954年《法律时报》刊登了皆川洸的《第五福龙丸与国际法》(『第五福竜丸事件と国際法』),1977年白石书店出版了广田重道所著的《第五福龙丸——真相与现在》(『第五福竜丸—その真相と現在—』),1985年草土文化出

---

① 梁济邦,西安外国语大学日本文化经济学院副教授、研究生导师,研究方向为日语语言学及日本战后史。

版了第五福龙丸和平协会编写的《母亲和孩子眼中的第五福龙丸》(『母と子でみる 第五福竜丸』),1986年三友社出版了铃木光治等编译的《第五福龙丸》(『第五福竜丸』),等等。

本文从第五福龙丸事件的时代背景出发,首先阐述当时的国际形势及日本现状,其次说明第五福龙丸事件的经过,最后主要分析总结以此事件为契机的日本乃至世界的反核运动,具有一定的现实意义。

一、船体简介及时代背景

(一)第五福龙丸船体简介

首先,日语书写为"第五福竜丸",英语有"the Lucky Dragon"和"Daigo Fukuryu-maru"两种表述,前者为意译,忽略了日语原文中的"第五",后者为日语罗马字的书写形式。

第五福龙丸为木质远洋捕金枪鱼船,总吨数146.86吨,全长28.56米,幅宽5.9米,柴油发动机,速度7节,其母港为静冈县烧津市,渔船登录番号58531,可载船员23人。

第五福龙丸的前身为1947年4月在和歌山县古座使用的捕松鱼船,原名"第七事代丸",之后移至烧津,并改造成捕金枪鱼船,改名为"第五福龙丸"。

(二)时代背景

1. 国际形势

第二次世界大战后,由于价值观的不同,以苏联为首的社会主义阵营和以美国为首的资本主义阵营之间产生了对立,尤其是美苏之间对立愈演愈烈,冷战态势逐渐形成。在此前提下,大国之间的核军备竞赛开始,主要国家有美国、苏联及英国。核武器从当初的原子弹发展到威力更为巨大的氢弹。1952年11月,美国在太平洋埃内韦塔克环礁伊鲁吉拉伯岛试验氢弹。1953年8月,苏联在现在的哈萨克斯坦塞米巴拉金斯克核试验场进行首次氢弹试验,亦一举成功。

在美、苏等大国核军备竞赛不断升级的同时,世界人民的生命安全开始遭到巨大威胁。

2. 国内形势

1951年9月,日本与美、英等48个国家在旧金山签订讲和条约。1952年4月,日本正式结束将近7年的被占领状态,成为联合国的一员。其后,突如其来的朝鲜战争"特需"使日本大发战争"横财",每年获利都在国民生产总值的2%—3%。1951年,日本国民总支出及个人消费支出均超过"二战"前的水平，这一时期也是日本经济高速发展的开端。

1949年8月，日本游泳选手古桥广之进在洛杉矶举行的全美游泳锦标赛上荣获冠军，并打破800米世界纪录。同年，汤川秀树因介子理论荣获诺贝尔物理学奖，也是诺贝尔奖日本首个获得者。体育竞技和科学家获奖，极大地鼓舞了日本国民的自信心，日本在国际舞台上以崭新的面目崭露头角。

二、第五福龙丸事件

（一）日本的远洋渔业

日本由于岛国自身地理位置，自古以来渔业发达，从近海到近洋再到远洋逐步发展，到20世纪30年代，远洋渔业已颇具规模，20世纪60—70年代是其鼎盛期，以捕获金枪鱼、鲸鱼等为主。金枪鱼深受吃寿司的日本人喜爱，每年新年1月初，有着东京厨房之称的东京中央区筑地水产市场（2018年10月中旬已迁至江东区丰州市场）都会进行新年第一次鲜鱼竞拍，天价鱼王就是金枪鱼。2018年1月5日，一条重达405千克的金枪鱼拍得3645万日元（约合人民币209万元）。

"二战"后，日本远洋渔业因"麦克阿瑟线"（驻日美军为防止日本渔船向外海扩展而在日本周边海域设置的一条防线）的限制，渔船不会走得很远。1952年，"麦克阿瑟线"解禁，这一举措给日本远洋渔业带来活力，从而从近海逐渐转向外海发展，进而进行远洋渔业生产。

（二）比基尼环礁与美国核试验

比基尼环礁位于马绍尔群岛共和国西北部，太平洋深处，"二战"后，美国取代日本统治管辖，由于人少洋阔，被美国选为最理想的核武器试验场（原先环礁上的土著居民被疏散至几百千米之外的岛屿）。1946—1958年，美国先后在这里进行了60余次不同的核试验。美国的氢弹就是在马绍尔群岛问世的，这也使得世界大国之间的核军备竞赛达到前所未有的高度。

现在比基尼环礁的潟湖中还有1946年核试验时被击沉的军舰，环礁上可见巨大的弹坑。据说这里爆炸的总当量相当于1945年8月6日美军投下的原子弹的7000倍，对比基尼环礁地质、自然环境和被辐射者的身体健康造成不可估量、无法挽回的危害和损失。

作为世界核武器时代到来的见证地，2010年7月31日，联合国教科文组织将比基尼环礁作为文化遗产纳入《世界遗产名录》,这是马绍尔群岛共和国首个被列入《世界遗产名录》的遗址。

(三)第五福龙丸事件

1954年1月23日,第五福龙丸从日本静冈县烧津港出发,载着23名船员,开始第五次奔赴远洋捕捞日本海产市场抢手的金枪鱼,船长为井筒久吉。

之后,为了找到更好的渔场,第五福龙丸到达马绍尔群岛西北部。

1954年3月1日凌晨3时50分左右,距离比基尼环礁160千米,正在早早吃早餐的几名船员在船舱突然发现窗外闪着巨光,然后目击到西边的天空上出现超大火球,几分钟后又听到剧烈爆炸声。

船员们感觉事态不妙,船长也没敢发出海上求救信号,大家赶紧收网起锚。同时,因为心里害怕美国为了毁灭证据把渔船击沉(因为氢弹试验属于美国高级军事机密),只好本能地开足马力,向北落荒而逃。

早上7点半左右,空中不断有白色的粉末状东西掉落到甲板上,一直持续了数小时之久。这些粉末附着在船员裸露于外面的身体(主要是头部和手脚)上,并随呼吸吸入体内。后来人们把这种氢弹爆炸落下来的白灰,称为"死亡之灰"。

中午时分,有几个船员感觉头疼、呕吐、眼睛疼。

过了数日,船员们的面部变得焦黑。认定摊上大事了的船长和其他负责人决定改变计划,直接返回烧津母港。

3月14日,第五福龙丸终于回到烧津。大部分船员面部出现烧伤斑块、掉头发、腹泻、牙龈出血等症状。于是,船员们火速赶往医院,当地的医生诊断全体船员患上了严重的放射能疾病。但由于当时日本政府几乎各方面都依赖美国,加之关联美国军事机密,所以也不能向美国追责。同时,又是世界首次出现的因氢弹试验引起的疾病,医生也无从下手,治疗方法非常有限。

3月16日,日本《读卖新闻》早刊首次以较大篇幅报道第五福龙丸的遭遇。报道称,23名船员全部被辐射,其中名为增田三次郎的船员在东京大学附属医院被诊断为重症,引起日本国内的巨大关注。其实,第五福龙丸在回母港途中的两周时间,作为无线电长的久保山爱吉并没有向外界透露任何消息。这样做也许是鉴于当时的情况,害怕美军会反过来找第五福龙丸的麻烦。3月1日,美国原子能委员会对外公布了在马绍尔群岛进行了核装置试验。日本国内3月2日《朝日新闻》晚刊对此进行了报道,也说到以后美军可能会进行氢弹试验等。

3月16日的《读卖新闻》早刊称,美军的核试验也许是氢弹爆炸。紧随其后,其余各大报纸也将注意力转向此船,指出从第五福龙丸船体及所捕获的金枪鱼体内等均检出强烈的辐射,鱼类交易被禁止。4月7日,有报道称当时第五福龙丸位于比基尼环礁氢弹试验所指定的危险区域之外。随后,信息越来越多,例如:

①辐射金枪鱼。第五福龙丸所捕获的金枪鱼等在3月15日已发往东京、大阪的10余个海鲜市场,3月16日才知道被氢弹爆炸所辐射,烧津鱼协等急忙联系各处经销商停止销售;但回收已经来不及了,有的地方已经卖给消费者。全国各地出现极度恐慌,人心不安。鱼店、寿司店生意大受影响。

②受害的不只是第五福龙丸。截至1954年年底,日本政府统计出遭受比基尼环礁氢弹试验不同程度辐射的渔船竟然达到856只之多,并且被埋掉处理的金枪鱼也达457吨(相当于200余万份的金枪鱼寿司)。其实,比基尼环礁氢弹试验的爆炸当量事先预计是400万吨级,而实际却高达1500万吨级,几乎高出原先的3倍当量,其破坏力是1945年美军在广岛投下的原子弹的1000倍以上。所以,即使第五福龙丸处于安全区域,也遭受重创。

③1954年9月23日,虽经多方治疗,第五福龙丸的无线电长久保山爱吉因辐射症状恶化,于国立东京第一医院去世。他成为人类第一位氢弹试验的牺牲者。他最后的遗言是:"希望我是最后一个原子弹受害者。"美国、英国、西德、法国、意大利等许多国家的报纸媒体纷纷给予报道关注。

最终剩下的22名船员,虽然先后平安出院,生命暂时无大碍,但是各种各样的后遗症终生难消,每时每刻都被死亡的恐惧所笼罩着。

(四)第五福龙丸事件的结局

由于处于"二战"后特定时期,再加上《日美安全保障条约》的关系限制,围绕第五福龙丸事件等,日美政府开展过多轮谈判磋商,终于在1955年1月交换文件,达成协议。

①不与法律问题相关联,仅仅作为慰问金美国总共支付200万美元(折合7.2亿日元)。

②其分配权委托日本政府。

③因比基尼环礁氢弹试验产生的纠纷此为最终解决方案。

之后,日本政府实际支付给第五福龙丸事件受害者的慰问金仅不到3000万日元,大部分慰问金用于全国范围的海产业等的救助扶持。

如今,原第五福龙丸船体保存于日本东京梦之岛的第五福龙丸展示馆内,供人们免费参观。自1976年6月开馆以来,该展区接待了各种团体及个人,到1984年11月底,参观人数约有52万。

三、反核运动的高涨

自核武器诞生以来,世界各地包括日本都有反对核武器的声音,但反对的影响力远远不够,很难形成大规模的群众性运动。

早在1950年3月19日,在瑞典首都斯德哥尔摩召开世界保卫和平大会,其常设委员会3月25日发表了《斯德哥尔摩宣言》,提出无条件禁止原子武器,使用核武器的国家即为战争犯罪者。在其开展的签名活动中,全球有5亿人参与。虽然当时日本处于美军的占领下,但参加签名的人数竟有645万之多。

在第五福龙丸事件中,首先美国政府没有正式的道歉声明,其次比基尼环礁氢弹试验后的降尘影响到日本本土。最典型的就是核试验后的两个月内,日本很多地方下的雨中都含有放射性尘埃,对人类的呼吸道、各种作物、饮用水等均有不同程度的影响。

此外,"二战"结束将近10年,日本国力逐渐增强,国民的自信心也相应提高,勇于表达自己的心声。因此,全国各地民众走上街头游行、喊口号、签名等,掀起反核运动。

1954年3月27日,烧津市议会通过禁止核试验的决议。之后,各地自治体,国会众、参两院也相继形成同样决议,反核在国民之间形成共识。

1954年8月8日,禁止核武器签名运动全国协议会成立。渔业、海产商、家庭主妇等协会组织均走在前沿,大家走到车站、码头、市中心、市场、海滩等,寻求签名支持。1955年8月,最终在日本国内收集到具有选民资格半数以上的3200万人的反核签名,使得反核运动深入人心,影响深远。

1955年对于世界和日本在反核运动上,都是一个具有重要里程碑意义的年份。

首先,基于对核武器带来的危险深表担忧,1955年7月9日,著名英国哲学家罗素、美国物理学家爱因斯坦、日本物理学家汤川秀树等11名诺贝尔奖获得者发表了著名的《罗素—爱因斯坦宣言》。罗素从现实和理性出发,抛开种族、宗教信仰、意识形态等的偏见,保持公正与公平,站在全人类的角度,维护人类的共同安全利益。宣言主张全面禁止核武器,呼吁各国领导人通过和平方式解决国际冲突。这一宣言促成了国际性帕格沃什科学与世界事务会议的连年召开,以及相应的著名科学家国际和平运动即帕格沃什运动的实施。

其次,在广岛原子弹爆炸10周年的1955年8月6日,日本在广岛召开了禁止原子弹和氢弹世界大会。来自14个国家、日本都道府县及77个组织的代表,共2577人参加大会,会期3天。此次大会规模空前,影响极其深远。

在大会上,第五福龙丸无线电长久保山爱吉的遗孀久保山铃用亲身经历讲述自己丈夫及家人遭受氢弹爆炸的悲惨境遇。

此后,每年8月都会在日本举行禁止原子弹和氢弹世界大会。第二届在又一核武器受害地长崎召开。

总之,以第五福龙丸事件为契机,从日本到其邻国,再到欧美各国,世界范围内都掀起了不同形式、不同规模的反核运动。经过日本民众的努力,使反核运动走向一个前所未有的新高度,同时保存于日本东京梦之岛的第五福龙丸船体也在无声地呼吁着人类应该远离核武器。

参考文献

郭培清,2000. 福龙丸事件始末[J]. 松辽学刊(哲学社会科学报)(2):37-40.

郭培清,2001. 福龙丸事件与美国对日政策的调整[J]. 东北师范大学学报(哲学社会科学报)(3):43-48.

侯宏森,1955. 日本气象学家反对美国试验氢弹的斗争[J]. 科学通讯年(6):67-68.

雨文,1955. 日本妇女的呼声——反对氢弹试验、禁止大规模毁灭性武器[J].世界知识(5):23.

第五福竜丸平和協会,1985. 母と子でみる第五福竜丸[M]. 東京:株式会社草土文化.

三和良一,2012. 概説日本経済史 近現代[M]. 東京:東京大学出版会.

延安时期中国共产党外语教育思想管窥

——以《抗战日语读本》为例[*]

毋育新[①]

（西安外国语大学日本文化经济学院　西安：710128）

摘　要：中国共产党在延安时期就开始了较为系统的外语教学和研究。探究这段历史，对丰富中国共产党党史研究和中国外语教育史研究均大有裨益。本文以八路军总政治部编写的《抗战日语读本》（第一卷）为例，对中国共产党外语教育思想的形成背景、延安时期的日语教学活动，以及中国共产党延安时期外语教育思想做一简单梳理和总结。通过对单词、语法和课文内容的考察，本文总结出该教材的四个特点：较好地反映了教材编写原则；导入了马克思主义哲学观点；导入了中国共产党的抗战路线、八路军的战略战术思想；贯穿了课程思政的内容。在此基础上，本文梳理了中国共产党早期外语教育思想，即注重教学方法的选择，善于融思想教育于知识教育之中，注重意识形态教育。

关键词：延安时期；中国共产党；外语教育思想；教材；抗战日语读本

　　中国共产党在延安时期[②]（1935年10月—1948年3月）就开始了较为系统的外语教学和研究活动。当时的陕甘宁边区有抗日军政大学、俄文学校、日本工农学校、朝鲜革命军政学校；陕北公学（1937—1939年）的院系设置中有日本研究系；新华社于1944年8月开

---

*　本文系2020年教育部人文社会科学研究一般项目"基于《抗战日语读本》的中国共产党早期外语教育思想研究"（20YJA740044）、陕西省教育厅科研计划项目"抗战时期八路军日语教材教学法研究"（16JZ057）的阶段性成果。

①　毋育新，西安外国语大学东北亚研究中心教授，博士生导师，研究方向为日语语用学与日语教学法。

②　本文中的延安时期指的是中共中央在陕北的近13年，具体指从1935年10月19日中共中央随中央红军长征到达陕北吴起镇（今吴起县），到1948年3月23日毛泽东、周恩来、任弼时在陕北吴堡县东渡黄河，离开陕北的近13年时间。

始面向国外进行英文广播。这些学校和机构中均有开展外语教学或者研究、实践活动的记载。本文将这些活动统称为延安时期的外语教学实践。延安时期的外语教学实践反映了中国共产党早期外语教育思想,与当时沦陷区及国统区的外语教学活动有着本质的不同。探究这段历史,对丰富中国共产党党史研究和中国外语教育史研究均大有裨益。本文试以八路军总政治部编写的《抗战日语读本》(第一卷)为例,对中国共产党早期外语教学思想做一简单梳理和总结。

一、中国共产党外语教育思想的形成背景

中国共产党成立后,在第一次国共合作时期、土地革命时期,尚无开展外语教育的明确记载。①外语教育是随着国际形势的变化,特别是日本军国主义对中国的侵略一步一步加深后,为宣传中国共产党抗日主张、争取国际理解与支持才开始的。据赵新利(2010)的考证,1938年3月中共中央政治局会议决议中第一次出现"国际宣传"的内容,在同年9—11月举行的中国共产党第六届中央委员会第六次全体会议上强调了对外宣传工作的重要性,同年成立的军委二局日文训练班则是中国共产党创建的第一个外语专业培训机构。宣传政治主张,为抗战服务是这个时期中国共产党外语教育思想形成的大背景。在这一背景之下,中国共产党在抗战时期相继成立了"敌军工作训练队(日文训练队)""敌军工作干部学校""延安外国语学校(俄文训练队)""抗大十分校日语训练队"等外语教育机构。

二、延安时期的日语教学活动

萨苏(2012b)指出,抗战时期出于战场喊话和政治宣传等需要,中国共产党在解放区开展了日语教学,要求每位八路军战士会50句日语会话,会唱3首日语歌曲。《口述历史·延安的红色岁月·抗大》(王紫贵,2017)中也提到战士们在抗大二分校学习日语的情况。我们知道,教材是外语学习的重要媒介,特别是在非母语环境中学习时尤显重要。那么,延安时期的日语教学有无教材呢?综合赵新利(2018)、酒井顺一郎(2020)等的考证,我们可以发现延安时期的日语教材主要如表1所示。

① 根据周大军,梁晓波(2018:74)的研究,1931年土地革命时期,中国共产党开办的中国工农红军红一方面军的无线电训练班和红四方面军的通信训练队都把英语列为业务基础课程,这个可视为中国共产党外语教育的早期雏形。

表1　延安时期八路军日语教材一览表

教材种类	教材名称	编写原则
课文（读本）教材	《抗战日语读本》《日语素材教材》	由浅入深，由短到长。单词和句子要实用，与日常生活及（战斗）环境有关；要选入日本问题（研究）及与敌军工作相关的材料；课文最好由母语者撰写；课文内容要多样化
文法教材	散页教材	口语、文语（文言文）并重；例句要活泼、新鲜、实用；主语、谓语、助词等语法项目讲解详细
会话教材	《争取俘虏会话》	入门期可偏重机械性记忆；后期要习得语言"公式"，学习者能自己产出新的语句；生活日语化

本文主要分析《抗战日语读本》。该教材为课本（读本）教材，也就是精读教材，是表1所示三种教材中最为重要的教材，是八路军战士学习日语最主要的要载体。《抗战日语读本》为普及性日语课本，主要服务于八路军战士，分上、下两册，由八路军总政治部编写，1939年前后完成（推测），32开本。本文考察的第一卷对开31页，共62页（其中发音部分21页，正文部分38页）。

三、《抗战日语读本》考察

（一）课文内容较好地反映了教材编写原则

《抗战日语读本》编写原则之一是"单词和句子要实用，与日常生活及（战斗）环境有关"。通读整本书，我们会发现，课文较好地反映了这一原则。内容接地气，涉及身边事物多。单词、例句中生活用语、军事术语多。例如，第一课的学习内容为指示词，对话中出现了「何（なに）」「帽子（ぼうし）」「銃（じゅう）」「靴（くつ）」「貴方（あなた）」「軍人（ぐんじん）」「私（わたくし）」「学生（がくせい）」8个单词，均为学员身边事物或者军事用语。第二课的学习内容为特殊疑问句，例句反映了处于战争环境中的日常生活。

　　何がアリマスカ。（译文[①]：有什么？）
　　鉄砲ガアリマス。（译文：有大炮。）
　　…………

---

① 原书无汉语译文，译文为笔者添加。

コノ手榴弾ハ良イデスカ。(译文:这个手榴弹是好的吗?)

イイエ、コノ手榴弾は悪イデス。(译文:不,这个手榴弹是坏的。)

（《抗战日语读本》,第2页）

（二）教材导入了马克思主义哲学观点

我们知道,唯物辩证法是马克思主义哲学的重要组成部分。其对立统一原理认为,世界上一切事物都包含既相互对立又相互统一的两个方面,其方法论提倡用一分为二的观点、全面的观点看问题,坚持两分法,坚持两点论,反对片面观点看问题,反对一点论。毛泽东曾经指出:"共产党员必须具备对于成绩与缺点、真理与错误这个两分法的马克思主义的辩证思想。"(毛泽东,1977:2)

1. 课文中体现了"两分法(两点论)"

《抗战日语读本》较好地反映了"两分法(两点论)"这个观点。教材内容没有将日本人都视为敌人,而注意区分普通日本人民和军国主义分子,也没有将所有来到中国的日本士兵都视为军国主义分子,而注意将普通士兵与军阀财阀、劳动人民与剥削阶级区别对待。例如,第12课课后汉译日练习中有"日本士兵中有很多反战分子"的内容。第14课有如下内容:

日本の軍閥財閥は我等の敵ですけれども、日本人民は決して我等の敵ではない。(译文:日本的军阀、财阀是我们的敌人,可是日本人民绝不是我们的敌人。)

（《抗战日语读本》,第11页）

此外,第23课中还强调了理论和实践相统一的问题。

2. 教材中导入了阶级观点

教材中多次出现"无产阶级""被压迫人民""劳动人民""资本家""打倒军阀财阀"等与意识形态相关词语和短语,渗透了天下劳苦大众是一家的思想。例如,第19课和第21课中分别有如下内容:

私は今日から全東方被圧迫兄弟の共同解放の為に努力しようと決心しました。(译文:我决心从今天起为东亚被压迫兄弟的共同解放事业而努力。)

（《抗战日语读本》,第17页）

日本軍閥や資本家は日本の勤労大衆のために中国と戦争をしてゐるの
ではない。(译文：日本的军阀和资本家们并非是为了劳苦大众而和中国战争。)

(《抗战日语读本》,第17页)

关于这一点,刘国霖(2000)的回忆文章也可佐证。1941年5月15日,日本工农学校在延安八路军大礼堂举行开学典礼时,他书写了主席台旁边的大字标语「万国プロレタリア団結せよ」(全世界无产者联合起来)。

(三)教材导入了中国共产党的抗战路线、八路军采取的战略战术思想

整本教材客观真实地反映了中国共产党的全面抗战路线,有机地嵌入了"持久战""游击战"等八路军的战略战术,反映了中国共产党广泛发动人民进行全民抗战和中国人民坚强不屈、英勇抗战的史实,也揭示了胜利必将属于正义者一方的客观规律。

1937年8月,中共中央洛川会议正式确立了全面抗战路线,指出:"今天争取抗战胜利的中心关键,在使已发动的抗战发展为全面的全民族的抗战。"这条路线的实质,就是使中国人民觉醒起来、团结起来,实行人民战争的路线。

《抗战日语读本》中有"到抗战前方去吧""战士们正在拼命地作战""我跑来跑去都是为了抗日"等反映中国人民艰苦卓绝进行抗战的汉译日练习。

第19课介绍了一名日军战俘的醒悟、转变过程。其中有"我想早日回到故乡,我不想再回到侵略军中去""我决心改过自新,重生后我要和大家握手"等内容。

第23课为日记体,讲到"不论武器多么先进,如果得不到人民的支持,战争注定就会失败",批判了日本军国主义者发动侵略战争的非正义性。

(四)教材贯穿了课程思政的内容

分析教材我们会发现,抗战日语教材是思想教育与语法教学良好结合的一个典范。例如:练习否定句型时采用的例句是"不做亡国奴";练习问句"……吗"时采用的例句是"你读过日本劳动运动史这本书吗";练习并列句型"一边……一边……"时采用的例句是"我一边怀念着牺牲的战友,一边急行军";等等。这些例句在课本中随处可见。所以不难想象,该教材在鼓舞八路军士气、激发抗战热情方面发挥了重要作用。

延安时期的日语教育具有鲜明的意识形态特征。如前文所述,《抗战日语读本》中注意区分军国主义分子与日本普通劳苦大众的不同、批判资产阶级对无产阶级的压榨等。可以说,这套教材将语言知识点和意识形态内容成功地进行了融合,使用这套教科书所

培养的日语人才日后在抗战中大显身手,特别是在宣传中国共产党政策、瓦解侵略者心理防线方面起了巨大作用。关于这一点,刘国霖(2000)、赵新利(2010)、萨苏(2012a,2012b)等都在其著书或论文中提及。笔者认为,在强调立德树人的今天,这一点仍然具有现实意义。

四、中国共产党延安时期外语教育思想梳理

中国日语教育活动的开端,学界一般以清末洋务运动中诞生的同文馆及随后的京师大学堂译学馆为标志,迄今已有120余年历史。有关抗日战争时期(1931—1945年)的日语教育研究一直是这段历史的热点之一。其原因在于,日语教育在日本侵华战争中充当了"萎缩抗日意志,培养亲日意识"(王强,2001:203)的工具,实际上是奴化沦陷区人民的工具。目前中、日两国学术界中,该方面研究成果众多,中方的研究多集中于对当时日语教育本质的研究,而日方的研究多集中于对该段历史的确认与反省。但是,无论是中方的研究还是日方的研究,都将重点放在了沦陷区或者是国统区的日语教育上,忽视了解放区进行的日语教学活动。而延安时期的日语教育活动,体现了中国共产党早期外语教育思想,显示出与沦陷区及国统区的日语教育本质的不同。

基于全民抗战的时代背景,我们认为,详细考证当时的日语教学活动是如何将外语知识点与意识形态教育、归属意识教育有机结合的这一点至关重要。通过对《抗战日语读本》的研究,我们可以梳理出中国共产党早期外语教学思想。

第一,注重教学法的选择。依据何种教学法来编纂教材是教材编写者要考虑的关键问题之一。我们发现,该教材使用的是先进的场景教学法,令人感慨不已。因为该方法即便是放在强调语言交际功能的今天仍然是较为先进的方法,特别适合短期强化学习。

第二,善于融思想教育于知识教育之中。《抗战日语读本》是一套日语教材,具有语言教材的所有特征,如有单词、句型、课文、练习等;但该教材能将思想教育内容有机地融入以上这些模块中,实现了润物细无声的效果,这和今天我们提倡的课程思政不谋而合,可以说是课程思政的先驱和典范。

第三,注重意识形态教育。"为谁培养人,培养什么人"在任何时候都是一个重要问题。《抗战日语读本》中导入了"两分法(两点论)"等马克思主义哲学观点,引入了"阶级观点"等意识形态的内容,有利于培养抗日战士,有利于瓦解敌军。可以说,延安时期的日语教育是语言知识点和意识形态结合得较为成功的范例,所培养的日语人才在宣传中国共产党政策、瓦解侵略者心理防线方面起了巨大作用。

综上,我们认为研究中国共产党早期外语教育思想,确认其历史定位,阐释其意义,对于今天我国的外语教学等仍然具有参考意义。

五、小结及今后的课题

本文通过对八路军总政治部编写的《抗战日语读本》(第一卷)单词和课文内容的考察,总结出了该教材以下四点特征:较好地反映了教材编写原则;导入了马克思主义哲学的观点;导入了中国共产党的抗战路线,嵌入了八路军采取的战略战术思想;教材贯穿了课程思政的内容。在此基础上,明确了中国共产党早期外语教育思想,即注重教学方法的选择,善于融思想教育于知识教育之中,注重意识形态教育。

当然,限于篇幅,本文未对同时期沦陷区、国统区的日语教材进行考察。今后我们将通过共时性对比,廓清延安时期日语教育的特征,明晰其所蕴含的育人理念。

参考文献

刘国霖,2000. 一个老八路和日本俘虏的回忆[M].北京:学苑出版社.

毛泽东,1977. 加强相互学习,克服固步自封、骄傲自满[M]. 北京:人民出版社.

萨苏,2012a. 国破山河在——从日本史料揭秘中国抗战[M].济南:山东画报出版社.

萨苏,2012b. 尊严不是无代价的——从日本史料揭秘中国抗战[M].济南:山东画报出版社.

王紫贵,2017. 口述历史·延安的红色岁月·抗大[M].北京:中共中央党校出版社.

周大军,梁晓波,2018. 人民军队外语教育发展史研究论纲[J].外国语(6):72-78.

周大军,李洪乾,2019. 人民军队外语专业教育发展八十年[J].军事历史研究(3):99-109.

赵新利,2018. 八路军的日语学习培训[J].军事历史研究(5):95-106.

王强,2001. 日中戦争期の華北新民会[J]. 現代社会文化研究(20):199-223.

酒井順一郎,2020. 日本語を学ぶ中国八路軍[M].東京:ひつじ書房.

趙新利,2010. 日中戦争期における中国共産党の敵軍工作訓練隊:八路軍に対する日本語教育の開始とその特質[J].早稲田政治公法研究(94):1-11.

语言研究

汉日移动经路的认知对比研究

徐　靖[①]

（西安外国语大学日本文化经济学院　西安:710128）

摘　要:移动是指随着时间的推移物体的位置发生了变化,移动经路是移动行为发生的空间场所。汉语和日语都有各自的移动经路表达方式体系,它们所折射的认知模式既有相似又有不同。本文系统地考察了汉日移动经路的认知模式差异,指出日语「LをV」和「LでV」反映的认知差异是凸显的不同;汉语"在LV"和"VL"不仅投射了次第扫描和总括扫描,而且也关涉"镜像"和"转喻"。最后,本文对比探讨了汉日移动句式的语言类型学问题,结论是汉语的移动句式多为散点视格局,而日语的移动句式多为焦点视格局。

关键词:移动经路;认知差异;凸显;视点;汉日对比

一、引　言

移动经路是移动事象的重要组成因素。移动事象既包括移动主体、移动行为,又包括移动经路、背景、移动样态及原因等因素(Talmy,1985:61)。移动经路表达方式并不是用文字对移动情境进行简单的拷贝,而是移动事象经过认知加工后在语言层面的反映。汉语和日语都有丰富完备的移动经路表达方式体系,其各自内部均存在平行变换句式。本文将在分别探讨汉语和日语内部的移动经路认知模式的基础上,进一步对比汉日的异同,以期正确把握汉日移动经路的认知语义,完善认知语言学在汉日移动表达方面的理论体系。

---

① 徐靖,博士,西安外国语大学日本文化经济学院教授,东北亚研究中心研究员,硕士生导师,研究方向为汉日对比研究、认知语言学研究。

二、汉日移动经路研究综述

汉语和日语的移动经路问题，是语言学界长期关注和探讨的重点和热点课题之一。移动经路的图示如图1所示（本文用L表示场所名词，用V表示移动动词），汉日内部不仅分别存在移动经路平行变换句式，而且汉日移动经路也存在相对有序的对应关系。这就奠定了从认知视角对比考察的基础。

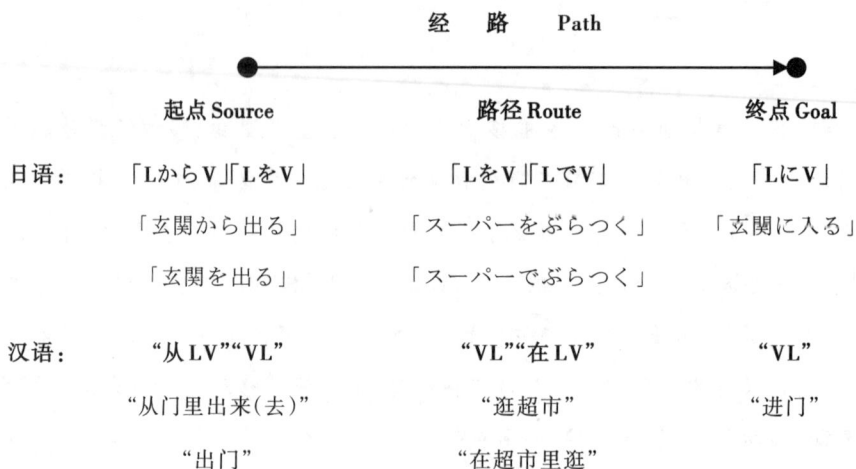

	经　路　Path	
起点 Source	路径 Route	终点 Goal
日语：　「LからV」「LをV」	「LをV」「LでV」	「LにV」
「玄関から出る」	「スーパーをぶらつく」	「玄関に入る」
「玄関を出る」	「スーパーでぶらつく」	
汉语：　"从LV""VL"	"VL""在LV"	"VL"
"从门里出来(去)"	"逛超市"	"进门"
"出门"	"在超市里逛"	

图1　汉日移动经路对比

关于汉语和日语的移动经路问题，语言学界以往将考察的重点放在语义对比和句法机制的讨论方面（如久野暲，1973；寺村秀夫，1982；朱德熙，1982；孟庆海，1986；森田良行，1990；田中茂範，松本曜，1997；沈家煊，1999b；郭继懋，1999；俞咏梅，1999；上野誠司，2007），从认知角度考察的研究主要集中在移动句式的个案分析上（如戴浩一，叶蜚声，1990，1991；任鹰，2000；古川裕，2002；张黎，2003；丸尾誠，2005；徐靖，2008），而从系统观角度对比考察二者认知模式的研究报告则较少。本文将在以往语义和句法研究的基础上，以认知语言学理论做支撑，在分别考察日语和汉语移动经路平行变换句式的认知语义的基础上，系统地对比二者的认知模式差异，进而从语言类型学角度分析其动因。

三、日语移动经路的认知模式

移动的经路具体包括移动的起点、经过点（经过路段）和终点。日语在表达移动的起点和经过点(经过路段)时,均存在平行变换句式,如例句(1)和例句(2)。

(1)a. 玄関から出る。

   b. 玄関を出る。

(2)a. スーパーをぶらつく。

   b. スーパーでぶらつく。

关于上述两组平行变换句式的语义差异问题,以往研究主要从移动的连续性、移动方式和样态、移动的目的性等角度进行对比考察(久野暲,1973:58-59;寺村秀夫,1982:110-111;森田良行,1990:195;田中茂範,松本曜,1997:49;徐靖,2007:83-90;等等)。本文将从平行变换句式的句法特征着手,分析二者所反映的认知异同。

(一)必要成分与随意成分

日语表达移动经路的「Lを」是句法上的必要成分,而「Lで」是随意成分。①以下语例的推演可以证明上述论断(本文用？标志在单句层面不合格的语句,用*标志病句)。

(3)a. 彼は玄関を出た。

   b. ？彼は出た。

(4)a. 家へ帰るには,この小道を通らなければならない。

   b. *家へ帰るには,通らなければならない。

(5)a. 太郎はスーパーでぶらついている。

   b. 太郎はぶらついている。

例句(3)a和例句(4)a中的「Lを」都是语句的必要成分,而例句(5)中的「スーパーで」可以任意脱落。另外,在这组平行变换句式中,不仅是「Lを」和「Lで」的句法功能不同,进入两组句式的移动动词也表现出显著的差异。

(6)a. 山を登る。

   b. 公園を歩く。

(7)a. *山で登る。

   b. 公園で歩く。

以上例句表明,可以进入「LをV」句式的既可以是如「登る」这样的"有方向移动动词",又可以是如「歩く」这样的"样态移动动词"(关于移动动词的分类详见影山太郎,2001:46-49)。然而,可以进入「LでV」的绝大部分都是「歩く」这样的"样态移动动词",只

---

① 此观点受益于鹫尾龙一先生对笔者的指导和启发。

有极个别"有方向移动动词"例外。例如,「あの角で曲がる」中的「曲がる」虽是"有方向移动动词",却能进入该句式。

此外,进入「LをV」句式的移动动词的他动性也得到了显著提高。①英语中同样存在着反映对场所不同认知的语言现象。

(8)a. He swam the channel.

b. He swam across the channel.

(Taylor,1989)

Taylor(1989)指出,例句(8)b的"the channel"仅指游渡的处所,用介宾结构"across the channel"表示移动主体前进的具体路线;而例句(8)a中的"the channel"是及物句式中动词"swim"的主要配项,是游渡者挑战的对象,例句(8)a反映了移动主体勇敢挑战和征服的行为。

(二)凸显路径与凸显范围

当前,认知语言学研究的三个路向代表为"经验观""凸显观""注意观"。其中"凸显观"是基于心理学研究的一个发现,即我们依据外部世界各部分凸显程度的不同来组织大脑所接受的视觉和听觉信息。认知语言学在"图形—背景"理论框架下,运用"凸显观"分析语义、句法、语用中的"凸显性"原则和特征。徐靖(2011a,2011b)尝试探讨了「LをV」和「LでV」的认知语义差异。

例如,同样的移动动词和场所名词进入「LをV」和「LでV」后,前者凸显的是移动的路径,后者凸显的是动作发生的场所范围。森田良行(1989)曾针对「川を泳ぐ」和「川で泳ぐ」的区别用图2进行说明(图2部分参考森田良行,1989:1254)。

「川を泳ぐ」　　　「川で泳ぐ」

图2 「LをV」和「LでV」对比图示

在图2中,「川を泳ぐ」是有目的的游泳行为,它既可以表达顺流游或逆流游,又可以表达游渡河流;而「川で泳ぐ」却只表达游泳发生在"河流"的某一范围之内(森田良行,1989:1254)。以下语境清晰地反映了「LをV」和「LでV」的认知凸显差异。

---

① 此观点是沼田善子先生对本课题提出的宝贵意见。

(9)a. 水泳を習い始めてから 2 週間が経ち，今日はいよいよ50メートルのコース
を泳いでみようと決心した。

b. 今日は第一コースが込んでいるから，第二コースで泳いでいたんだ。

在例句(9)a中，「Lを泳ぐ」凸显的是初学者主动选择、挑战的目标，即50米泳道全程；在例句(9)b中，「Lで泳ぐ」凸显的是游泳行为发生的场所范围。当然，其他移动动词进入「LをV」和「LでV」时也同样反映了不同的认知凸显，如「公園を散歩する」和「公園で散歩する」所折射的认知差异如图3所示。

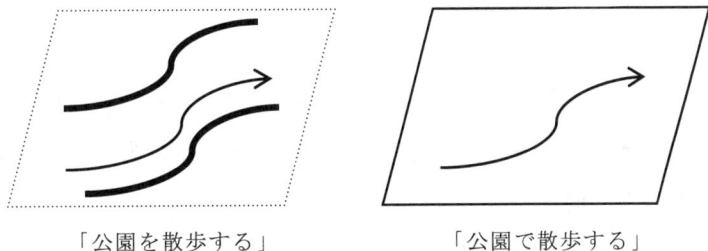

「公園を散歩する」　　　　　　「公園で散歩する」

图3　凸显路径的「LをV」与凸显范围的「LでV」

当语言主体关注的焦点是移动路径时用「LをV」，当焦点是动作发生的场所范围时用「LでV」。换言之，「LをV」和「LでV」折射了不同的认知差异——前者凸显了移动路径，而后者凸显了场所范围。

四、汉语移动经路的认知模式

汉语中表达空间移动的句式主要有介词结构作状语或补语句、处所宾语句、存现句等。本文主要对比考察其中的"在LV"句式(如"在公园里逛")和处所宾语句式"VL"(如"逛公园")所折射的认知模式的异同。

(一)总括扫描与次第扫描

Langacker(1987)总结了人类观察和描述运动过程时的两种扫描模式，即次第扫描(sequential scanning)和总括扫描(summary scanning)。次第扫描指观察对象的运动状态被一个接一个地扫描，并沿着时间轴依次呈现，每个阶段的信息都得到感知；总括扫描指对观察对象的运动的所有状态分别扫描后，将它们组合起来形成一个单一的完整意象加以感知(Langacker,1987:144)。

不同的扫描方式对应着不同的句法结构。反之，不同句法格式也同样映射出扫描方

式上的微妙差异(陈忠,2006:255)。汉语的平行变换句式"在LV"和"VL"就是次第扫描模式和总括扫描模式的投射(徐靖,2008:83-84)。

戴浩一(1988)的"时间顺序原则"(the principle of temporal sequence)可以帮助我们论证"在LV"投射的是次第扫描模式。"时间顺序原则"指出,在现代汉语中,两个句法单位的相对次序决定于它们所表示的概念领域里的状态的时间顺序(戴浩一,1988:10),如例句(10)。

(10)a. 小猴子在马背上跳。

　　b. 小猴子跳在马背上。

(戴浩一,1988)

例句(11)a的"在LV"反映了主体的"存在"和"移动"这两个事件沿着时间轴被依次扫描后逐次呈现,例句(11)b的"VL"是将"存在"和"移动"整合为一个完整的意象加以感知,未呈现出两个事件的时间顺序。

(11)a. 他在超市里逛。(次第扫描)

　　b. 他逛超市。(总括扫描)

其实,汉语中映射次第扫描和总括扫描的句法组对现象俯拾皆是,如表示人的移动的介词结构和存现句,见例句(12);表示物的转移的介词结构和双宾语结构,见例句(13)。

(12)a. 一位老太太从前面走来。(次第扫描)

　　b. 前面走来一位老太太。(总括扫描)

(13)a. 我送一本书给他。(次第扫描)

　　b. 我送他一本书。(总括扫描)

两种扫描模式在上述组对中的呈现,再次印证了语言是客观世界经过认知加工的结果,认知是连接客观世界与语言表述的桥梁这一事实。当然,次第扫描在汉语句法层面的投射,也符合语言结构与认知到的世界结构恰好对应的"象似性"(iconicity)原则——它也是汉语的临摹依据基础之一(谢信一,叶蜚声,1991,1992a,1992b)。

(二)概念转喻与镜像句式

认知语言学强调,概念转喻是人类最基本、最重要的认知模式之一。沈家煊(1999a)指出,"转喻"(metonymy)又叫"借代",转喻的认知模型是:在某个语境中为了某种目的,需要指称一个"目标"概念B;概念A指代B,A和B须在同一个认知框架内;A和B密切相关,由于A的激活,B会被附带激活;A在认知上的"显著度"必定高于B;转喻的认知模型是A和B在某一"认知框架"内相互关联的模型,这种关联可叫作从A到B的函数关系(沈家煊,1999a:4-5)。

在移动路径表达方式中,汉语最常见的平行变换句式是处所宾语结构"VL"和介词结构"在LV"。其中"VL"结构折射的就是"概念转喻"认知模式。关涉移动路径(经过点、经过路段)表达方式的移动动词主要包括"样态移动动词"和少数的"有方向移动动词"。进入"VL"结构的"样态移动动词",如下所示分为两类。

$$样态移动动词+L\begin{cases} Ⅰ类+L:逛商场、游三峡、转夜市…… \\ Ⅱ类+L:走小路、飞低空、跑高速…… \end{cases}$$

在"VL"结构中,Ⅰ类样态移动动词所带的处所宾语L在"容器—内容物"的认知模型中,用"容器"转喻其"内容物";Ⅱ类样态移动动词所带的处所宾语L转喻"移动的方式、方法"(徐靖,2009:37-43),这里A到B的函数关系是"事物—属性",即"场所"与其"交通设施属性"的关系。具体地说,"逛商场"是以选购商场的内容物"商品"为目的的移动行为,"游三峡"也是以游览三峡的内容物"三峡景观"为目的的移动行为;"走小路"是在与L的一系列平行范畴"大路""公路"的对比选择后,决定的移动方式,"飞低空"和"跑高速"也同样是转喻移动方式和手段。在例句(14)和例句(15)中可以明确地读取到用场所转喻"内容物"和"移动方式手段"的语义。

(14)显然,这些传单并没有发生怎样的作用,因为在这里"溜达"的人们,都是专门来<u>逛夜市</u>的,他们的意识集中在夜市摊上。

(胡也频《光明在我们的前面》)

(15)你是明白人,知道<u>走高速</u>。碰上个死性的,怕付高速费,我就赶他下去。

(路离《挥之不去挥之不去》)

汉语和日语在用容器转喻其内容物,以及用人或事物转喻其附属物或性质时,既有如例句(16)和例句(17)这样相似的地方,也有如例句(18)和例句(19)这样的不同之处。

(16)a. 吃火锅。

　　b. お鍋を食べる。

(17)a. 读夏目漱石。

　　b. 漱石が読む。①

(18)a. 風呂を沸かす。

---

① 仁田義雄(1992:41)指出,「漱石が読んだ」虽然既可以理解为"某人读了漱石写的书",又可以理解为"漱石读了书",但是因为夏目漱石是众所周知的日本明治时期的大文豪,所以更容易被理解为前者的语义。

b. 烧洗澡水。/*烧澡盆。

(19)a. 吃食堂。

b. *食堂を食べる。

本文讨论的表达移动路径的"VL"结构,之所以有时转喻"内容物",有时又转喻"方式手段",这和非受事宾语的基本语义功能有关。学界以往关于非受事宾语的讨论,多集中在语义分析上,如关于例句(19)a"吃食堂"的语义问题,基本意见是"表示依赖食堂,是一种吃饭的方式"(任鹰,2000;王占华,2000;张云秋,2004;等等)。其实,"吃食堂"的转喻语义正是"内容物"与"方式手段"的结合,即吃的是食堂的"内容物"饭菜,采取的是依赖食堂的吃饭"方式"。这说明在非受事宾语的转喻语义范畴中,"内容物"与"方式手段"是经常发生联系的转喻模式。

表达路径的另一个句式"在LV"主要涉及的是"镜像"——"在LV"和"V在L"的语义对比问题。张黎(2003)指出了汉语"镜像"表达中的意合范畴,即汉语的镜像表达以核心动词为界,动词前是"有意"的,动词后是"无意"的。"有意"是指主体对事件或动作本身,以及动作所涉及的场所、性状、可能、方式等语义范畴的自觉性的观照;"无意"是指上述语义范畴在经过动作后,超越主体的意识而形成的客观态势(张黎,2003:30-31)。

(20)a. 他在小路上走着。

b. 他走在小路上。

用镜像理论解释,例句(20)a的场所和移动皆是"有意"的关照,例句(20)b的移动是"有意"的,场所是"无意"的客观态势。在日语的移动路径表达中,未观察到类似镜像句式。

五、移动经路的汉日认知差异

(一)日语「LをV」所对应的汉语句式

尽管日语在表达移动路径时,有「LをV」和「LでV」两种句式,但是语料检索显示,「LをV」出现的频率远远高于「LでV」。①笔者检索了82组表示移动路径的「Lを+样态移动动词」及对应汉语译文,归纳了其分布情况,如表1所示。

---

① 笔者检索了刊登于《日语学习与研究》1981年至2004年的日本文学作品及其汉语译文共计73万字的对译语料,共检索到「LをV」句式及译文233组,「LでV」句式及译文50组,说明在移动表达方式中,「LをV」出现的频率远远高于「LでV」。

表1 「Lを+样态移动动词」对应的汉语句型分布

日　语	汉　语		
	句式	组数/组	比例/%
「Lを+样态移动动词」	在LV / V在L	52	63.41
	VL	12	14.63
	沿(着)LV / 顺着LV	8	9.76
	动词+LV	7	8.54
	其他	3	3.66

通过观察上述82组语料,发现汉日在表达移动路径时,至少存在如下四种对应倾向。

第一,在「Lを+样态移动动词」的对应汉语译文中,如例句(21)这样的由"在"引导的介词结构句式占的比例最大,占63.41%。这种现象可以从中日对空间的不同认知得到解释。木村英樹(1996)指出,日语中移动的空间不用「で」或「に」,而用「を」表示;汉语则不然,汉语将移动的空间看作是动作行为发生的场所的一种,因此用"在"来表达。

(21)a. 銀座へ行っても,京之介は郁子と一緒に<u>街を歩く</u>のではなかった。

(石川達三『余計な回り道』)

　　　b. 即使他们到银座去,京之介也并不是和郁子一块儿<u>走在街道上</u>。

(文军译《日语学习与研究》,1981年3月)①

第二,汉语中也有用场所宾语结构"VL"对应日语「Lを+样态移动动词」的现象,如例句(22),占总数的14.63%。这是汉语中被认知为"事类"的行为发生的场所正好与日语中所谓"移动路径"的场所重合的缘故。②

(22)a. 私といっしょに<u>道を歩いて</u>,他の犬がポチにほえかけると……

(太宰治『畜犬談』)

　　　b. 和我一起<u>走路</u>,别的狗对波奇一嚷叫……

(岳久安译,《日语学习与研究》1982年1月)

第三,相比较而言,日语倾向于严格地区分"场所"和"路径"两个概念。但这并不意味着汉语表达"路径"的手段就很贫乏。恰恰相反,汉语还可以用介词结构"沿(着)LV""顺着LV"来明确表达"路径",如例句(23)。

---

① 本文中标明译者的对译实例,均采集于《日语学习与研究》,译文后为译者和译文发表时间。

② 关于"事类"这一概念,详见史有为(1997:98)。

(23)a. 学校かばんがじゃまになるとみえて，彼は途中でそれを路傍に捨てると，もうこうなってはどこまでも追いかけていくぞといったかっこうで，<u>海沿いの道を走っていた</u>。

(井上靖『晩夏』)

b. 大概他嫌背书包跑太累赘，在半道上把书包甩在路旁，<u>顺着沿海公路一直往前追</u>……

(杜慧中译《日语学习与研究》，1989年4月)

　　第四，虽然相比于"在LV"和"V在L"，"到LV"等一系列连动句式的出现频率较低，但是"到LV"等一系列连动句式也被应用于「Lを+样态移动动词」的译文，如例句(24)。因为介词"在"是由动词发展来的，是语法化的产物，所以"在LV"和"V在L"可以看作是连动式的进一步演化。①换言之，上述介词结构都能统一在连动式的大框架之下。

(24)a. このごろ，私は仕事の事でよく京都へ行くことがあり，その度，<u>嵯峨野の愛宕街道を歩く</u>のを楽しみにしている。

(瀬戸内晴美『道』)

b. 近来，我经常为了工作上的事到京都去。每次我都要<u>到嵯峨野的爱宕街道上走走</u>，并以此为一种乐趣。

(任犹龙译《日语学习与研究》，1992年3月)

　　上述日汉移动表达方式的四种对应倾向，不仅存在于日译汉语料库中，而且在汉译日语料库中也屡见不鲜，如例句(25)—(28)②。

(25)a. 砍柴时见二人<u>在苦行山洼里走</u>哩。

(史铁生《插队的故事》)

b. 柴刈りの時にふたりが<u>苦行山の窪地を歩いている</u>のを見た。

(26)a. 在八九岁的时候，有一位堂哥哥带我出去<u>逛街</u>，看见一家日本的御料理……

(冰心《关于女人》)

b. 八つか，九つのころだったと思うが，従兄に連れられて，<u>街をぶらつきに出かけ</u>，日本の小料理屋を見つけた。

---

① 朱德熙先生指出，现代汉语里的介词都是从动词演变来的，大部分介词都还保留着动词的功能。详见朱德熙《语法讲义》(1982:174)。

② 本文中未标出译者的对译实例，均采集自北京日本学研究中心研发的《中日对译语料库》(第一版)。

（27）a. 他们在黑夜中<u>顺着沙滩马路迎着凛冽的寒风走下来</u>。

（杨沫《青春之歌》）

b. ふたりは，闇夜の<u>沙灘</u>の大通りを，きびしい寒風を<u>冒して歩きつづけた</u>。

（28）a. 腰里装着工钱的伙伴们，都急着想<u>到街上逛逛</u>，买一些生产上需要的东西。

（浩然《金光大道》）

b. 腰に給金をまきつけた仲間たちは<u>街をぶらついて</u>，畑仕事に必要な物を買おうとうずうずしていた。

（二）汉日移动经路折射的散点视和焦点视

彭広陆（2007）从语言类型学角度指出，日语是视点固定型语言，而汉语是视点移动型语言。本文同意上述观点，并进一步明确了在移动表达方式范畴上，日语的焦点视和汉语的散点视均为句法隐喻现象。①

焦点视和散点视的概念最早出现在绘画领域，即作为西方绘画基础的焦点透视是运用物理学原理，将物体的三维存在通过写实表现出来，具有纵深、透视、延续的立体特性。中国绘画的传统技法则是散点透视，它所呈现的是一种多视角的观察方法，以一种动态的方式，强调在一个高位视座统摄全局。通过对比回想《蒙娜丽莎的微笑》和《清明上河图》这两幅名画，可以帮助我们理解焦点视和散点视的概念含义。

申小龙（1988：445—447）在讨论"中国句型文化"时指出，西方语言的句子是一种焦点视语言，而汉语的句子思维采用散点透视的方法，形成独特的流水句的格局。有关汉日语句形式的对比，陈红（1998：44）指出，日语句子里的所有成分都以连用或连体的形式向主干词靠拢，形成一种链状结构。呈链条状的日语句子结构是封闭而不是开放的；但与日语相比，汉语的结构松散，呈开放状。这里所谓的汉语语句的"开放"和日语语句的"封闭"就是散点视和焦点视在语言层面的呈现。

本文所讨论的汉日移动经路表达方式，也存在着焦点视和散点视的句法隐喻，即日语的移动句式多为单一视点格局，而汉语的移动句式多为复数以上视点格局。如图4所示，表达移动路径的「Lを V」所对应的汉语句式中，除了由"在"引导的介词结构句式外，"沿（着）LV""顺着LV"也都是介词结构句式。因为汉语的介词是动词语法化的产物，所以上述介词结构句式均可看作是连动句式的一种。而连动句式所呈现的复数视点，正是

---

① 关于"句法隐喻"的概念，详见ジョン・R. テイラー（辻幸夫訳）『認知言語学のための14章』（紀伊国屋書店、1996 年）257—260ページ（原著 Taylor, John R. *Linguistic Categorization: Prototypes in Linguistic Theory*. Oxford: Clarendon Press, 1989）。

散点视的句法隐喻。

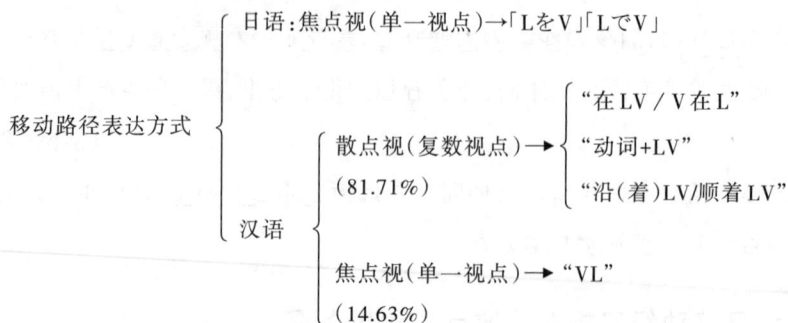

图4　汉日焦点视和散点视的句法分布

　　通过表1的统计分析和图4的归纳得出的结论是,汉语的移动句式多为散点视格局,而日语的移动句式多为焦点视格局。

六、结　语

　　本文系统地考察了汉日移动经路的认知模式和认知语义差异,研究结论可概述如下。首先,明确了日语的两种平行变换句式「Lを V」和「Lで V」的句法特征——前者的「Lを」为必要成分,而后者的「Lで」为随意成分;从认知角度出发,前者凸显了移动路径,而后者凸显了场所范围。其次,对比了汉语的两种移动表达方式"在LV"和"VL"的认知差异——前者反映的是次第扫描模式,而后者反映的是总括扫描模式;"VL"结构折射的是"概念转喻"的认知模式,转喻的是"内容物"或"方式手段";"在LV"和"V在L"属于汉语"镜像"表达中的意合范畴,"在LV"的场所和移动皆是主体"有意"的观照,"V在L"的移动是"有意"的,场所是"无意"的客观态势。最后,通过语料检索对汉日移动路径的分布进行了统计分析,对比考察了汉日移动句式的语言类型学问题,结论是汉语的移动句式多为散点视格局,而日语的移动句式多为焦点视格局。

参考文献

陈红,1998. 谈汉、日语的句子性格[J]. 日语学习与研究(1):42-45.

陈忠,2006. 认知语言学研究[M]. 济南:山东教育出版社.

戴浩一,1988. 时间顺序和汉语的语序[J]. 国外语言学(1):10-20.

戴浩一,叶蜚声,1990. 以认知为基础的汉语功能语法刍议(上)[J].国外语言学(4):

21-27.

戴浩一,叶蜚声,1991. 以认知为基础的汉语功能语法刍议（下）[J]. 国外语言学（1）：
　25-33.

古川裕,2002.〈起点〉指向和〈终点〉指向的不对称性及其认知解释[J]. 世界汉语教学
　（3）：49-58.

郭继懋,1999. 试谈"飞上海"等不及物动词带宾语现象[J]. 中国语文（5）：337-346.

孟庆海,1986. 动词+处所宾语[J]. 中国语文（4）：261-266.

任鹰,2000. 现代汉语非受事宾语句研究[M]. 北京：社会科学文献出版社.

申小龙,1988. 中国句型文化[M]. 长春：东北师范大学出版社.

沈家煊,1999a. 转喻和转指[J]. 当代语言学（1）：3-15.

沈家煊,1999b. "在"字句和"给"字句[J]. 中国语文（2）：94-102.

史有为,1997. 处所宾语初步考察[C]//大河内康憲教授退官記念論文集刊行会. 中国語
　学論文集：大河内康憲教授退官記念. 東京：東方書店：81-105.

王占华,2000. "吃食堂"的认知考察[J]. 语言教学与研究（2）：58-64.

谢信一,1991. 汉语中的时间和意象（上）[J]. 国外语言学（4）：27-32.

谢信一,叶蜚声,1991. 汉语中的时间和意象（上）[J]. 当代语言学（4）：27-32.

谢信一,叶蜚声,1992a. 汉语中的时间和意象（中）[J]. 国外语言学（1）：20-28.

谢信一,叶蜚声,1992b. 汉语中的时间和意象（下）[J]. 国外语言学（3）：17-24.

徐靖,2007. 谈移动的起点——汉日空间表达方式对比研究[J]. 外语教学与研究（2）：83-90.

徐靖,2008. "移动样态动词+处所宾语"的认知模式[J]. 语言教学与研究（2）：82-88.

徐靖,2009. "移动样态动词+处所宾语"的语义功能[J]. 汉语学习（3）：37-43.

徐靖,2011a. 汉日移动表达方式对比研究[J]. 外语研究（4）：50-55.

徐靖,2011b. 移动与空间——汉日对比研究[M]. 上海：复旦大学出版社.

俞咏梅,1999. 论"在+处所"的语义功能和语序制约原则[J]. 中国语文（1）：21-29.

张海涛,2019. 互动构式语法视域下"V在/到+目标域"构式群研究[J]. 语言教学与研究
　（5）：72-81.

张黎,2003. "有意"和"无意"——汉语"镜像"表达中的意合范畴[J]. 世界汉语教学（1）：
　30-39.

张云秋,2004. 现代汉语受事宾语句研究[M]. 上海：学林出版社.

朱德熙,1982. 语法讲义[M]. 北京：商务印书馆.

上野誠司,2007. 日本語における空間表現と移動表現の概念意味論的研究[M]. 東京：

ひつじ書房.

影山太郎,2001. 日英対照：動詞の意味と構文[M]. 東京：大修館.

木村英樹,1996. 中国語はじめての一歩[M]. 東京：筑摩書房.

久野暲,1973. 日本文法研究[M]. 東京：大修館.

ジョン・R. テイラー,1996. 認知言語学のための14章[M]. 辻幸夫,訳. 東京：紀伊国屋書店.

田中茂範,松本曜,1997. 空間と移動の表現[M]. 東京：研究社.

張黎,2017. 漢語意合語法研究的迴顧與展望[C]//楊凱栄教授還暦記念論文集刊行会. 楊凱栄教授還暦記念論文集：中日言語研究論叢. 東京：朝日出版社：163-181.

寺村秀夫,1982. 日本語のシンタクスと意味Ⅰ[M]. 東京：くろしお出版.

仁田義雄,1992. 水を沸かすと湯を沸かすと風呂を沸かす―動詞の格支配と名詞の意味特性―「J]. 月刊言語(6)：38-41.

彭広陸,2007. 類型論から見た日本語と中国語―視点固定型の言語と視点移動型の言語―[R]. 筑波：日本大学国際シンポジウム"対話する言語学―日本語と諸外国語の対照的分析による発見と創出―".

丸尾誠,2005. 現代中国語の空間移動表現に関する研究[M]. 東京：白帝社.

森田良行,1989. 基礎日本語辞典[M]. 東京：角川書店.

森田良行,1990. 日本語学と日本語教育[M]. 東京：凡人社.

TAYLOR J R, 1989. Linguistic categorization：prototypes in linguistic theory[M]. Oxford：Clarendon Press.

LANGACKER R W, 1987. Foundations of cognitive grammar, vol.1：theoretical prerequisites [M]. Stanford：Stanford University Press.

TALMY L, 1985. Lexicalization patterns：semantic structure in lexical forms[M]//SHOPEN T. Language typology and syntactic description vol. Ⅲ：grammatical categories and the lexicon. Cambridge：Cambridge University Press：57-149.

浅析日语教学语法项目释义中的若干注意事项

——以「どころか」为例

白晓光①

（西安外国语大学日本文化经济学院　西安：710061）

摘　要：自野田尚史提出面向新时期学习者多样化需求的交际型教学语法构想以来，日语教学语法研究逐步成为日语教育界关注的焦点。教学语法研究是多视角、多层面的立体化研究，其中语法释义的研究占有重要地位。本文基于教学实践中的困惑及相关教学语法理论，探讨了「どころか」这一语法项目释义中存在的问题及应对策略。就「どころか」而言，当前的各种释义普遍存在过度凸显高区别度用法、语用信息欠缺或处理不当等问题，造成学习者对其用法的把握存在片面性，甚至是误解。针对这些问题，建议在其释义中采取避免使用模糊术语、明确区分下位用法、通过例句引导学生自主思考、导入语用特征信息、加强近义句式辨析等对策。对此问题的探讨，进一步凸显了语言学研究与教学语法研究间的紧密关系。

关键词：教学语法；语法释义；どころか

一、引　言

近年来，针对基于描写语法的传统教学语法，野田尚史（2005）提出的面向新时期学习者多样化需求的交际型教学语法构想正逐步成为日语教育界关注的焦点。教学语法研究看似相对独立，实则不然。从内部看，它涉及教学语法的范围确立、条目遴选、项目设定、用法解释、用例加工、近义辨析、误用总结等方方面面的细节问题。从外围看，它涉

---

① 白晓光，西安外国语大学东北亚研究中心副教授，硕士生导师，研究方向为日语语言学。

及教学理念的变革、教学方法和教学手段的更新、各种跨学科理论的导入等,因此是一个包罗万象的多视角、多层面的立体化研究。我们在此关注的是语法项目内部的用法解释及相关部分,重点探讨在学习者视角而非教师视角下,在语法项目的用法解释中应注意的一些事项。

二、教学语法的更新与发展

野田尚史(2005)提出的交际型日语教学语法构想是对传统教学语法的一大挑战,其基本特征是面向学习者的多样化需求,重视交际。野田尚史认为,现行的教学语法基本上仍在沿袭50年前教科书中的语法体系,重形式,重体系,过度依赖语言学,已不适应学习者日趋多样化的需求。在面向学习者需求的理念下,他提出了诸多迥异于传统教学理念的观点,比如,没有必要同时培养学习者听、说、读、写四种技能及日语综合应用能力,学习者需要什么能力就应去培养什么能力;不必重视语法项目使用的正确性,满足交际需求即可;不必重视语法项目的体系性,以及不常用的、难以习得的语法项目;应从交际目的出发去选择要学习的语法项目;等等。

野田尚史的这一构想从根本上打破了教学语法对语言学的依赖关系,是一种目的性、现实性很强的教学理念,一经推出,立即引发强烈反响,但同时也引起诸多争论,其中不乏质疑的声音。质疑主要集中于野田尚史对传统语言学在教学语法中作用的否定,大多数学者主张应将语言学与日语教育有机结合,根据新时期的教学需求、学习者的习得规律,以及新的教育教学理论等,对传统的教学语法进行修改和完善,探索更有利于习得的教学语法。比如,菊池康人他(2005)建议在语法教学中导入二语习得的研究成果,有意识地促进学生的自省学习,培养他们自主发现语法规则的能力及对语言的敏感性,培养他们根据语境活学活用句型语法的能力;小林ミナ(2009)、砂川有里子(2013)等建议基于学习者多样化需求对既有教学大纲进行修订,对教学语法项目进行遴选和层次划分;庵功雄(2011,2012)建议应将语法规则按"理解"和"产出"两个层次加以区别对待,将语法描述从"侧重体系"向"侧重交际"的方向转换;太田陽子(2014)建议在教学语法描述中导入"搭配""表达意图""人际关系""话语衔接""近义表达"等涉及语言实际应用方面的信息;彭广陆(2013)主张参考学习者的母语语法体系建构适合学习者的教学语法体系;张麟声(2013)倡导针对汉语母语者的三位一体,即"对比研究、偏误观察、验证调查"教学语法研究模式;曹大峰(2012,2014)在综合各家学说的基础上,强调应根据习得环境的不同,以教育学和认知心理学为外缘,以语言学为内核,综合多个学科领域建构不同类别的教学语法体系。[①]在此理念下,曹大峰教授在对国内日语学习者的需求进行充分调研的基础上,于2018年牵头启动了学习型日语教学语法辞典的编纂工作。该辞典将从以下七个方面完善和丰富语法信息,并采取分类设置、层级导入的方式,以满足国内不同类型日语学习者及教师的需求。[②]

①重视语言的真实性和社会文化功能,体现语法使用的场景和语境;

②重视语言的结构性和话语功能,增加词语搭配、语用与文体信息;

③重视中国人学外语的特点,增加日汉语言对比和文化对比的信息;

④重视外语习得规律和认知的特点,改革词条释义,增设教学提示;

⑤重视外语学习者的能动学习,提供偏误提示、评价标准等信息源;

⑥重视外语教学的特性和需要,建构适合中国的日语教学语法体系;

⑦重视辞书的立体发展和应用,构筑教学语法语料库和辞典网络版。

综上可以看出,在传统的教学语法需要进一步适应新时代需求、进一步修改和完善上,各家观点基本一致,所提出的建议也基本集中在两个方面:一是对语法项目进行分类和层次划分,针对不同学习者遴选不同的教学语法项目;二是完善和丰富语法项目的内涵,提供更多适合学习者需求的用法信息。曹大峰教授的教学语法辞典的编写理念基本覆盖了这两个方面。我们在此关注的问题主要是上述七个方面中的第四点,即如何完善词条释义,使其更适合外语习得规律,更符合学习者的认知特点。当然,词条释义的完善也会不可避免地涉及语用场景、词语搭配、近义辨析等内容。

三、词条释义中存在的问题

对于任何一个语法项目,无论是在传统的教学语法体系中,还是在新的教学语法理念下,词条的释义总是必不可少的,甚至可以说是语法项目的核心和主干。因此,对它的思考和讨论并不是新的课题,而是一直在进行之中。特别是近几年,日本学者庵功雄的一系列研究注重从"理解"和"产出"两个层面出发,基于学习者的习得数据,对传统的语法释义进行大胆调整和改善,提出了不少富有启发的语法释义模式。当然,他的释义模式还没有得以推广开。目前国内主流的日语教材及教辅资料在词条释义上仍存在诸多

---

① 各家观点的详细介绍可参考刘贤(2018)。

② 这七个方面的编写理念摘自该词典编纂项目的企划书。另外,本文中的序号按如下规则标注:引文中的内容和例句序号用①②……标记,不进行全文排序;本文归纳内容的列项用1)2)……表示,不进行全文排序;本文所举例句序号用(1)(2)……标记,全文统一排序。

问题。单以「のだ」这一语法项目为例，我们就能观察到释义中存在以下一些问题。

1）关键词的语义抽象模糊，难以把握。比如，很多教材和教辅都指出「のだ」的主要用法之一是"强调"，但并未说明其限制条件。市川保子（2000）曾指出，由于"强调"的涵盖范围过大，学习者在这一语法项目上出现"过度使用"的误用倾向。

2）当多个下位用法并存时，释义或者重视各个用法的特殊性，不从认知规律上进行整合，而只是将它们简单罗列；或者重视各用法间的关联性，努力用更抽象的词语进行统一解释。比如，有的教材和教辅将「のだ」的用法简单罗列，条目多达十几项，体现不出认知规律，对于学习者而言是巨大的记忆负担；而有的教材和教辅则尝试用「関連付け」（关联化）这一抽象晦涩的关键词来统括其用法，导致学习者不明所以。

3）语用及语体信息缺乏，导致学习者不知道什么时候用，什么时候不用。比如，很多教材和教辅并没有明确「のだ」的使用场景，特别是没有明确其与最基础的初级语法项目「だ」在使用语境上的差异，导致学习者在初级阶段基本不用「のだ」，出现"不使用"的误用倾向。①

当然，教材或教辅不同，语法项目不同，所出现的释义问题也不尽相同。除了上述几种情况外，在教学语法项目的释义中还能见到诸如释义与例句不匹配、使用条件设置过多、不明示对应的汉语表达形式、缺乏误用信息等不利于学习者习得的各种问题。比如，《新版中日标准日本语：初级》（下册，第128页）中「ばかり」这一语法项目的释义如下：

名 ばかり 动

动（て形）ばかりいます

"名词＋ばかり"表示所列举的事物全部相同。

▲何で野菜ばかり食べているんですか。（为什么光吃蔬菜呀？）

——今、ダイエット中なんです。（正在减肥。）

▲林さんはカラオケで古い歌ばかり歌います。（林先生唱卡拉OK尽唱些老歌。）

"动词て形＋ばかりいます"表示总是发生同样的事情或总是进行同样的动作。

▲張さんは毎日お酒を飲んでばかりいます。（小张整天光喝酒。）

▲森さんはいつも失敗してばかりいます。（森先生老是出岔子。）

---

① 参见田代ひとみ（1995）、市川保子（2000）、新屋映子他（2009）。

注意："～ばかり"和"～だけ"都可以表示"限定"，但其用法有以下3点差异。

①"～だけ"可用来限定数字而"～ばかり"不能。如可以说"3つだけ食べました（只吃了3个）"，但不能说"3つばかり食べました"。"3つばかり食べました"语法上没有错误，但这里的"～ばかり"不表示限定而表示另外的完全不同的意思。

②"～だけ"可以和否定形式呼应使用而"～ばかり"不能。如可以说"その料理だけを食べませんでした（我只没吃那个菜）"，但不能说"その料理ばかり食べませんでした"。

③"～だけ"只表示没有例外而"～ばかり"则含有反复进行同一动作的意思。如"お茶だけ飲んでいます（光喝了点茶）"可以用于"只喝了一杯茶而没有喝任何其他饮料"的情况。而"お茶ばかり飲んでいます（光是一个劲儿地喝茶）"则必须用于"一杯又一杯地喝了数杯茶"的情况。另外"～ばかり"有一种"不太理想"的含义。

这一释义中加入了类义表达辨析，既有形式和语义又有语用场景上的注意事项，不可谓不全面，但仔细观察仍能发现一些有待完善之处。比如，「ばかり」和「だけ」的区别虽然列举了三条，但这些区别只是外在表现，二者本质的区别并没有被明确出来。过多过细的外在区别会加重学习者的记忆负担，缺乏与其本质区别挂钩的解释可能会导致学习者知其然而不知其所以然，不能举一反三、灵活运用。另外，在注意①中的"不表示限定而表示另外的完全不同的意思"这一表述中，"另外的完全不同的意思"到底指什么，给人以悬念。注意③中的"不太理想"也让人不明所以。此外，这一语法项目同时涉及「ばかり」前接名词和前接动词两种用法，学习者自然而然会对「お茶ばかり飲んでいます」和「お茶を飲んでばかりいます」的不同产生疑问，然而在该释义中并未涉及这一点。

由此可见，语法项目的释义看似简单，但如果站在学习者的角度来考虑，则既要字斟句酌，保证释义的表述简明易懂、逻辑清晰、例句典型、排列合理，又要明确其接续形式、语义特征、使用场景、限制条件、语体特征、近义辨析、误用倾向、对应译词、文化因素等诸多信息，要做到完美绝非易事。下面我们以日语能力考试中常出现的句型「どころか」为例，看一看释义中存在的问题对学习者的影响，同时站在学习者的立场，探讨如何修改其释义以利于习得，以期能为日语教学语法的完善提供参考。

四、「どころか」释义的现状

笔者所在学校日语专业二年级第一学期期末考试中曾出现下面这样一道题目:

（1）最近では、中国(　　)海外でもアリペイなどのスマホ決済が多く利用されるようになっている。

    A. どころか   B. だけか   C. ものか   D. ばかりか

围绕选项A，多位日语教师展开了热烈讨论。其中，一位教师认为A和D都正确（D为标准答案）；两位教师认为A不正确，其中一位认为「どころか」的后面一般接否定或负面表达，比如改成「中国どころか、ほかの国も現金を使わなくなった」就很自然了；有两位教师认为A也不是绝对不能用。最后求助于外教的结果是A和D都可以说，该题目本身可能存在一定问题。但我们感兴趣的是，是什么因素导致教师会在这一语法项目的理解和使用上产生如此大的差异？由于教师的理解会直接影响学生的习得，因此我们认为，对此问题的探讨对日语教学不无裨益。

（一）精读教材中的释义

我们首先想到的就是教材中对该项目的释义出现了问题。为此，我们调查了当前国内院校使用最多的两部精读教材——北京大学出版社的《综合日语》（修订版）和上海外语教育出版社的《新编日语》（修订本）。为了对比参考，我们还调查了《新编日语》1994年旧版中的释义，如表1所示。

表1　教材中「どころか」的释义

北京大学出版社《综合日语》（修订版）第4册第17课单元2
～どころか〈相反〉 「どころか」前接名词或动词、形容词的连体形（Ⅱ类形容词也可接词干），后句叙述与前句全然相反的内容，表示完全超出预测、想象或期待。相当于汉语的"不但……，反而……""岂止……，甚至……"。 例如: ①モチベーションを引き出すどころか、かえって現場を混乱させ、やる気を失わせ、足をひっぱる形になっていたわけだ。 ②気温が急に上がり、温かいどころか、暑すぎるくらいだ。 ③彼とお酒を飲んだら、気分転換になるどころか、余計にストレスがたまってしまう。 ④製品は機能が多すぎると、便利どころか面倒なだけだ。

上海外语教育出版社《新编日语》1994年旧版第3册第5课

～どころか(応用文)

「どころか」是接续助词,接在体言、形容动词词干(或连体形)、动词和形容词的连体形后面。「どころか」从根本上否认前项,并在后项提出与前项程度相差很远或内容相反的事实,后句内容积极的或消极的皆可。类似汉语的"不但……而且""岂止……而且"等。

①彼と話をするのはいやなどころか、顔も見たくない。(不要说跟他说话,连看一眼也觉得讨厌。)

②彼は日本どころか、ヨーロッパへまで行ったことがある。(岂止是日本,连欧洲他都去过。)

③このお酒は弱いどころか、かなり強いですね。(这酒非但不弱,而且是烈性的。)

④お手伝いするつもりだったのに、褒められるどころか、叱られてしまった。(我想帮助他,可结果不但没有受到表扬,反而挨了骂。)

上海外语教育出版社《新编日语》(修订本)第3册第4课

～どころか(応用文)

「どころか」接在体言、形容动词词干(或连体形)、动词和形容词连体形后面。「どころか」从根本上否认前项,并在后项提出与前项程度相差很远,或内容完全相反的事实,也可以是与说话人的期待、预测完全不同的事实。类似汉语的"别说……甚至……""岂止……就连……""哪里是……而是……"。

①彼は日本どころか、ヨーロッパへまで行ったことがある。(岂止是日本,连欧洲他都去过。)

②このお酒は弱いどころか、かなり強いですね。(这酒非但不淡,而且很厉害。)

③彼と話をするのはいやなどころか、嬉しいぐらいです。(和他说话不仅不讨厌,还很高兴呢。)

④忘れられないどころか、肉親に死なされた悲しみが日ごとに募っている。(岂止是忘不了,失去亲人的痛苦一天比一天厉害。)

对比以上三种释义,我们可以看到如下几点。

1)《综合日语》强调「どころか」的"后句叙述与前句全然相反",但在其所举例句中,例句①③④前后项可理解为"相反"义,但例句②只是程度上的递进,将其称为"相反"似乎欠妥。前文提到的考试题目,两个对比项之间实际上也是一种递进关系。因此,有的教师就断言「どころか」不可用。由于笔者所在学校使用的就是此教材,因此不免让人产生是受教材释义影响的猜测。

2)《新编日语》虽然将「どころか」前句和后句的关系分为"程度相差很远"和"内容(完全)相反"两种情况(关于"与说话人的期待、预测完全不同的事实"这一点我们随后讨论),但仍将它们都置于"从根本上否认前项"这一语义特征的涵盖之下。我们认为,从学习者的认知来看,"根本否定"很容易与"完全相反"等同起来。再加上"完全相反"与"程度递进"相比,在认知记忆方面更为凸显,更易受到关注。因此我们认为,在释义中,"程度递进"义如果不被刻意强调,很容易会被"完全相反"义遮盖。

3)在《新编日语》的释义表述中,与"程度相差很远"和"内容(完全)相反"相并列的还有一项是"与说话人的期待、预测完全不同(的事实)"。对于这一表述,我们感到难以理解。因为这一点与前两点内在一致,说的是同一种情况,没必要将它们并列在一起表述。我们推测,有可能是修订者想要通过引入话语主体来体现对话场景,比如想要强调如下会话情景。

(2)—あの人、まだ独身でしょう。

　　—独身どころか、子供が3人もいます。

但我们看其所举例句,没有一例是对话例。也就是说,意义用法的描述与例句并不完全对应。如果从例句去反观释义,则极有可能让学习者对"说话人"的所指感到迷惑。因为例子不是对话式,所以"说话人"只能理解为说出该句子的人,但这样就易造成"说话人在否定自己所期待的事项"这种逻辑混乱。

4)在例句方面,《新编日语》修订本对旧版的改动很有意思,极富启发性。旧版中的4例保留了2例("程度递进"义和"完全相反"义各1例),修改了1例,替换了1例。修改的1例如下:

【旧　版】彼と話をするのはいやなどころか、顔も見たくない。

【修订本】彼と話をするのはいやなどころか、嬉しいぐらいです。

很明显,后半句的语义在修改前后发生了180度的转变,凭借这一逆转,前后句的语义关系也由"程度递进"变为了"完全相反"。为了平衡由这一修改导致的表"程度递进"义例句的减少,修订本将旧版的例句④替换为前接否定形式的表"程度递进"义的例子。但由于它是把否定性事项「忘れない」与肯定性事项「悲しみが募る」进行对立,在语义理解上绕了一道弯,有可能会让学习者将「忘れない」的否定与释义中的"否定前项"中的"否定"混同,造成难解甚至误解。我们推测,修订者做此改动的目的是将「Vないどころか」这种稍显特殊的用法导入进来,以避免学习者之后遇到此用法感到迷惑。对此,我们非常赞同。因为从BCCWJ语料库①检索可以看到,「どころか」前接否定形式的用法并非特例(占比36∶640)。但我们觉得,在其导入方式上还有改善的余地。

(二)语法参考书中的释义

日语学习者最常用的语法句型参考书,应该是由日本筑波大学教授砂川由里子教授牵头编写的《日本语句型辞典》。我们来看其对「どころか」的释义②:

---

① 日本国立国语研究所编制的大型现代日本语书面语均衡语料库。
② 受篇幅限制,我们省略了其接续形式,例句每个用法仅保留了1条。另外,为避免其例句序号与正文例句混淆,我们将其改为①②……这种格式。

【……どころか】

接続（略）

例文（一部略）

①―あの人、まだ独身でしょう。

　　―独身どころか、子供が3人もいます。

意味解釈：名詞、形容詞などにつく。ナ形形容詞の場合は（3）のように間に「な」を伴うこともあるが省略も可能。前の部分で述べられたこととは正反対であるような事実が後ろに続き、話し手、あるいは聞き手の予想・期待を根底から覆す事実を述べる場合に用いる。

【……どころか……ない】

接続（略）

例文（一部略）

②最近の大学生の中には、英語どころか、日本語の文章さえもうまく書けないものがいる。

意味解釈：接続、意味とも上の1に準ずる用法である。後半では「さえ/も/だって……ない」のような否定表現が用いられ、平均的な基準や期待が満たされないばかりでなく、それよりずっと容易だったり、低い水準の期待さえも満たされないということを表す。

从中可以看出，该释义首先从后项形式上将「どころ」的用法分为两种：后项为肯定形式时，表示与前项"正相反"的事实，以此表达彻底颠覆说话人或听者的预想和期待；后项为否定形式时，表示"不仅平均标准或期待无法被满足，连更容易、更低水平的期待也不能被满足"。前者可理解为"完全相反"，后者可理解为"程度递进"。但是我们认为，这两种用法的分类与后项的肯定/否定形式没有直接关联，如下面例子所示，后项为否定形式也可以表示"完全相反"[例句（3）和例句（4）]，后项为肯定形式也可以表示"程度递进"[例句（5）和例句（6）]。

（3）君に金を貸すどころか僕自身が借金で首が回らないんだ。

（4）お茶を飲むどころか、すわって休憩することもできない。

（5）彼は日本どころか、ヨーロッパへまで行ったことがある。

（6）―彼女のことを知ってるかい？

　　―知ってるどころか僕の妻だよ。

因此,我们不赞成这样的分类或释义方式。反而,比起后项的肯定/否定形式,我们认为,前项的肯定/否定形式更值得关注。因为如以下例子所示:

(7)a. 休んだことがないどころか、遅刻したことさえない。

(常波涛,1999)

b. 休むどころか、遅刻したことさえない。

(8)a. お茶を飲むどころか、すわって休憩することもできない。

(常波涛,1999)

b. お茶を飲めないどころか、すわって休憩することもできない。

将例句(7)a和例句(8)a改成在肯定/否定形式上相反的例句(7)b和例句(8)b,句子依然成立。再加上前文所述的,前项相同而后项截然相反的下面两例[例句(9)和例句(10)],势必会造成学习者的迷惑不解。但据我们观察,不少教材并没有意识到这一点。

(9)彼と話をするのはいやなどころか、顔も見たくない。

[《新编日语》(旧版)]

(10)彼と話をするのはいやなどころか、嬉しいぐらいです。

[《新编日语》(修订本)]

同时,该语法项目对应的汉语译词,如果处理不当也会给学习者带来一定困惑。据我们观察,在各类教材及教辅中给出的汉语译词主要有"不但……,反而……""岂止……,而且(甚至,就连)……""哪里是(哪里谈得上)……,而是……""别说……,甚至……""不但……,而且……""不但不……,而且……""非但不……,反而……"等。这些译词所表达的逻辑语义关系并不相同,甚至有截然相反的,比如最明显的"不但……,而且……"和"不但不……,而且……",但不少书中将它们混合罗列在一起,甚至有的采用了"不但(不)……,而且……"这样的译词。

事实上,这一问题的关键在于没有对「どころか」的"完全相反"和"程度递进"两种用法加以区分。如果对上述形式相近的例句加以区分,则例句(7)a、例句(8)b和例句(9)是"程度递进"的用法,例句(7)b、例句(8)a和例句(10)是"完全相反"的用法。为什么看似截然相反的表达能够进入同一句式呢?这其实源于对「どころか」的本质语义特征——"否定前项"中"否定"的不同理解。按一般理解,否定A,提出B时,B与A构成相反关系。也正因此,我们看到「どころか」时,会想当然地认为前项和后项是相反关系。但实则不然。用B来否定A,并不一定必须满足A与B正好相反的条件,只要B不等于A,逻辑关系就可成立。当然,就「どころか」而言,由于否定语气较为强烈,因此需要B与A存在较大的差异。A与B正相反,则为"完全相反"用法;A与B不相反但大不同,则为"程度递进"

的用法。从逻辑上讲是这样，但如果站在学习者认知习得的角度来看，由于"否定"与"正相反"相关关系更为凸显，因此仅用"否定前项"这一表述，容易给学习者造成片面的理解，导致"程度递进"的用法被忽视。

此外，通过对多种教辅的调查，我们还发现在「どころか」的释义上普遍存在如下一些问题。

1) 片面强调「どころか」的"完全相反"用法，忽略"程度递进"用法。例如，刘桂云（2000）的释义为"否定前项，强调后项，有时出现相反的结果"；崔崟，徐丽丽（2008）的释义为"以否定前项的形式，强调后项，表示'不但不……而且……'等意思"；金莲姬（2008）虽然在释义中对后项定义为"出乎意料的、违反常规的或与预想正相反的结果"，但在其所列的5个例句中，表"程度递进"义的仅有1例；广受学习者喜欢的"日语语法酷"App将其用法规定为"采用「～どころか……」的形式，在想要表达'把预想中的……全盘否定掉，事实完全与其相反'时使用本句型"，并且在与表递进关系的「ばかりか」进行辨析时，也是用"完全相反"义的例句来与之相区别。

2) 不少考级辅导书为了实现"短频快"的效果，对语法句型不加解释，仅配有大致对应的汉语译词和例句。由于汉语译词并不一定（严格来说，绝大多数都不能）与日语语法项目的用法完全对应，仅照译词去理解，极易造成误解，特别是在写作、口语、汉译日等"产出"型学习活动中，更易造成蹩脚的中式日语。当然，这种做法对于考级来说可能是有一定效果的，我们也不能对此加以否定，因为目的不同。但是，如果学生频繁接触这种类型的释义，势必会使其对该语法点的理解模式化、片面化，特别不利于"产出"型学习能力的提高。

综合以上调查结果我们看到，目前各类教材和教辅中，对「どころか」的释义主要存在如下问题：

1) 对其"完全相反"与"程度递进"两种用法未加以区分；

2) 用"否定前项"这一用语来概括其用法特征，造成片面强调"完全相反"用法而忽略"程度递进"用法；

3) 采用的汉语对应译词肯定与否定关系混杂在一起，造成理解上的困难；

4) 对无关重要的后项的否定形式关注过多，而对易造成学习者困惑的前项的否定形式关注不够。

五、对策及尝试

针对目前各类教材及教辅中「どころか」的释义问题,我们拟采取以下对策,对释义加以完善:

1)在概括其语义特征时,舍弃"否定"这一易造成误解的用语;

2)对"完全相反"和"程度递进"两种用法加以明确区分;

3)将汉语译词分别归类到对应的两种用法中;

4)导入前项句末为否定形式的例句,与前项为肯定形式的例句形成对比,引导学习者进行思考,深入理解其本质语义;

5)利用表递进关系的基础句型「だけでなく」,结合前项的肯定/否定形式,进一步突出其用法特征。

基于以上考虑,我们发现,目黑真实等(2004)对「どころか」的释义与我们的想法最为接近,其释义如下:

【どころか】

「AどころかB」は相手が予想していること〈A〉と事実は大きく違って実際は〈B〉だと述べる用法です。「事実はAの正反対でB」を表したり、「程度はA以上でB」を表したりします。……実際の会話では、相手が先に言ったことを受けて、それを否定して話を続けるときに使われます。

「彼女は独身ですか。」「いいえ、独身どころか、三人の子持ちですよ。」〈正反対に〉

「彼は漢字が読めるんですか。」「いいえ、漢字どころか、ひらがなも読めません。」〈程度はもっとひどくて〉

可以看出,该释义很好地满足了上述对策中的1)和2)两项要求。因此我们以其为蓝本,在其基础上进一步完善剩余内容,尝试做出如下释义:

【どころか】①

「AどころかB」は相手が予想していること〈A〉と事実は大きく違って実

---

① 考虑到学习者的需求不尽相同,释义最好用中日两种语言表述,例句也应配有中文译文。这里限于篇幅,我们将中文部分省略,只列出了日文部分。

際は〈B〉だと述べる用法である。「事実はAの正反対でB」を表したり、「程度は
A以上でB」を表したりする。実際の会話では、相手が先に言ったことを受け
て、それを否定して話を続けるときに使われることが多い。話し相手がいな
い場合、Aは文脈の流れから普通に予想されることをさすこともある。

用法1〈事実はAの正反対〉①

相手が予想していること〈A〉を完全に否定して、その正反対の事実を述
べる。「A（で）ないだけでなく、Bだ」という意味を表す。対応する中国語は、
"岂止不……，而且……""不仅不……，而且还……"。

①「彼女は独身ですか。」「いいえ、独身どころか、三人の子持ちですよ。」

②彼女は静かなどころか、すごいおしゃべりだ。

③風雨は弱まるどころか、ますます激しくなる一方だ。

④彼と話をするのはいやなどころか、嬉しいぐらいです。

⑤下手な慰めの言葉なんて、役に立つどころか、さらに傷つけてしまう
　かもしれない。

用法2〈程度はもっとひどくて〉②

Bは相手が予想していること〈A〉と正反対の関係でなく、〈A〉の程度を同
じ方向で大幅に超えるものである。「Aだけ（ばかり）でなく、Bだ」という意味
を表す。対応する中国語は、"不仅A，而且B""岂止A，B也……"

①あいつは漢字どころか、平仮名も片仮名も書けない。

②喉が痛くて、食事どころか水を飲むのも辛いんだ。

③「彼女のことを知ってるかい？」「知ってるどころか僕の妻だよ。」

④彼と話をするのはいやなどころか、顔も見たくない。

⑤下手な慰めの言葉なんて、役に立たないどころか、さらに傷つけてし
　まうかもしれない。

以上释义，通过设立用法1和用法2，将两种用法明确区分开，并通过与基础句型「だ
けでなく」的对应关系和汉语不同的对应译词，进一步明确两种用法的语义特征。另外，
通过两种用法最后两对例句的相似性对比，引发学习者思考，使其更深入准确地把握这

---

① 〈事実はAの正反対〉相当于前文所述"完全相反"用法。

② 〈程度はもっとひどくて〉相当于前文所述"程度递进"用法。

一句型的本质特征。当然,这一释义也并不完美。正如曹大峰教授编写教学语法辞典的理念所展现的那样,一个语法项目,要想将其释义做到完美,需要纳入搭配、语义、语用、功能、文体、语境、文化、认知、偏误、语言对比、评价标准、体系定位等方方面面的信息。我们进行的这些尝试,仅仅是极小的一部分工作而已,还有大量信息没有探明和导入。

六、「どころか」与「ばかりか」

近义辨析是明确某一语法项目用法特征的有效手段之一。我们在第四小节提到的选择题引发的问题,也涉及「どころか」与「ばかりか」的区别。因为在那道题中,首选的答案是「ばかりか」。那么,为什么「どころか」可以说,却不是首选答案呢? 这就涉及其语用特征了。而语用信息的导入也是建构面向学习者教学语法体系的重要工作之一。我们在此将通过「どころか」与其近义表达形式,特别是与「ばかりか」的辨析,明确「どころか」的部分语用特征。

事实上,这最初源于笔者的一位同学在编写日语语法辞典时遇到的困惑。她在编写「ばかりか」这一词条时,举出了如下一些例句:

(11)彼女は現代語ばかりか古典も読める。

(12)かれは勉強ばかりかスポーツの面でも優れている。

(13)強いばかりか情けにも厚い。

(14)あいつは英語ばかりか中国語もできる。

但没想到,找外教确认时,外教给出的意见让她备感困惑。外教认为,当句子表示肯定或正面评价时,「だけでなく」比「ばかりか」更自然。因此,这四例都不太好,都应该换成「だけでなく」。特别是例句(14),尤其不自然。笔者的这位同学感到困惑的是,语法书上都说「ばかりか」与「だけでなく」用法相同[①],这些例句怎么就不自然了? 另外,让她感到更加困惑的是下面这个例句:

(15)あの人は漢字ばかりか、平仮名も片仮名も書けない。

(《新综合日本语:基础日语 第3册》)

该例明明是教材中的例句,却被外教指出不自然,其中的「ばかりか」应该换成「どこ

---

① 我们调查了几本常用的教学语法参考书,发现的确如此。比如,目黑真实等(2004)指出,「『ばかりか』は添加のときは『ばかりでなく』と用法上の差はありません」。《日本语句型辞典》指出,「ばかりか」表示「だけでなく、その上に」,只不过偏书面语。「Vないばかりか」这种形式倾向用于不好的事情上。日语语法库也指出,「ばかりか」表示递进,相当于「だけでなく」。

ろか」。这位外教认为,「ばかりか」一般用于强调肯定义,「どころか」用于强调否定义。比如,两名大学生在谈论某位朋友时,以下四种说法是否成立的情况应该如下:

(16)a. あいつは英語ばかりか中国語もできる。　　　○

　　　b. あいつは英語ばかりか中国語もできない。　　×

　　　c. あいつは中国語どころか英語もできない。　　○

　　　d. あいつは中国語どころか英語もできる。　　　×

事实上,如果从语言学的角度来看,这位外教的解释是不成立的。因为例句(16)中四个例句能否成立,涉及的因素并不仅仅是肯定义或否定义,它还和前后对比项的程度大小有关。比如调整一下例句(16)b和例句(16)d中名词项的位置,改为下面两种说法就都能成立了。

(17)a. あいつは中国語ばかりか英語もできない。　　○

　　　b. あいつは英語どころか中国語もできる。　　　○

可见,「どころか」和「ばかりか」的区别并不能用后项的肯定和否定形式来完全解释。为此,我们征求了另一位外教的意见。这位外教的看法不同于上一位外教,他认为,根据辞典上的解释,例句(15)是错误的说法,用「どころか」才是正确的。但是,在日常生活中,例句(15)也不能断言绝对不能说,比较微妙。他指出,用「どころか」时,有一个认识的前提是"他不会写汉字是毋庸置疑的";而用「ばかりか」时,只是在客观地叙述汉字和假名都不会写。我们认为,后一位外教的感觉更接近语言事实,但他指出的「ばかりか」的"客观性"只是相对的,如果与「だけでなく」相比,其主观性很明显。

对于两位外教意见不一致的原因,我们认为,这与「どころか」的语用特征——既可后续肯定义后项,又可后续否定义后项,但更倾向于后续否定义的后项(或否定义的后项出现频率更高)有关。对于非语言研究者而言,在判断句子成立与否时,往往存在较大的主观性,这与标准的把握有很大关系。第一位外教的直觉,虽不甚准确,但亦有其道理,他道出了否定义后项使用频率高的语用特征。我们在前文中提到的由众多日本语言学者编写的《日本语句型辞典》将「……どころか……ない」单独列为一种用法,应该也与此有关吧。但对于这一语用信息如何导入,我们建议在释义中加入"后项多为表否定义的事项"这一信息,同时在例句中向否定义后项的例句适当倾斜即可。

另一位外教指出的「ばかりか」和「どころか」在主观性和客观性上的差异,为我们把握二者语用功能的差异提供了参考。如果将另一近义句型「だけでなく」也纳入辨析范围,我们认为三者的差异,特别是语用功能上的差异主要表现为以下三点。

1)「どころか」的用法1(即"完全相反"用法)是其独有的用法,「ばかりか」和「だけでなく」没有此用法。

2)「どころか」的用法 2(即"程度递进"用法)与「ばかりか」「だけでなく」在实质意义上基本相同,均表示"不仅……,而且……"的递进关系。因此,三者大多数情况下可以互换而不改变句子的基本意义。

3)上述三者虽然均表递进关系,但实现机制不同,因此在感情色彩上存在如下微妙的差异。

①AどころかB(用法 2):首先否定 A,然后提出覆盖 A 的程度更高的 B。可以理解为「(Aに対して)それは違う(とんでもない)。実は正しいのはAを超えている(あるいはA以上の)Bだ」。相当于汉语的"A 就不用说了,连 B 也……",带有说话人强烈的主观情感。

②AばかりかB:首先承认 A,然后在其基础上提出程度更高的 B。可以理解为「(Aに対して)それはそうだけど、もっと正しいのは(Aを含む)Bだ」。相当于汉语的"可不仅仅是 A,B 也……",也带有说话人一定的主观感情。

③AだけでなくB:并不过多关注 A 和 B 的程度差异,偏向于客观叙述"A 和 B 都……"相当于汉语的"不仅 A,B 也……"。①

事实上,笔者的这位同学的困惑,暴露出了当前教学语法中存在的一个普遍问题,即没有对语法项目的语用信息给予充分关注。符合语法规则不代表在实际应用中自然地道。每一个语法项目不仅有其句法上的限制,还有其独特的话语或篇章语用功能,有更适合它的语用环境甚至是文化环境。

七、结　语

以上,我们基于教学实践中的困惑及相关教学语法理论,探讨了「どころか」语法释义中存在的问题及应对策略。就「どころか」而言,当前的各种释义普遍存在过度凸显高区别度用法、语用信息欠缺或处理不当等问题,从而造成学习者对其用法的把握存在片面性,甚至是误解。针对这些问题,我们从利于学习者的习得出发,建议在其释义中采取避免使用模糊术语、明确区分下位用法、通过例句引导学生自主思考、导入语用特征信息、加强近义句式辨析等对策。通过对该语法项目的探讨,我们充分认识到,教学语法的

---

① 实际上「AだけでなくB」(包括汉语的"不仅……,而且……")在一定程度上也蕴含 A 与 B 的程度差异性,只不过与另两个句型相比,这一特征相对不明显而已。

释义需要以语言学研究成果为基础,离开准确、全面、细致的用法描写就无法凝练出便于教与学的简洁准确、直扣本质的用法释义。当然,教学语法也不能照搬语言学的研究成果,而应该在其基础上充分考虑学习者的需求及习得规律,修改完善,凝练加工。

参考文献

曹大峰,2012. 中国語母語話者のための日本語教育文法の構築[C]//修刚,李运博. 新时代的世界日语教育研究. 北京:高等教育出版社:93-106.

曹大峰,2014. 面向大学本科教育的日语教学语法建设——理念、内容、方法的更新与发展[J].解放军外国语学院学报(2):9-17,159.

常波涛,1999. 日语惯用句型手册[M]. 大连:大连理工大学出版社.

崔崟,徐丽丽,2008. 活学活用日语句型[M]. 北京:外文出版社.

金莲姬,2008. 精讲精练日语文法[M]. 北京:外文出版社.

刘桂云,2000. 日语惯用句型表现手册[M]. 大连:大连理工大学出版社.

刘贤,2018. 近十年来的日语教学语法研究[J]. 日语学习与研究(1):80-88.

目黑真实,等,2004. 日语表达方式学习词典[M]. 林洪,等,译. 北京:外语教学与研究出版社.

彭广陆,2013. 面向汉语母语者的日语教学语法系统的建构[C]//彭广陆,藤卷启森,唐磊. 日语语法教学研究. 北京:北京大学出版社.

新屋映子,姫野伴子,守屋三千代,2009. 跳出日语陷阱36计[M]. 欧阳丹,曹彦琳,译. 北京:外语教学与研究出版社.

张麟声,2013. 试谈"汉语母语人用日语教学语法"及与此相关的几个问题[C]//彭广陆,藤卷启森,唐磊. 日语语法教学研究. 北京:北京大学出版社.

庵功雄,2011. 日本語記述文法と日本語教育文法[M]//森篤嗣,庵功雄. 日本語教育文法のための多様なアプローチ. 東京:ひつじ書房.

庵功雄,2012. 日本語教育文法の現状と課題[J]. 一橋日本語教育研究(1):1-12.

市川保子,2000. 日本語誤用例文小辞典[M]. 福岡:九州大学出版.

砂川有里子,2013. 文法教育の多様化に向けて―文法シラバス再構築の必要性―[C]//彭广陆,藤卷启森,唐磊. 日语语法教学研究. 北京:北京大学出版社.

太田陽子,2014. 文脈をえがく運用力につながる文法記述の理念と方法[M]. 東京:ココ出版.

菊地康人,増田真理子,前原かおる,他,2005. 現場から発信する「もうひとつの日本語

教育文法」[C]//2005年度日本語教育学会春季大会予稿集：283-294.

グループ・ジャマシイ,2002.日本语句型辞典[M].徐一平,等,译.北京：外语教学与研究出版社.

小林ミナ,2009.文法研究と文法教育—過去から現在へ—[M]//小林ミナ,日比谷潤子.日本語教育の過去・現在・未来：第5巻.東京：凡人社.

田代ひとみ,1995.日本語学習者の文章における叙述表現の一分析[J].言語文化と日本語教育(9)：293-303.

野田尚史,2005.コミュニケーションのための日本語教育文法[M].東京：くろしお出版.

服部匡,1995.「～どころか(どころではない)」等の意味用法について[J].同志社女子大学日本語日本文学(7)：43-58.

服部匡,2005.「～どころか(どころではない)」再論[J].同志社女子大学総合文化研究所紀要(22)：165-174.

时间限定性研究综述

曹捷平[①]

（西安外国语大学日本文化经济学院　西安：710128）

摘　要：时间限定性用来判断句子传递的信息是感知体验的短暂或偶发现象，还是经思维判断的普遍恒久特征的语言学概念，是实现动词谓语句时—体—语气系统的基础。本文运用文献整理及历时、共时对比等方法，从理论和应用层面梳理了英语、俄语等欧美语言及日语中关于时间限定性的既有研究情况。经过梳理可以看出，时间限定性概念已被广泛用于名词谓语句、形容词谓语句和动词谓语句等所有类型的谓语句，可作为句法特征、句子时—体—语气范畴、词类分类等研究的一种思路。语言研究中引入时间限定性这一概念具有非常重要的意义。

关键词：时间限定性；现象；本质；谓语句

一、引　言

时间限定性（temporal localization）是源自俄罗斯语言学的一个概念，用来判断句子传递的信息是通过感知体验的短暂或偶发现象，还是思维判断的普遍恒久特征（工藤真由美，2012a）。换句话说，它是事件在时间轴上的定位方式，即具体的事件能够定位于一定的时点，抽象的事件则不能定位于一定的时点（黄文溥，郭举昆，2010）。一般来说，个体性、具体性越强的事件，其时间性特征在时间轴（time line）上的定位就越明确；集体性或抽象性越强的事件，其时间性特征在时间轴上的定位就越模糊（工藤真由美，2002；八

---

① 曹捷平，西安外国语大学日本文化经济学院副教授，硕士研究生导师，东北亚研究中心研究员，研究方向为日语时体研究。

龟裕美,2006;黄文溥,郭举昆,2010;吕汝泉,2013)。明确的时间限定性和模糊的时间限定性之间不是截然二分的,而是一个连续统(黄文溥,郭举昆,2010;須田義治,2010)。时间限定性范畴涉及事件的两个侧面:一是从时间上,它可以描述事件是短暂或偶然发生的,还是恒久存在的;二是从情态上,它可以反映事件是说话者知觉体验的现象,还是通过一般性思维判断的本质。比如,通过时间限定性就可以看出例句(1)和例句(2)的本质性区别。

(1)ポチが走る(走っている)/ずぶ濡れだ。〈短暂偶然的现象〉〈通过知觉体验的〉

(2)ポチは臆病だ(臆病な犬だ)/雑種だ。〈恒常不变的本质〉〈通过思考判断的〉

(工藤真由美,2002)

语言研究中引入时间限定性这一概念具有非常重要的意义,具体表现在以下三点。第一,它可以从语义上判定一个事件在时间轴上能否明确定位。第二,它可以从情态上判定事件是具有现实性还是非现实性,是具体的还是抽象的,是偶发性的还是恒常性的。时间限定性的有无,也可以从说话者对叙述内容的认知方式上看出来。一般来说,有时间限定性的句子内容都是说话者通过知觉体验获得的,没有时间限定性的句子内容则是说话者通过思维判断做出的。第三,适用于所有类型的谓语句,包括动词谓语句、形容词谓语句和名词谓语句。

本文尝试从理论和应用两个层面,历时性地梳理欧美语言和日语中有关时间限定性研究的发展历程,以期对现代日语中的时(tense)、体(aspect)和语气(mode)研究提供一种新的思路。

二、时间限定性的理论性研究

迄今为止的研究成果表明,很多欧美国家的语言学者都已经注意到了语言中存在的时间限定性现象。接下来本文将从历时性角度梳理英语、俄语等欧美语言,以及日语中有关时间限定性的理论性研究成果。

(一)欧美语言中有关时间限定性的理论研究

Benveniste(1950)发现,一些古印欧语言中的动词句多被用来描写情状,且偶有主语共现,而揭示主语的全部或一部分本质,且主语不能或缺的名词句则具有断定恒久价值的功能(工藤真由美,2012a:144)。

Hopper & Thompson(1980:251-299)从类型学视角研究及物性时,发现英语句子的及物性与一系列复杂的语义和句法特征紧密相关,即句子及物性的高低总是和其拥有的句法、语义特征的数量成正比。影响及物性高低的特征是一个连续体,其中涉及时间和情态的特征如表1所示。Hopper & Thompson(1980)的这一发现对之后句子谓语语义类型的研究具有重要的启发意义。

表1 及物性与句子语义的关系

句法、语义特征	高及物性句子	低及物性句子
行为	行为	非行为
体	完成的	非完成的
瞬时性	瞬时性	非瞬时性
意志性	有意志性	无意志性
认知方式	真实行为	非真实行为

注:上表为笔者根据刘正光,崔刚(2005)制作而成。

俄罗斯语言学家Т.В.Бондарко从句子的时空限定性出发,将句子谓语分为表"本质"义谓语和表"现象"义谓语两种类型。表"本质"义谓语的句子具有相对独立于时间之外的特征,而表"现象"义谓语的句子则多描写对象存在的时刻或断片状的变化。名词谓语和形容词谓语的本质特征是独立于时间域之外,不受时间的影响,因此当名词和形容词充当谓语时,句子多表示事物独立于时间之外的本质特征;而大多数动词的本质特征是能表示现实性事件,受具体时间的限制,因此当动词充当谓语时,句子多表示受具体时间限制的现象。动词谓语句、形容词谓语句和名词形容词谓语句最根本的区别是和时间的关系不同。Т.В.Бондарко关于句子谓语语义的分类,充分说明了时间限定性这一概念的重要性(奥田靖雄,1988)。

Givón(1984)中使用的"时间稳定性"(temporal stability)这一概念和时间限定性的本质是相同的(工藤真由美,2002)。Givón(1984)认为,从语言类型学的角度看,动词、形容词和名词之间的分化与时间稳定性密切相关,即典型的动词在时间上更趋于不稳定(非恒久性),典型的名词在时间上更趋于稳定(恒久性),而形容词在时间上的稳定性则位于二者之间。另外,根据时间稳定性的不同,动词和形容词又可以细分,具体见图1。

most stable					least stable
tree,	green,	sad,	know,	work,	shoot
NOUN	ADJECTIVE	ADJECTIVE	VERB	VERB	VERB

图1 时间稳定性

(Givón,1984:51)

(二)日语中有关时间限定性的理论研究

佐久间鼎(1941:143-150)认为,日语句子可分为"叙述句"(物がたり文)和"评价句"(品さだめ文),他强调叙述句具有"时空限定性"(時所的限定),主语用「ガ」提示,评价句没有时空限定性,主语用「ハ」提示。

叙述句:(何々)が(どうか)する/した。[事件的演变]

评价句:(何々)は(どんなか)だ。[规定性状]

　　　　(何々)は(何か)だ。[判断、断定]

寺村秀夫(1984:313-358)认为,名词和形容词与时间的关联方式不同,名词句"超越时间限制"或"和时间无关"的感觉较强,这从名词谓语经常和表过去的时间词共现这一现象就可以看出来。比如在例句(3)中,现在时名词谓语「戦後最大ノ飢饉ノ年ダ」可以和表过去的时间词「昭和二十二年」共现,而和形容词谓语「戦後最大ノ飢饉ダ」不能共现。

(3)a. ○昭和二十二年ハ戦後最大ノ飢饉ダッタ。①

　　b. ×昭和二十二年ハ戦後最大ノ飢饉ダ。

　　c. ○昭和二十二年ハ戦後最大ノ飢饉ノ年ダッタ。

　　d. ○昭和二十二年ハ戦後最大ノ飢饉ノ年ダ。

奥田靖雄(1988)在佐久间鼎(1941)等人的基础上,进一步细化了叙述句和评价句的种类及其谓语的语义类型,具体见表2。

表2　时间限定性与日语句子的类型

〈1〉有时间限定性(叙述句)	
〈1.1〉动态现象(动作或变化)	动词谓语〈ポチが走る。/セミが死んだ。〉
〈1.2〉静态现象(状态)	形容词谓语〈足が痛い。/今日はポチが妙に臆病だ。〉
〈2〉无时间限定性(评价句)	
〈2.1〉特性	形容词谓语〈ポチは臆病だ。〉
〈2.2〉本质	名词谓语〈ポチは秋田犬だ。〉

注:上表为笔者根据奥田靖雄(1988)制作而成。

工藤真由美(2002)在奥田靖雄相关研究的基础上,认为当主语是泛指的集体名词

---

① 本文中的○表示符合语法的例句,×表示不符合语法的例句,△表示依靠语境可解释的例句。

时,句子一般没有时间限定性,主语多用「ハ」提示,也没有明显的时体含义;当主语是特指的个体名词时,句子多含有时间限定性,有明显的时体对立。接着她按时间限定性的大小将现代日语谓语句的语义分为六类,分别是"动作变化"（運動）、"状态"（状態）、"存在"（存在）、"特性"（特性）、"关系"（関係）、"本质"（質）。其中,表"动作变化"和"状态"义的谓语具有时间限定性;表"特性""关系""本质"义的谓语没有时间限定性;表"存在"义的谓语居于中间位置,有的有时间限定性（例如「あそこに蝮がいる」）,有的没有时间限定性（例如「鎌倉山は蝮がいる＝蝮山だ」）,具体如图2所示。

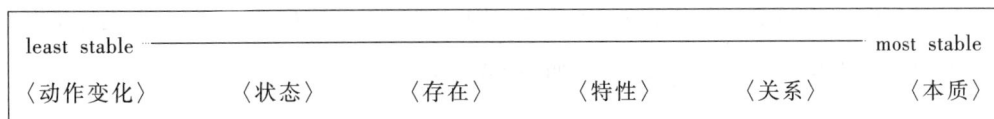

least stable ——————————————————————————— most stable

〈动作变化〉　　　〈状态〉　　　〈存在〉　　　〈特性〉　　　〈关系〉　　　〈本质〉

图2　现代日语谓语句的语义类型

（工藤真由美,2002）

在此基础上,工藤真由美（2002）以时间限定性为基准,归纳出了现代日语谓语句的语义类型,以及充当各语义类型的词类,具体如图3所示。

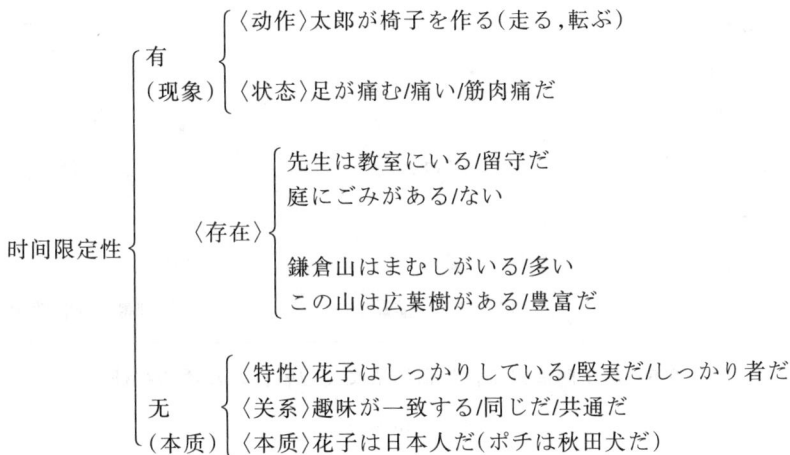

时间限定性
　　有（现象）
　　　　〈动作〉太郎が椅子を作る（走る,転ぶ）
　　　　〈状态〉足が痛む/痛い/筋肉痛だ
　　　　〈存在〉
　　　　　　先生は教室にいる/留守だ
　　　　　　庭にごみがある/ない
　　　　　　鎌倉山はまむしがいる/多い
　　　　　　この山は広葉樹がある/豊富だ
　　无（本质）
　　　　〈特性〉花子はしっかりしている/堅実だ/しっかり者だ
　　　　〈关系〉趣味が一致する/同じだ/共通だ
　　　　〈本质〉花子は日本人だ（ポチは秋田犬だ）

图3　现代日语谓语句的语义类型

［上图为笔者根据工藤真由美（2002:48）制作而成。］

八亀裕美（2008b:20）在前人研究的基础上,以时间限定性为基准,进一步明确了动词、形容词和名词充当谓语时的语义类型,即用动词谓语可以表达"动作变化"（運動）、"状态"（状態）、"存在"（存在）、"关系"（関係）义,用形容词谓语可以表达"状态""存在""特性""关系"义,用名词谓语可以表"状态""存在""特性""关系""本质"义,具体如图4所示。

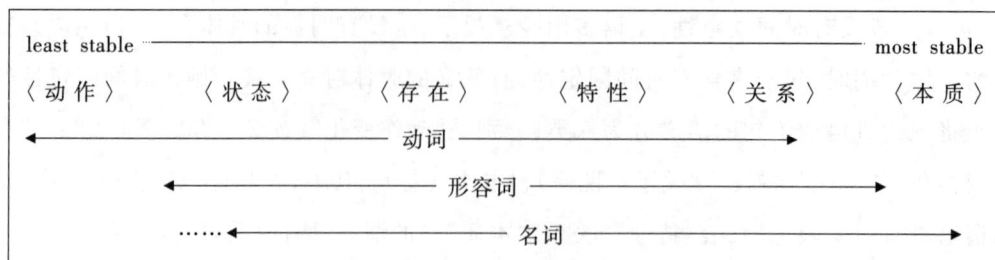

图4 动词、形容词、名词与谓语语义类型的对应

(八亀裕美,2008b:20)

吴扬(2018)在既有研究的基础上,根据时间限定性的有无,归纳出了现代标准日语句的谓语语义类型及其语法特征,具体如图5所示。

图5 基于时间限定性的谓语语义类型特征及其语法特征

(吴扬,2018:15)

吴扬(2018:8)进一步指出,具有时间限定性的动作动词,拥有典型的时—体—语气系统;同样具有时间限定性的状态动词,因时间上的同质性,没有体对立;而没有时间限定性的"特性""关系""性质"类动词,则既没有体对立,又没有时态的对立。由此可以看出,时间限定性是实现动词谓语句时—体—语气系统的基础,语篇是实现时体功能的条件,具体如图6所示。

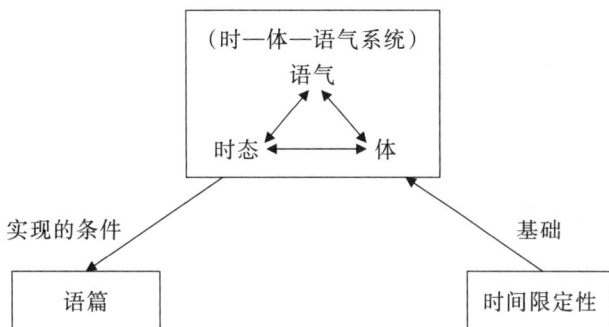

图6　语篇中的时间限定性与时—体—语气系统的关系

（吴扬，2018:8）

三、时间限定性的应用性研究

近年来，时间限定性被用来研究很多语言问题，比如名词谓语句、形容词谓语句、动词谓语句及副词语义特点等。

（一）时间限定性用于名词谓语句的研究

吉田鈴子（2015,2016,2017,2018）的一系列论文，基于时间限定性分类考察了现代日语名词谓语句在表达"本质""特性""关系"等语义类型时的特点，以及各个语义间的连续性情况。

（二）时间限定性用于形容词谓语句的研究

荒正子（1989）、樋口文彦（1996）根据时间限定性的有无，将日语形容词分为状态形容词与本质形容词两类。状态形容词指具有时间限定性、描写人或物临时状态的形容词，特性形容词是指不具有时间限定性、描述人或物恒常性质的形容词。之后，樋口文彦（2001）将本质形容词改为特性形容词，并指出在关注形容词谓语句时间性的同时，还必须重视其评价性。

八亀裕美（2001）在日本语言学研究会有关形容词研究的基础上，考察了具有时间限定性的状态形容词和没有时间限定性的特性形容词的句法特征。八亀裕美（2003）在樋口文彦（2001）的基础上，以时间限定性的有无和评价性的强弱为指标，将现代标准日语形容词分为五个族群，详见下文和图7。

A群：没有时间限定性的特性形容词，包括大部分属性形容词。例如「大きい」「小さい」。

B群：没有时间限定性的特性形容词，主要是表达说话者好恶等心理活动的形容词。例如「好きだ」「嫌いだ」。

C群：兼有特性和状态形容词特点的形容词。例如「あつい」「かわいい」。

D群：具有时间限定性的状态形容词。例如「忙しい」「真っ赤だ」。

E群：具有时间限定性的状态形容词，包括大部分感情形容词。例如「うらやましい」「悲しい」。

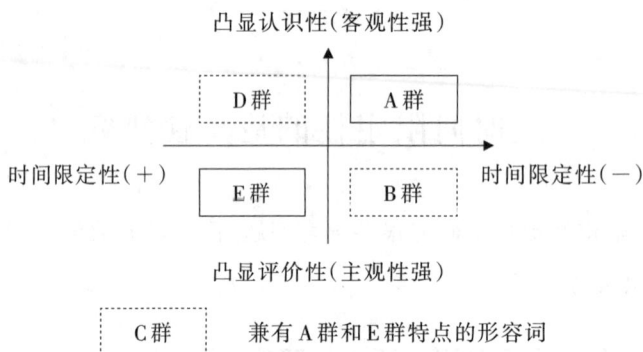

图7　时间限定性与日语形容词的种类

(八亀裕美，2003)

全希裳(2010)在考察「好きだ」「嫌いだ」谓语句的主语种类与时间限定性强弱程度之间的关系后发现，形容词谓语句主语的非特定化与时间的抽象性过程相关，具体如图8所示。

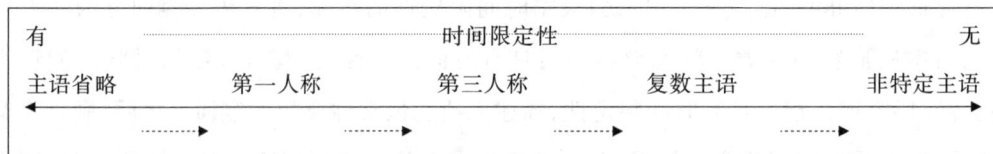

图8　日语形容词谓语句主语的种类与时间限定性的关系

(全希裳，2010)

吕汝泉(2013)指出，日语复合形容词「～しやすい」的时间限定性是由前项动词和后项形容词「やすい」的特征综合决定的。当后项形容词「やすい」充当前景时，复合形容词「～しやすい」的非过去时态表"特性"，过去时态表"状态"；当前项动词充当前景时，一次性动作构成的复合形容词「～しやすい」表"状态"，多次性动作则表"特征"。

周彤(2015)认为,日语形容词谓语句所表达的情状在时间限定性方面有着不同的层级。能够明示起止时点、发生时点的情状时间限定性最强,反复性的情状时间限定性居中,不与任何时间表达共现的情状时间限定性最弱。

(三)时间限定性用于动词谓语句的研究

奥田靖雄(1988)认为,时间的具体/抽象性是一个从具体事件到抽象事件的连续统,是实现事件时体含义的基础。时间的具体/抽象性首先体现为谓语动词的时间含义,包括动作、变化、状态、特性、关系、性质等语义特征。每一个真实性动作的具体时间由动词的时体表示:表示反复性或惯常性的动作,可以在过去、现在或将来的任一时间发生,但每一个动作发生的具体时间被割裂了;表示同一种类成员属性特征的动作,因其时间性变得抽象或虚化,一般用「する」形式表示。

奥田靖雄(1988)根据动词表示的时间限定性,将事件分为四类。

第一,真实性事件:时间具体,一次性的具体事件,具有很强的时和完成体含义。

第二,反复性事件:时间抽象,非限定性反复事件,完整体和持续体的体对立消失。

第三,惯常性事件:时间抽象,表示动作主体性格的事件,没有「している」表示的完成体含义。

第四,时间虚化事件:时间抽象,表示一般法则的事件,时间性对立消失。

Bondarko(1987)指出,时间限定性范畴的含义由对立统一的两部分构成:第一,在时间单向流动中,某一瞬间或时段在时间轴上固定的含义;第二,时间的非具体性和非特定性,即不受时间限制的反复性、习惯性,以及时间普遍性的含义。他根据有无时间限定性,将俄语动词表示的动作特点归纳为表3。

表3 时间限定性与俄语动词

时间限定性	下位分类	动作主体
有时间限定性	具体的一次性动作	具体
	有限制的多次性动作	具体
无时间限定性	单纯反复性动作	具体
无时间限定性	习惯性动作	非特定性增强
无时间限定性	时间普遍性动作	非特定

注:上表引自吴涵涵(2017)。

奥田靖雄(1996)受俄罗斯语言学家 Т.В.Бондарко 观点的影响,将日语的时间限定性和动词谓语句时体之间的关系归纳为表4。

表4　时间限定性和日语动词谓语句时体之间的关系

时间限定性		时态	体	动作主体
具体性		过去、非过去	完整体、持续体	具体
抽象性	单纯反复性	过去、非过去	完整体、持续体	具体
	习惯性	非过去(相对的)	完整体	非特定性增强
	时间普遍性	非过去	完整体	非特定性

注:上表为笔者根据吴涵涵(2017)制作而成。

在此基础上,Lehmann(1999:44)进一步认为,性质、属性等静态性越强的动词情状在时间上越稳定,过程、事件等动态性越强的动词情状在时间上越不稳定,时间稳定性和动词情状之间的关系可概括为表5。

表5　时间稳定性与情状类型

静态(static) ┈┈┈┈┈┈┈┈┈┈┈┈┈┈┈┈┈► 动态(dynamic)					
无界(atelic)			有界(telic)		
恒常(atemporal)		持续(durative)	终结(termin)	起始(ingress)	点性(punctual)
性质 (class membership)	属性(property)	状态 (state)	过程 (process)	事件 (event)	

注:上表为笔者根据黄文溥,郭举昆(2010)制作而成。

影山太郎(2008)将日语的谓语句分为事件叙述与属性叙述两个类型,两者的根本区别在于是否涉及具体的时间,在语言形式上表现为,前者可以与时间副词共现,而后者却不能。例如:

(4)a. 課長は今だけ結婚指輪をしている。〈事象叙述〉

　　b. 新しい英語の先生は(*今だけ)青い目をしている。〈属性叙述〉

須田義治(2010:98-118)运用时间限定性考察了日语反复性动作、惯常性动作和特性动作的特征。反复性动作,指不限定次数反复的动作在不同期间发生,具有复数性时间。由于无法在时间轴上特定,其单个动作发生的时间不具体,整个反复动作的时间性也不具体。反复性动作除了用持续体外,也可以用完整体形式表达,这一特征体现了其时间的抽象性。由于表示反复性的频率和周期性是非限定的时间,所以其句子谓语动词用持续体表示过程持续,用完整体表示潜在的过程持续。只有反复性事件的体性和单个动作的内在时间构造无关,整个反复性动作的过程才表现出体特征。由此可以看出,反复性动作的时间具有双重性,经常在具体性时间和抽象性时间之间来回移动。

表示惯常性的动作,和反复性动作不同,没有了具体的故事环境和反复的具体范围的限制,多是从很多类似的具体动作中得出的抽象结果或典型事例,是说话人叙述自己的一般经历或某一类人的普遍经历,目的是描述动作主体的性格。惯常性动作只表示具体的动作主体的本质特性,本身和时间轴没什么关系,只是通过具体的动作主体才和时间轴产生了联系。因为具体的动作主体一般都存在于某一时间平面,而且只能存在于现在、过去或将来中的某一个。由此可以看出,惯常性多由主语是具体的动作主体、谓语动词为完整体、没有动作反复周期或期间提示词的句子表示。

时间虚化性动作构成的谓语句因其主体和对象的虚化,一般不表示主语的动作,而表示主语的内容或构造。时间虚化性动词谓语句经常采用完整体非过去时,即时体形式对立中最基本的无标形式;有时也采用持续体非过去时,此时多含有目击或发现某种一般性法则的意义,时常伴随愤怒、吃惊等感情色彩。这种时体上的非规则用法,利用的是持续体特征之一———动作的目击性,也可理解为此时动作中含有反复性持续含义。

黄文溥,郭举昆(2010)通过考察日语「結果」从句动词谓语的时态,发现「結果」从句的动词谓语时态是由时间限定性决定的,而时间限定性又是「結果」语义特征镜像化后的呈现,具体如表6所示。

表6 「結果」从句动词谓语的时态与时间限定性、「結果」语义的关系

「結果」语义	先行性(+结果性) >	先行性+结果性 >	结果性(+先行性)
时间限定性	具体………………	具体(抽象)………………	抽象
从句内时态	过去式	过去式(非过去式)	过去式

注:上表为笔者根据黄文溥,郭举昆(2010)制作而成。

工藤真由美(2014)指出,时间限定性和"时体不同,它不只和时间有关,还和现实世界的整个认知方式相关",具体表现为三个方面:第一,如表7所示,时间限定性特征和动词的时体特征呈现对应趋势;第二,动作时间的抽象化,同时也伴随着动作参与者的抽象化;第三,从广义的语气(客观性情态)上看,反复性动作表示的不是真实的现在,而是潜在的现在。

表7 时间限定性和动词时体的对应

时间限定性	动作	有无时体对立
具体的	一次性	有体对立,有时对立
抽象的	反复性	体对立中和,有时对立
虚化的(超时的、恒时的)	特性	无体对立,无时对立

注:上表为笔者根据工藤真由美(2014:56)制作而成。

工藤真由美(2015)指出,推动小说语篇时间流动的〈完成、继起〉型时间结构,以及阻止时间流动的〈持续、同时〉型时间结构,只出现在有时间限定性的动态事件之间。具有时间限定性但没有体对立的状态动词和形容词谓语句表示静止的短暂状态,在时间上和前句之间呈现〈同时〉型关系,比如例句(5)。

(5)その夜は帰宅するなり、着替えもせずにベッドに倒れ込み、貴子はしばらくの間、ただぼんやりとしていた。とにかく、足がだるくて、爪先が疼くように痛む(状态动词)。腰も痛かった(形容词)。

(乃南アサ『凍える牙』)

而没有时间限定性的非偶发性事件则是对语篇背景的说明,比如例句(6)中的「テレビを見て過ごす」。

(6)夜になると、照子はいつも通り一人で食事をした。入れ歯の具合がよくないせいもあって、それほど食欲も出ないから、10分とかからない、簡単な食事だった。

そのあとはもう、何もすることがない。明日の朝食の下ごしらえをして、家中の戸締りを確認して歩くと、照子は布団を敷き、寝巻に着替え、あとは寝床に入るだけになってから、テレビのスイッチを入れた。面白くても、つまらなくても、11時まではテレビを見て過ごす。テレビがいちばんの楽しみ、今の照子の、最高の友達だった。

(乃南アサ『凍える牙』)

(四)时间限定性用于副词语义的研究

八尾由子(2007)基于时间限定性,区分了「トキドキ」和「トキオリ」这一对频率副词的用法。她发现,「トキドキ」既可修饰具有时间限定性的反复性动作或变化,又可修饰没有时间限定性的主体特性;而「トキオリ」只能修饰具有时间限定性的反复性动作或变化。另外,「トキドキ」「トキオリ」修饰的反复性动作或变化,是由叙述者直接观察获得的,而「トキドキ」修饰的主体特性则是叙述者非观察或观察后归纳获得的。

孙佳音(2017)通过考察日语时间副词作定语修饰名词这一现象时发现,日语中的名词语义并非均质,可分为没有时间性的非过程名词和含有时间性的过程名词,非过程名词是典型的名词,过程名词与时间副词在“时间性”上的契合关系是时间副词能作定语的语义基础。时间副词范畴各个成员之间的语义也不是完全均质,其中语义越实的时间副词越容易作定语,语义越虚的时间副词越不容易作定语。由此可以看出,时间副词在语义上形成了一个连续统:靠近名词一端的倾向于表示时间概念,语义较实,较易作定语;靠近副词一端的倾向于表示时间关系,语义较虚,不易作定语。孙佳音(2017)所说的时间副词的语义虚实,其实就是其时间限定性的强弱。

四、结　语

本文首先历时性地梳理了英语、俄语等欧美语言及日语中有关时间限定性的理论性研究成果,在此基础上,分别概述了时间限定性在这两类语言中的应用研究情况。可以看出,时间限定性是英语、俄语等欧美语言及日语中一种非常重要的语言学范畴。时间限定性是既和动词时体特征紧密相关、研究范围又大于动词时体的一种语法范畴,它和语篇、动词谓语句时—体—语气系统构成三位一体的关系。语篇是实现时体功能的条件,时间限定性是实现动词谓语句时—体—语气系统的基础。因此,语言学研究应该充分认识时间限定性这一概念的重要性。

参考文献

黄文溥,郭举昆,2010. 时间限定性与日语“结果”从句的时态[J]. 重庆师范大学学报(哲学社会科学版)(2):122-127.

刘正光,崔刚,2005. 语法原型与及物性[J]. 外语与外语教学(1):8-12.

吕汝泉,2013. 关于“～やすい”句式的时间限定性[J]. 景德镇高专学报(4):39-41.

孙佳音,2017. 日语时间副词为何能作定语——兼谈名词的时间性[J]. 西安外国语大学学报(4):109-113.

周彤,2015. 恒常属性与临时属性[J]. 语言文化学刊(2):115-122.

荒正子,1989. 形容詞の意味的なタイプ[J]. ことばの科学(3):147-162.

奥田靖雄,1988. 文の意味的なタイプ―その対象的な内容とモーダルな意味とのからみあい―[J]. 教育国語(92):1-18.

奥田靖雄,1996. 文のこと―その分類をめぐって―[J]. 教育国語(2-22):2-14.

影山太郎,2008. 属性叙述と語形成属性叙述と語形成[C]//益岡隆志. 叙述類型論. 東京:くろしお出版:23-43.

工藤真由美,2002. 現象と本質[J]. 日本語文法(2):46-61.

工藤真由美,2012a. 時間的限定性について[J]. 日本研究(51):7-26.

工藤真由美,2012b. 時間的限定性という観点が提起するもの[C]//影山太郎. 属性叙述の世界. 東京:くろしお出版:143-176.

工藤真由美,2014. 現代日本語ムード・テンス・アスペクト論[M]. 東京:ひつじ書房.

工藤真由美,2015. 時間的限定性と「ノダ」文―〈かたり〉のテクスト構造を中心に―[C]//汉日对比语言学研究会. 汉日语言对比研究论丛:第6辑. 上海:华东理工大学出版社:1-19.

呉涵涵,2017.「時間的なありか限定性」をめぐって[J]. 岡山大学大学院社会文化科学研究科紀要(44):157-173.

呉揚,2018. 日本語動詞の時間的限定性とアスペクトテンス形式[D]. 岡山:岡山大学.

江雯薫,2009. 時間副詞についての一考察[J]. 東呉日語教育学報(32):81-109.

江雯薫,2014. 頻度副詞に関する一考察[J]. 台湾日本語文学報(36):157-176.

佐久間鼎,1941. 日本語の特質[M]. 東京:育英書院.

須田義治,2010. 現代日本語のアスペクト論[M]. 東京:ひつじ書房.

全希裳,2010. 形容詞の時間的限定性に関する一考察[J]. 日語日文学研究(74):147-164.

寺村秀夫,1984. 日本語のシンタクスと意味II[M]. 東京:くろしお出版.

樋口文彦,1996. 形容詞の分類[J]. ことばの科学(7):39-60.

樋口文彦,2001. 形容詞の評価的な意味[J]. ことばの科学(10):43-67.

宮部真由美,2010. 現代日本語の条件文の分析のための一考察―「～と」「～たら」「～ば」「～なら」を中心に―[J]. 文学部紀要(2):99-148.

八尾由子,2007. 頻度を表す副詞の性質[J]. 岡山大学大学院社会文化科学研究科紀要(24):88-98.

八亀裕美,2001. 現代日本語の形容詞述語文[J]. 阪大日本語研究(13):1-144.

八亀裕美,2003. 形容詞の評価的意味と形容詞分類[J]. 阪大日本語研究(15):13-40.

八亀裕美,2006.「AにしてはB」をめぐって[J]. ことばの科学(11):39-60.

八亀裕美,2008a. 時間的限定性[J]. 言語(5):42-47.

八亀裕美,2008b. 日本語形容詞の記述的研究[M]. 東京:明治書院.

吉田鈴子,2015. 名詞述語文における質と特性のありかた[J]. 日語日文学研究(1): 203-222.

吉田鈴子,2016. コトを主語にとる名詞述語文[J]. 日語日文学研究(58):187-204.

吉田鈴子,2017. モノを主語にとる名詞述語文[J]. 日語日文学研究(61):129-146.

吉田鈴子,2018. 名詞述語文であらわされた〈関係〉[J]. 日語日文学研究(66):229-250.

BENVENISTE E, 1950. La phrase nominale[J]. Bulletin de la societe de linguistique de Paris（132）: 19-36.

BONDARKO, 1987. Теория функциональной грамматики: Ьведение. аспектуальность [M]. Временная локализованность. Таксис. Ленинград: Наука.

GIVÓN T, 1984. Syntax: an introduction vol. 1[M]. 2nd ed. Amsterdam: John Benjamins.

HOPPER P J, THOMPSON S A, 1980. Transitivity in grammar and discourse[J]. Language (2):251-299.

LEHMANN C, 1999. Aspectual type(s)[M]//BROWN K, MILLER J. Concise encyclopedia of grammatical categories. Amsterdam: Elsevier.

浅析日语精读教材对学习者的敬语
使用意识的影响
——以西安外国语大学日语专业的学生为例*

李 瑶①

（西安外国语大学研究生院 西安:710128）

摘 要:本文基于宇佐美真有美的话语礼貌理论,从宏观角度和微观角度考察了《综合日语》中的敬语相关知识,并通过问卷调查探明了该系列教材使用人群的敬语使用意识。结果表明:该系列教材基于敬意和郑重的心情来阐释敬语知识,重点介绍敬语语言形式,且依据学习者的水平分阶段导入了敬语语言形式、敬语功能和语体转换的内容;该系列教材中的敬语知识对其使用者的敬语意识存在一定影响,即学习者从表示敬意和郑重心情的角度来理解敬语及其功能,且能通过识别教材中的人际关系和说话场合,选择符合说话场景和交谈对象身份的语体。

关键词:话语礼貌理论;综合日语;敬语使用意识

一、引 言

近年来,日语敬语研究呈现多元化发展趋势,研究内容由敬语的语言要素和分类开始向敬语的变化趋势、语用功能、人际关系把握等方向发展,在一定程度上促进了敬语研究的全面发展。但是,立足于教材内容考察学习者的敬语使用意识和敬意习得情况的研究少之又少。

---

* 本文系西安外国语大学研究生科研基金项目"面向中国日语学习者的敬语学习策略"
（BSYJS201816)的阶段性成果。

① 李瑶,西安外国语大学研究生院日语语言文学在读博士研究生,研究方向为日语语用学。

因此,我们在分析敬语相关研究的基础上,以日本学者宇佐美真有美的话语礼貌理论(Discourse Politeness Theory,简称DP理论)为依据,从宏观和微观两个角度考察《综合日语》①中的敬语知识,明确其在敬语方面的优点和不足,继而调查该教材使用人群的敬语意识,尝试着探明教材中的敬语知识与学习者的敬语使用意识之间的关系。

二、文献综述

国立国语研究所(1990,1992)从待遇表现的视角分析了敬语,指出敬语和敬意表现没有明确的关系。宫冈弥生,玉冈贺津雄(2002)基于语法内容和人际关系考察了中国和韩国日语学习者的敬语习得情况,指出学习者的日语水平越高,母语敬语体系对日语敬语习得影响越小。宫冈弥生,玉冈贺津雄(2004)通过测试考察了中国日语学习者的日语能力与敬语知识的关系,指出日语能力与敬语水平呈线性关系,即正相关。赵嫦虹,吴珺,笠原祥士郎(2004)调查了中国的中高级日语学习者容易误用的"助词、形容词、自动词及他动词、敬语等待遇表现",指出上述学习者已经掌握了语言形式,应该将重点放在人际关系上。柴田武(2004)从敬语的难点、使用意识、地域性等角度对敬语进行了考察,指出敬语之难在于敬语是开展、维护人际关系的手段,并将敬语定义为「人を敬遠するための言語手段である」(柴田武,2004:29)。毋育新(2013)将有标和无标引入敬语研究,基于话语礼貌理论分析了语体转换的语用理论,结合日语教学实际,提出导入语体转换的敬语分类。藤原智栄美(2013)考察了日语母语者的敬语、敬语使用意识的相关影响结构,指出被试者认为敬语的难度和误用、敬语印象的形成与其自身在日常生活中与他人交际有关,语言和文化对敬语观的影响也在逐渐加强。白宗勋(2015)通过调查发现日语学习者对敬语使用缺乏自信,日语教材将敬语的学习都集中在初级后半部分,并指出可视化教材更能引起学习者的兴趣,教师必须从学习者的立场考虑教学方法的有效性和可行性。宫冈弥生,時本真吾(2017)等学者以脑内句子处理过程发生的事件相关电位为指标,以尊敬语和谦让语为语例,通过实施电位实验探得敬语可能属于"语用范围"。

上述文献从不同角度考察了敬语的相关内容,在很大程度上促进了敬语研究的全面发展。但是,这些文献也存在以下不足之处:第一,涉及日语教材中敬语知识的研究较少;第二,考察日语学习者的敬语使用意识的研究较少。

---

① 本文考察的日语教材是指由彭广陆、(日)守屋三千代总主编,李奇楠、(日)押尾和美主编,北京大学出版社出版的《综合日语》(修订版),该修订版共计4册,以下分别简称为《综合日语1》《综合日语2》《综合日语3》《综合日语4》。

基于上述内容,我们尝试着以宇佐美まゆみ(2002)的话语礼貌理论为基础,调查西安外国语大学日语专业学生使用的精读教材中的敬语知识,进而发放问卷调查同校日语学习者的敬语使用意识,明确二者之间的关系。

三、话语礼貌理论

日本学者宇佐美真有美批判地继承了 Brown & Levinson(下文简称为 B&L)(1987)的礼貌策略理论,提出了其修正性理论,即话语礼貌理论(宇佐美まゆみ,2002)。该理论将礼貌现象的研究对象从单句层面扩展到话语(语篇)层面。

话语礼貌理论(宇佐美まゆみ,2002)有7组核心概念。本文基于话语礼貌的定义,主要介绍有标记性礼貌和无标记性礼貌、基本态、有标记性行为和无标记性行为。

(一)话语礼貌的定义

所谓话语礼貌,就是单句层面或独立言语行为层面无法理解的更长话语层面中的要素和包括单句层面的要素在内的诸要素,在语用学礼貌中发挥作用的动态性整体(宇佐美まゆみ,2002:108)。①

(二)有标记性礼貌和无标记性礼貌

有标记性礼貌主要指 B&L(1987)的礼貌策略,即在不得不实施面子威胁行为时采取的减轻对对方面子威胁的策略(宇佐美まゆみ,2002:99)。

无标记性礼貌主要指被某一语言社团的成员共同维护着的,其存在是理所当然的、处于不失礼状态的话语整体(宇佐美まゆみ,2002:99)。

(三)基本态

基本态指构成无标记性礼貌时各种要素的典型状态和话语整体的典型状态。换言之,话语礼貌理论的基本态有两种:第一种是话语整体的典型状态,第二种是话语中各种要素的典型状态(宇佐美まゆみ,2002:100)。

就如何判定基本态而言,宇佐美まゆみ(2001)以语体为例进行了说明。在某特定话语中,算出的各种语体使用率构成比就是该话语的语体"基本态",使用率最高的语体为

---

① 本文中出现的译文均由笔者自译。

主要语体,该主要语体超过50%时,就为"无标记性语体",其就为该话语的基本态。

(四)有标记性行为和无标记性行为

DP理论基于相对性,以各种言语行为的"基本态"为基础,以其"动向"为切入点,判断礼貌效果。宇佐美真有美将构成基本态的言语行为称为"无标记性行为",将脱离基本态的言语行为称为"有标记性行为"(宇佐美まゆみ,2002:102)。

四、《综合日语》中敬语知识的考察

我们基于宇佐美まゆみ(2006)的观点,从微观层面(解释说明、语言功能)和宏观层面(语体转换)考察了《综合日语》中的敬语相关知识。

(一)敬语的解释说明

我们尝试着从敬语的概念、分类及语言形式,语言功能和语体转换这三个角度统计了《综合日语》中解释敬语的相关内容,结果如图1所示。

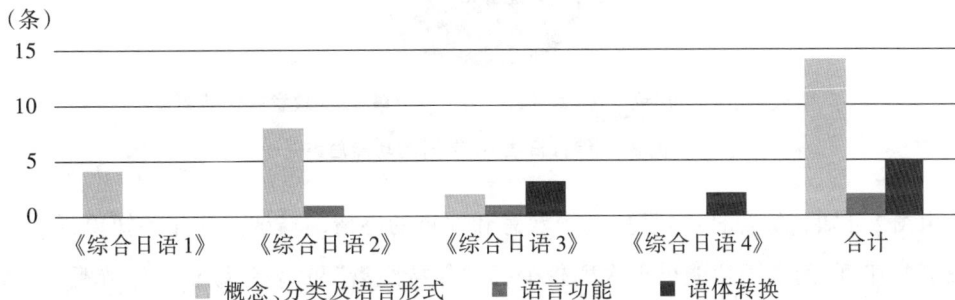

图1 《综合日语》中解释说明敬语的内容的数量

由图1可知,4册《综合日语》都出现了涉及解释敬语知识的相关内容。从数量来看,解释敬语语言形式的内容远多于解释敬语的功能和语体转换的内容。从分布来看,解释敬语的内容集中在《综合日语2》和《综合日语3》。从内容来看,解释敬语语言形式的内容集中在《综合日语1》和《综合日语2》,解释敬语功能的内容出现在《综合日语2》和《综合日语3》,解释语体转换的内容集中在《综合日语3》和《综合日语4》。

该系列教材在导入敬语的解释说明时具有以下特点:第一,基于敬意和郑重的心情来阐释敬语的相关知识;第二,对敬语言形式的解释说明较为详细;第三,根据学习者的水平由易到难分阶段导入敬语知识的相关解释说明(从敬语的语言形式到敬语的功能再到语体转换)。

然而,其也存在着以下不足之处:第一,没有对敬语进行明确的定义,且没有明确指出敬语在日语中占据的重要地位;第二,解释敬语功能和语体转换的内容偏少;第三,虽然《综合日语3》和《综合日语4》导入了语体和语体转换的概念,但没有明确指出语体转换的用法及功能。

(二)敬语的功能

我们从出场人物的人际关系、说话场合、话语中出现的敬语种类、使用敬语的对象、说话人的无标记性语体、听话人的无标记性语体来考察敬语在话语①中的功能,结果如图2所示。

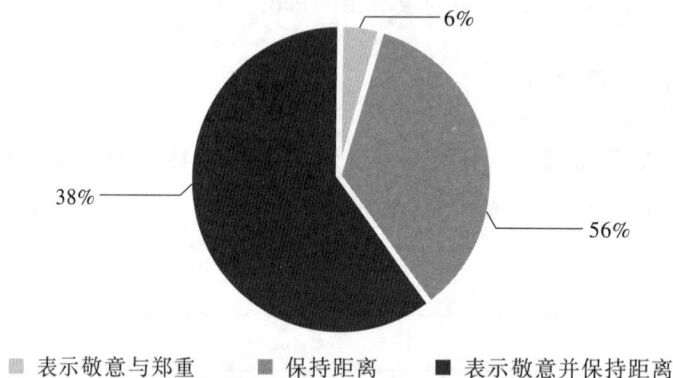

图2 《综合日语》中敬语的功能总结

由图2可知,《综合日语》虽然基于敬意和郑重的心情阐释敬语的相关知识,但是"表示敬意与郑重"的敬语功能出现次数较少,而"保持距离"和"表示敬意并保持距离"这两种情况较多。换言之,《综合日语》中敬语的功能不仅与"表示敬意与郑重"有关,还与"保持距离"有关。

(三)语体转换

毋育新(2013)指出,语体转换有两种——敬体转简体(down shift)和简体转敬体(up shift),并且系统地论述了简体和敬体的互相转换。我们以毋育新(2013)的语体分类为依据,将说话人和听话人的语体分为敬体和简体,识别各自的无标语体并分析语体转换。

以《综合日语1》为例,其中共有20组话语(从第5课到第15课),7组话语中出现了语

---

① 我们只考察了出场人物的人际关系和说话场合同时很明确的话语。

体转换,具体内容如表1所示。

表1 《综合日语1》中语体转换的统计

篇章		出场人物的语体		无标语体		种类	功能
		说话人	听话人	说话人	听话人		
第5课	单元1	(王)敬体80%,简体20%	(高桥)敬体100%(铃木)敬体100%	敬体	敬体	简体转敬体	表达强烈的心情
第6课	单元1	(赵)敬体100%	(高桥)敬体60%,简体40%	敬体	敬体	简体转敬体	表达强烈的心情
第10课	单元2	(王)敬体100%	(父)敬体80%,简体20%;(母)敬体75%,简体25%;(高桥)敬体100%	敬体	敬体	简体转敬体	表示亲密;表达强烈的心情
第11课	单元2	(王)敬体100%	(铃木)敬体100%;(高桥)敬体71%,简体29%	敬体	敬体	简体转敬体	表达强烈的心情
第12课	单元1	(加藤)敬体92%,简体8%	(王)敬体100%;(高桥)敬体100%	敬体	敬体	简体转敬体	表达强烈的心情
第13课	单元1	(高桥)敬体80%,简体20%	(王)敬体100%;(赵)敬体100%;(李)敬体60%,简体40%;(渡边)敬体100%	敬体	敬体	简体转敬体	表达强烈的心情
第14课	单元1	(高桥)敬体91%,简体9%	(王)敬体91%,简体9%	敬体	敬体	简体转敬体	表达强烈的心情

我们以同样的方法调查了《综合日语》中出现语体转换的会话,得出以下结论。

第一,从语体来看,说话人和听话人的无标记性语体均为敬体。

第二,从语体转换的种类来看,《综合日语1》和《综合日语2》的语体转换主要以简体转敬体为主,《综合日语3》和《综合日语4》相比前两册,简体转敬体的数量有所减少,同时出现了敬体转简体。

第三,从语体转换的功能来看,简体转敬体主要以"表示强烈的心情"和"对对方表示亲密"为主,而敬体转简体的功能集中于"提起新话题""开始或结束对话"和"提出对立意见"。

通过上述分析,我们发现两个明显的特征:第一,说话人和听话人的无标语体为敬体的话语占绝大多数,虽然该系列教材导入了无标记性语体为简体的话语,但是数量较少;第二,虽然导入了语体转换,也有关于语体转换的说明,但是并没有明确说明在何种场合对何人如何运用语体转换。

五、学习者的敬语使用意识调查

我们考察了《综合日语》系列教材中的敬语知识,明确了其特征和不足之处。接下来,我们对该教材的使用人群——西安外国语大学日语专业学生发放"日语专业学习者的敬语使用意识调查"的问卷来调查学习者的敬语使用意识。

(一)调查目的

此次问卷调查有两个目的:一是掌握不同阶段的日语专业学习者的敬语使用意识,二是探明学习者的敬语使用意识与教材中敬语内容之间的关系。

(二)问卷设计

我们参考毋育新(2008:318-338)的内容,从敬语的语言形式(包括敬语的定义、分类、难点、发展趋势等)、功能、说话对象和说话场合、语体转换四个方面着手,设计了30个问题,考察学习者的敬语使用意识,具体内容如表2所示。

表2　问卷设计明细

题号	考察内容
1—10、29、30	敬语的定义、分类、难点、日常使用、发展趋势等
11—16	敬语的元功能(调节人际关系)和具体功能
17—22	根据说话对象和说话场合如何区分使用敬语
22—28	语体转换(语体转换的场合、功能、使用意识等)

(三)调查对象

我们将调查对象设定为使用《综合日语》的西安外国语大学日语专业学习者,分低年级组(二年级)和高年级组(三年级和四年级)实施调查,具体分布如表3所示。

表3　答题者分布情况

单位:人

性别	低年级	高年级	合计
男性	22	16	38
女性	68	72	140

性别	低年级	高年级	合计
合计	90	88	178

注:低年级组的平均年龄为19.16岁,高年级组的平均年龄为21.07岁。

(四)调查时间

调查时间始于2018年11月15日16时,止于2018年11月18日20时。

(五)敬语使用意识调查的结果与分析

1. 敬语的语言形式

这一部分的问卷题目有12题,从低年级组和高年级组的答题情况来看,除对第3题"你学过几种敬语"的回答不同之外(低年级组学过3种,高年级组学过5种),其他问题的答案基本呈现出相同的趋势。也就是说,学习者认为教材中对敬语的解释基本清楚,学习日语过程中最难的是敬语的使用方法,在学习过程中感觉敬语有点难,与日本人说话时双方都会使用敬语,也因为不懂敬语而出现交际障碍。另外,不管是高年级的学习者还是低年级的学习者,他们都认为如果没有敬语体系,日语将会变得简单,而且敬语会随着日本社会的发展而变化。然而,我们需要注意的是,一方面,大部分学习者将敬语定义为对他人或说话场合表示敬意或郑重心情的言语表达方式,并且认为如果没有敬语,日语将会变得简单。这在一定程度上反映出学习者并未充分认识到敬语在日语社会的人际交往中所处的重要地位。另一方面,学习者认为敬语的使用难点在于表达敬意和郑重心情的形式复杂多样。

2. 敬语的功能

我们在这一部分设定6道题目。考察结果表明,低年级组和高年级组在回答这部分问题时出现了较大差异。

一方面,低年级组和高年级组的大部分学习者认为敬语可以调节人际关系,使用敬语可以对对方表示敬意或郑重的心情,还可以保持自己的品位。另一方面,敬语的其他两种功能(表讽刺和表亲密)的考察结果出现了比较明显的差异。低年级组的学生认为敬语不可以讽刺别人,而高年级组的学生则认为敬语偶尔可以讽刺别人。低年级组认为敬语偶尔可以表示亲密,而高年级组认为敬语完全不能表示亲密。另外,低年级组认为敬语在与日本人的交流中经常发挥着重要作用,而高年级组认为敬语在与日本人的交流中有时发挥着重要作用。

3. 对说话对象和说话场合的认识

和敬语的功能一样,我们在这一部分也设计了6道题考察学习者对说话对象和说话场合的认识。

调查的结果表明,一方面,低年级组和高年级组基本清楚人际关系的划分标准和说话场合的判断标准,他们都有点在意亲疏关系、上下关系和说话场合。另一方面,低年级组和高年级组在日语课上都倾向于时常用简体和同学说话,与他们有点在意说话场合的回答存在自相矛盾之嫌。这一现象在某种程度上表明,学习者对敬语的内省程度和使用程度存在差异性。

4. 语体转换

低年级组和高年级组对语体转换的6道题的回答基本相同,即他们对敬体和简体的区别基本清楚,在用敬体说话的过程中有时会将敬体变为简体,在用简体说话的过程中有时会将简体变为敬体。不但如此,他们还认为,和同学说话时使用哪种语体取决于说话场合,下课后和老师说话完全不用敬体。

需要指出的是,虽然在和同学说话时使用哪种语体这一问题中,取决于说话场合的回答居于首位,但其与次位使用简体的差异不大。这一现象和下课后与老师说话完全不使用简体,均在一定程度上说明学习者对语体转换的认识不充分。

5. 小　结

通过对上述内容的分析,我们发现高年级组和低年级组存在以下共同之处:第一,他们都倾向于从敬意和郑重的角度理解并使用敬语;第二,他们都认为日语中敬语最难,其难点在于表示敬意和郑重心情的形式复杂多样;第三,他们都认为教材对敬语的解释基本清楚;第四,他们都认为敬语应该随日本社会的发展而发展;第五,他们都认为敬语可以表示敬意和郑重心情,还可以保持自己的品位;第六,他们都基本清楚人际关系的划分标准和说话场合正式与否的划分标准,他们在日常生活中根据说话对象和说话场合区分使用敬语;第七,低年级组和高年级组在日常会话中有时出现语体转换的情况。

我们也注意到被调查者存在以下问题:第一,低年级组和高年级组对敬语在人际交往中所处的重要地位认识不充分,对敬语功能的认识、敬语的实际使用存在能力差异;第二,虽然大部分学习者对敬语有较为可观的认识,但我们要注意到少数学习者对敬语存在误解的情况;第三,高年级组的敬语使用意识与低年级组不存在明显的差异。

六、学习者的敬语使用意识与教材中敬语知识的关系

我们基于话语礼貌理论,对《综合日语》中的敬语知识进行了分析。将其结果与学习

者敬语使用意识的调查结果进行对比,发现该教材中的敬语知识对其使用者的敬语使用意识有明显的影响,具体如下。

第一,学习者对敬语的定义与教材中对敬语的说明基本相同,即他们从表示敬意和郑重心情的角度来理解敬语。

第二,学习者对敬语功能的认识与教材中对敬语功能的说明趋于一致,认为敬语的主要功能是表示敬意和郑重的心情。

第三,《综合日语》在开头都简单地介绍了主要出场人物及他们之间的关系,并在会话课文中加入了说话场合和人物动作的说明,这在一定程度上促进了学习者对人际关系和场合的把握。

第四,学习者对语体的认识程度与教材中关于语体的说明基本一致,能区分敬体与简体,并且能根据具体的说话场合和说话对象选择合适的语体。

由此可知,教材中的敬语知识深刻地影响着学习者的敬语认识和使用。学习者对教材中没有涉及的东西,如敬语在人际关系中所处的位置、敬语的表讽刺和表亲密的功能、语体转换的具体语用效果等,认识不完整。

另外,高年级组学习者的敬语认识水平并没有随着他们的学习年限增加而有明显的提高,这从另一个角度也反映了学习者对敬语的认识主要依赖教材。当他们所学的教材中不再涉及敬语知识时,他们也在某种程度上停止了对敬语的继续探索与学习,并且停留在使用已有敬语知识的层面。

七、结　语

本文以宇佐美まゆみ(2002)的话语礼貌理论为依据,从宏观和微观两个角度考察了《综合日语》中的敬语相关知识,指出了其在解释敬语方面的优点和不足。继而,我们对该系列教材的使用人群(西安外国语大学日语专业学生)的敬语使用意识进行了调查,探明了学习者的敬语使用意识,并且掌握了该教材与学习者的敬语使用意识之间的关系。今后,我们将从话语礼貌理论的角度出发,进一步调查日语学习者的敬语习得情况,提出适合中国日语学习者的敬语学习策略。

参考文献

毋育新,2008. 中国人日本語学習者に対する待遇表現の指導に関する研究[M]. 北京:
　　中国社会科学出版社.

毋育新,2013. 日语敬语的有标记性与无标记性研究——以语体转换为对象[J]. 东北亚外语研究(1):32-37.

庵功雄,2012. 新しい日本語学入門[M]. 東京:スリーエーネットワーク.

宇佐美まゆみ,2001. 談話のポライトネス—ポライトネスの談話理論構想—[M]//国立国語研究所. 談話のポライトネス. 東京:凡人社:9-58.

宇佐美まゆみ,2002. ポライトネス理論の展開1—12[J]. 月刊言語(1-5,7-13):98-105.

宇佐美まゆみ,2006. 談話研究におけるローカル分析とグローバル分析の意義[J]. 言語情報学研究報告13 自然会話分析への言語社会心理学的アプローチ:229-243.

国立国語研究所,1990. 敬語教育の基本問題:上[M]. 東京:大蔵省印刷局.

国立国語研究所,1992. 敬語教育の基本問題:下[M]. 東京:大蔵省印刷局.

柴田武,2004. ホンモノの敬語[M]. 東京:角川oneテーマ21.

白宗勲,2015. 日本語の敬語教育における映像教材の可能性—韓国人日本語学習者を対象として—[J]. 言語処理学会第21回年次大会発表論文集:12-15.

鈴木睦,1997. 日本語教育における丁寧体世界と普通体世界[M]//田窪行圭. 視点と言語行動. 東京:くろしお出版社.

趙嫦虹,呉珺,笠原祥士郎,2004. 日本語中・上級中国人学習者を困らせる日本語の問題点に関する一考察[J]. 北陸大学紀要(28):313-325.

藤原智栄美,2013. 日本語母語話者の敬語意識に関する質的考察—敬語イメージとその形成要因を焦点に[J]. 茨城大学留学生センター紀要(11):17-30.

宮岡弥生,玉岡賀津雄,2002. 上級レベルの中国語系日本語学習者と韓国語系日本語学習者の敬語習得の比較[J]. 読書科学(2):63-71.

宮岡弥生,玉岡賀津雄,2004. 中国語を母語とする日本語学習者の文法知識が敬語習得に及ぼす影響[J]. 広島経済大学研究論集(2):35-46.

宮岡弥生,時本真吾,2017. 日本語の敬語が惹起する事象関連電位—尊敬語と謙譲語—[J]. 広島経済大学研究論集(3):97-105.

宮武かおり,2007. 日本人友人間の会話におけるポライトネス・ストラテジスピーチレベルに着目して[D]. 東京:東京外国大学大学院.

BROWN P, LEVINSON S, 1987. Politeness: some universals in language usage[M]. Cambridge: Cambridge University Press.

负面评论中不礼貌话语的汉日对比研究

武天翔①

（西安外国语大学日本文化经济学院　西安：710128）

摘　要：不礼貌话语长期被研究者忽略，近年逐渐得到关注，尤其比起日常面对面交流，计算机中介交际（CMC）中的不礼貌现象更易发生。本文聚焦于世界知名旅游网站（TripAdvisor）负面评论中的不礼貌现象，以 Culpeper（1996）和 Bousfield（2008）提出的不礼貌理论为框架，统计并分析 CMC 语境中中日不礼貌策略的异同点。考察结果表明，中国人和日本人都较多地使用积极不礼貌子策略的批评、消极不礼貌策略的挑战和蔑视；中日在积极礼貌的子策略上存在显著差异，中国人在酒店网站语境下表达负面评论时更倾向于直接实施威胁度较大的策略，而日本人倾向于实施较小威胁度，并暗含整改诉求的策略。

关键词：负面评论；不礼貌；不礼貌策略；汉日对比

一、研究背景

礼貌现象作为语用学领域的热点话题，深受国内外学者的关注和研究，而不礼貌现象却长期得不到重视（Bousfield & Locher,2008:2）。但是，不礼貌现象在日常生活中普遍存在，并且不可避免。随着网络技术的发展，网络用户间的交流也逐渐频繁，因此网络交际中的不礼貌话语频繁出现。

其中，CMC（Computer-Mediated Communication）被定义为以计算机为媒介而进行的人际交流（McQuail,2005）。随着网络的普及，网络上的交流日益频繁。网民的年龄、文

---

① 武天翔，西安外国语大学日本文化经济学院在读硕士研究生，研究方向为日语教育学、语用学。

化水平和性别的不同,使网络用语中混入大量言语和非言语记号,其体裁和表现形式也各有不同。语言使用处于规范和不规范之间,呈现出雅俗共赏的特点(Crystal,2008),这也为话语冲突的出现提供了条件。

话语冲突也是CMC中最显著的特征,且非常普遍(刘永谋,夏学英,2006)。同时,CMC因为具有共时性、可记录性和匿名性,所以应适当地将视点转向(不)礼貌(Locher,2010)。随着学界的研究,不仅CMC语境中的礼貌现象,而且不礼貌现象也开始得到了关注(Nisimura,2010;Zhu,2014)。因此,本文以CMC语境下的不礼貌言语为对象,对汉、日两种语言进行对比,以期对跨文化交际和网络交际等具有启示意义。

二、文献综述

(一)研究现状

在研究内容上,不礼貌研究的语料来源广泛,例如军训语境、法庭语境、警察局语境、文学、电视节目、电影等(Culpeper,1996,2005;Cashman,2006;Bousfield,2008;Lorenzo-Dus et al.,2011)。而且,CMC相关的不礼貌研究近年逐渐受到关注,例如涉及网络新闻、电子邮件、聊天室,以及网络论坛相关的研究(Graham,2007;Upadhyay,2010;Haugh,2010;Lorenzo-Dus et al.,2011)。

关于日语的不礼貌研究,西尾純二(2015)将贬低对方和话题人物的待遇行为称作"负向敬意表现"。河正一(2013)从认知语用学的视点,总结了FTA[①]的原型扩张。Nishimura(2010)比较了两个日本网络论坛中的异议所反映的隐含的(不)礼貌准则。Kaigo & Watanabe(2007)研究了日本人在面对网络上具有社会危险性的视频时的反应。

国内的不礼貌研究起步较晚,理论框架主要基于礼貌原则、顺应论、人际关系管理理论和不礼貌理论。赖小玉(2014)基于人际关系管理理论和Bousfield的不礼貌模型,讨论了不礼貌策略的使用。李成团,冉永平(2014)从礼貌原则和人际关系管理理论出发,发现交往中虚假礼貌的三种实施方式。李元胜(2006)和杨子,于国栋(2007)都基于顺应论对汉语的不礼貌言语进行了研究。国内CMC语境下的不礼貌研究近年逐渐受到关注。毛延生(2014)以不礼貌理论为框架,考察了网络语境下医患双方不礼貌话语的基本实现形式,以及认知评价倾向。周树江(2016)和周树江,咸飞(2019)把机构性网络不礼貌话

---

① FTA 即面子威胁行为。

语作为对象,分别探究了抱怨策略同不礼貌策略的关联、虚假礼貌的运行机制和语用效果。耿雯雯,谢朝群(2018,2020)以网络交际中的不礼貌话语为对象,分析网络语言暴力的定义及评价问题,探讨语境因素对言语(不)礼貌的影响和作用。

(二)问题点

首先,不礼貌现象的以往研究大多从质性研究入手,基于语料库等的定量研究较少。其次,目前的不礼貌研究大多集中在对自然会话交际中的言语冲突,忽视了最容易产生不礼貌现象的CMC语境,可以说针对CMC语境下的不礼貌现象的研究仍然不充分,其中关于服务性网络平台语境下的不礼貌现象相对较少。最后,正如Herring(2014)指出的,目前CMC语境下的不礼貌现象研究多以欧美国家英语母语者为对象,需要其他研究作为补充。在国内外,跨文化对比研究集中在英语与汉语或其他语种的对比,网络语境下汉日不礼貌话语的对比研究有待补充。

三、不礼貌定义和不礼貌策略

根据研究重点的不同,不礼貌的定义也不相同,因此不礼貌的定义在学界尚无统一定论。Culpeper(2011:23)在参考了数十种定义后,将定义修正为"在特定的语境下对特定行为的否定态度"。作为本文的语料来源,网站的负面评论可解释为"在CMC语境下对酒店相关行为的否定态度"。因此,按照Culpeper(2011)的定义,我们将负面评论视为不礼貌。

Culpeper(1996:357)通过分析戏剧和军训的语料,提出了不礼貌理论,将其分为以下五类。

①bald on record impoliteness(通过直接明了、简洁不含糊的方式损害或威胁对方面子)。

②positive impoliteness(威胁对方的积极面子,又称积极不礼貌策略)。

③negative impoliteness(威胁对方的消极面子,又称消极不礼貌策略)。

④sarcasm or mock politeness(讽刺或虚假礼貌策略)。

⑤withhold politeness(在期待礼貌的情境中保持沉默,缺失礼貌的策略)。

其中,"积极不礼貌策略"和"消极不礼貌策略"所包含的子策略如表1所示。

表1 "积极不礼貌策略"和"消极不礼貌策略"所包含的子策略

策略	子策略
②positive impoliteness output strategies(积极不礼貌策略)	ignore, snub the other(忽视冷落对方)(ISO)
	exclude the other from an activity(把对方排除在外)(EOA)
	disassociate from the other(否认与对方存在任何共同点和关联性)(DFO)
②positive impoliteness output strategies(积极不礼貌策略)	be disinterested, unconcerned, unsympathetic(对对方的观点不以为然)(DUU)
	use inappropriate identity markers(使用不合适的身份标记语)(IIM)
	use obscure or secretive language(使用模糊晦涩的语言)(OSL)
	seek disagreement(故意寻求不一致,强调分歧)(SD)
	make the other feel uncomfortable(让对方感觉不适)(MOFU)
	use tabbo words(使用禁忌语)(TW)
	call the other names(使用不当称谓称呼对方)(CON)
③negative impoliteness output strategies(消极不礼貌策略)	frighten(威胁一种对别人有害的后果发生)(FR)
	condescend, scorn or ridicule(蔑视、嘲讽)(CSR)
	invade the other's space(制止或妨碍别人的既定行为)(IOS)
	explicitly associate the other with a negative aspect(将对方与负面事物联系起来)(ANA)
	put the other's indebtedness on record(将别人在人情上的亏欠挑明)(PIR)

之后,Bousfield(2008:126-132)在Culpeper(1996)的不礼貌理论的基础上,补充提出了下述策略。

①criticise—dispraise h, some action or inaction by h, or some entity in which h has invested face(批评、指责)(CSO)。

②hinder/block—physically(block passage), communicatively(deny turn, interrupt)(妨碍、打断)(HC)。

③enforce role shift(强制角色转换)(ERS)。

④challenging or unpalatable question and/or presuppositions(挑战或攻击)(CQP)。

⑤mock impoliteness, shouting, emotive language(大声叫唤)(MSE)。

本文为了行文便利和简洁,将各个策略简略为"BQ""CQP"等,省略方法参考Lorenzo-Dus et al.(2011)。

四、负面评论中不礼貌言语的分析

（一）研究对象和方法

本文调查的语料来源于世界知名旅游网站"TripAdvisor"的中日各网点。入住酒店的旅客会根据其服务和体验等，在网站上进行评价，提出意见，并给予五阶段评价（很棒、非常好、平均、差、很糟）。因为本文研究的是不礼貌话语，故本文选用"差""很糟"两等级的评论。我们将相关的样本抽出，构建小型语料库。其中，汉语的负面评论有229例，日语有140例。首先，统计各策略在中日语料中所占比例。同一个样本中，可能会存在多个策略。如果同一个策略多次出现在同一样本中，本文统计为一次。为了确保分析的信度，本文共设两位不礼貌策略的评定者，通过计算评定者之间的信度系数（Cohen's kappa），得到的一致率超过0.8。其次，本文使用SPSS统计软件，验证中日双方是否有显著性差异，并归纳出其异同点。①最后，针对显著性差异较大的策略进行分析。

本文主要解决以下两个问题。

第一，在CMC语境中，中日两国人民如何使用不礼貌策略？

第二，中日两国人民所使用的不礼貌策略的异同点是什么？

（二）统计结果

本文对搜集到的负面评论进行不礼貌策略判定，判定方法如前文所述，设两位评定者来判定，以他们判定一致的结果作为最终结果。具体不礼貌策略类别及其例句如表2所示。

表2　语料中出现的不礼貌策略及其例句

具体实例	不礼貌策略类别
什么玩意！差劲！ 朝食時の接客レベルが最悪だ！（翻译：早餐的待客规格真差劲！）	直接不礼貌策略①

① 研究分析方法参考毛延生（2014）。

续　表

具体实例	不礼貌策略类别	
我的建议是直接跳过这家旅舍。 もう二度と、このホテルに泊まる事はないでしょう。(翻译:再也不会住这家酒店了吧。)	否认与对方存在任何共同点和关联性(DFO)	
不如国内的其他商务连锁酒店。 他の高級ホテルではこのような事がなかったので、このホテルだけのものでしょう。(翻译:因为其他的高级酒店不会有这种事,这是这家酒店独有的破事。)	把对方排除在外(EOA)	
酒店的定价简直不要太黑,一天一个价,之前500多(元),第二天变900(元)了,第三天又变1200(元)了。 接客態度は高級ホテルの傲慢体制そのものだった。(翻译:这样的待客态度,不愧是作为高级酒店"应有的"傲慢态度。)	批评、指责(CSO)	积极不礼貌策略②
性价比极低,不值这个价,这酒店还活在十年以前。 家族では不向き。(翻译:不适合家庭来住。)	故意寻求不一致,强调分歧(SD)	
入住此饭店小心其豆腐渣工程影响入住品质及危害人身安全。 (此例同样属于FR、ANA) あいつ偉そうに指示している。(翻译:那家伙自以为是地指挥着。)	使用不当称谓称呼对方(CON)	
如果酒店还是没有热水,室内温室也不能控制得很好,还没有友好的服务的话,小心今后倒闭。 このようなホテルに泊まったら一晩大切な命を預けるかもしれない。(翻译:在这种酒店住一晚,有可能性命都交代了。)	恐吓威胁(FR)	
泛黄的马桶还不能抽水,锈迹斑斑的龙头,发霉的淋浴房,破旧的门,还有那个放在房门口的提醒,你放在那里是找点安慰吗? 这样良心上就舒服了吗? 息が詰まりませんか。(翻译:难道呼吸不憋得慌吗?)	挑战或攻击(CQP)	
这个1000元一晚上的酒店,居然没有健身房,如果要用,需要付费去第三方经营的健身房。 友人がいる席に戻るときに、とても恥ずかしい思いをしました。(翻译:回到朋友的坐席后,我非常丢面子。)	公开对方所受恩惠(PIR)	消极不礼貌策略③
作为一个连锁酒店,真的不合格,拜托你们不是城乡接合部的小宾馆好吗?(此例同属CQP) あるいは歌舞伎町に繰り出す人のためのホテルなんでしょうか。(翻译:或者说这是给出入灯红酒绿的客人准备的酒店吗?)	将对方与负面事物联系起来(ANA)	
这种酒店的标准只能算个马厩吧。 一応(高級)ホテルと言われているホテルも珍しいですよね。 (翻译:这种勉强称为"高级"酒店的酒店可真是少见哟。)	蔑视、嘲讽(CSR)	
不要住四层,半夜两点楼下还在唱歌,然后酒店前台让我们下楼去换房卡,"很棒"的体验。 半年ぶりのデート台無しにしてくださりありがとうございました。(翻译:时隔半年的约会被弄泡汤了,真"谢谢你"。)	讽刺或虚假礼貌策略④	

如上述表2中所列,列出的策略和实例即在语料中出现,没有列出的策略即在语料中未发现。在本文搜集的语料中,CMC语境下汉语和日语都倾向于使用相同的不礼貌策略,这恰恰说明了Culpeper(1996)和Bousfield(2008)提出的不礼貌理论在不同语言中同样具有普遍适用性。下文将依次对各个不礼貌策略的出现数量、比例,以及是否具有显著性差异进行统计和分析。

表3为中日语料中各类不礼貌策略的出现数量和比例。从表3中可发现,各策略所占比例十分相近。总体来说,两种语料都倾向于使用不礼貌策略②(中国46.29%,日本37.86%)和不礼貌策略③(中国34.93%,日本42.14%)。中方在表达不礼貌策略时,更倾向于先使用不礼貌策略②,其次是不礼貌策略③和策略④。这一发现与毛延生(2014)对于网络医患关系话题下,汉语的医患双方不礼貌话语实现形式的研究结果相同。但是,仍然需要从统计学角度来检验双方之间是否具有显著性差异。我们对数据进行了卡方检验,结果如表4所示。

表3　中日语料中各策略的出现数量和比例

不礼貌策略	汉　语		日　语	
	数量/个	比例/%	数量/个	比例/%
不礼貌策略①	9	3.93	6	4.29
不礼貌策略②	106	46.29	53	37.86
不礼貌策略③	80	34.93	59	42.14
不礼貌策略④	34	14.85	22	15.71
总计	229	100.00	140	100.00

表4　汉日不礼貌策略数量间的卡方检验

	值	自由度	渐进显著性(双侧)
皮尔逊卡方	2.702[a]	3	0.440
似然比	2.710	3	0.438
有效个案数	369		
a. 0个单元格(0.0%)的期望计数小于5,最小期望计数为5.69			

如结果所示,卡方检验结果显示,汉日在不礼貌策略的使用和分布上不存在显著性差异($p > 0.05$)。

从表3中可知,中日语料中的策略主要集中在不礼貌策略②和不礼貌策略③,即积极不礼貌策略和消极不礼貌策略。通过前面的介绍,不礼貌策略②和不礼貌策略③之下各有子策略。表5为不礼貌策略②中的各子策略出现的数量和比例。

表5　不礼貌策略②中各子策略出现的数量和比例

不礼貌策略②	汉　语		日　语	
	数量/个	比例/%	数量/个	比例/%
DFO	36	33.96	4	7.55
EOA	2	1.89	3	5.66
CSO	44	41.51	25	47.17
SD	4	3.77	18	33.96
CON	20	18.87	3	5.66
总计	106	100.00	53	100.00

从表5中可以看出,不礼貌策略②的各子策略在中日语料中所占比例差异明显。子策略DFO在中方语料中出现的比例为33.96%,在日方语料中出现的比例为7.55%;子策略CON在中日语料中分别占18.87%和5.66%;子策略SD在中日语料中分别占3.77%和33.96%;子策略EOA在中日语料中分别占1.89%和5.66%。上述差异在表6中可得到验证。

表6　不礼貌策略②子策略的卡方检验

	值	自由度	渐进显著性(双侧)
皮尔逊卡方	39.194[a]	4	0.000
似然比	40.647	4	0.000
有效个案数	159		
a. 2个单元格(20.0%)的期望计数小于5,最小期望计数为1.67			

如表6中的卡方检验结果显示,汉日在积极不礼貌策略的使用上存在显著性差异($p < 0.05$)。也就是说,汉日在不礼貌策略②子策略的使用上是不同的。经卡方检验得出,相较于对方,中国人更多地选择使用DFO和CON,日本人则更多地选择使用EOA和SD。

上文检验了汉日不礼貌策略②子策略的差异。下面将对不礼貌策略③的子策略进行对比。

从表7可知中,CQP在中日语料中分别占32.50%和35.59%,FR分别占2.50%和3.49%。即消极不礼貌策略中日都倾向于较多使用消极不礼貌策略CQP,都较少使用消极不礼貌策略FR。和上文不礼貌策略②子策略一样,我们同样对不礼貌策略③中各子策略的数据进行了卡方检验。

表7　不礼貌策略③中各子策略的出现数量和比例

不礼貌策略③	汉　语		日　语	
	数量/个	比例/%	数量/个	比例/%
FR	2	2.50	2	3.49
CQP	26	32.50	21	35.59
PIR	8	10.00	7	11.86
ANA	4	5.00	9	15.25
CSR	24	30.00	14	23.73
总计	80	100.00	59	100.00

如表8所示,在中日双方的不礼貌策略③中,各子策略之间不存在显著性差异(p＞0.05),即汉日不礼貌策略③中各子策略之间的使用近乎一致。

表8　不礼貌策略③中各子策略的卡方检验

	值	自由度	渐进显著性(双侧)
皮尔逊卡方	4.156[a]	4	0.385
似然比	4.200	4	0.380
有效个案数	117		
a. 2个单元格(20.0%)的期望计数小于5,最小期望计数为1.81			

(三)结果与分析

由上述统计可知,汉日不礼貌策略在整体分布上并无显著性差异,且使用策略的主体部分在不礼貌策略②和不礼貌策略③。其中,汉日间不礼貌策略③子策略的使用没有显著性差异,而汉日间不礼貌策略②存在显著性差异,具体体现在子策略DFO、CON、EOA和SD的使用,下面举出实例进行分析。

1. 子策略DFO和CON

DFO和CON都属于不礼貌策略②下的子策略,具体含义分别为"否认与对方存在任何共同点和关联性"和"使用不当称谓称呼对方"。从表5中可知,中方语料中DFO和CON出现的比例分别为33.96%和18.87%,日方语料中DFO和CON出现的比例为7.55%和5.66%,这说明相较于日本人,中国人更多地选择使用策略DFO和CON。

(1)我的建议是直接跳过这家旅舍。(DFO)

(2)如果你是IHG会员,劝你别选这间酒店。(DFO)

(3)我不会再来尝试了。(DFO)

(4)入住此饭店小心其豆腐渣工程影响入住品质及危害人身安全。(CON)

(5)服务员跟瞎子一样,熟视无睹。(CON)

(6)说退可以,但必须收全价,真是霸王宾馆。(CON)

2. 子策略EOA和SD

EOA和SD同样属于不礼貌策略②下的子策略,具体含义分别为"把对方排除在外"和"故意寻求不一致,强调分歧"。从表5中可知,中方语料中EOA和SD出现的比例分别为1.89%和3.77%,日方语料中EOA和SD出现的比例为5.66%和33.96%,这说明相较于中国人,日本人更多地选择使用策略EOA和SD。

(7)他の高級ホテルではこのような事がなかったので、このホテルだけのものでしょう。(翻译:因为其他的高级酒店不会有这种事,这是这家酒店独有的破事。)(EOA)

(8)国内外それなりの5つ星ホテルに宿泊しているが、こんなひどい対応は初めてだ。(翻译:也住过国内外的五星级酒店,这种待客方式头一回见。)(EOA)

(9)印度の観光客もいてノーマスクで闊歩していました。近寄らないようにしてました。(翻译:有印度的游客不戴口罩到处走,大家不要靠近。)(EOA)

(10)家族では不向き。(翻译:不适合家庭来住。)(SD)

(11)私達は明らかなマナー違反などはしていない。(翻译:我们压根儿就没做严重违反礼仪的事。)(SD)

(12)総じて値段不相応のサービスと供給だった。(翻译:总的来说,服务和供应与价格不符。)(SD)

3. 分析

上述4个汉日差异较大的策略中,中国人在给予负面评论时使用策略的比例排序为:DFO>CON>SD>EOA。毛延生(2014)是以CMC语境下医患网辩为对象,虽然与本文的研究语境不同,但同样是诉说不满,表达愤慨,可尝试进行对比。根据毛延生(2014)中所示图表,上述4个策略可排序为CON>DFO>SD>EOA,本文的结论与毛延生(2014)中的结论几乎一致。DFO与CON虽有差别,但可解释为语境不同所造成的。毛延生(2014)的语境是医患关系的冲突,其涉及病人和医生的自身利益较大,诉诸的表达也较为偏激,因此相比于DFO,更多地使用CON。而本文所在语境是酒店的负面评论,其矛盾冲突并没有医患关系那么大。

通过上述例子可知,DFO在本文搜集的语料中主要体现在拒绝再次入住,即表达出不愿再次与该酒店产生关联。此策略对于酒店来说,无疑是致命的。回头客是酒店持续发展的动力,一旦客人不愿再次入住,会直接对酒店的利益产生威胁。CON在语料中具体体现在用粗鄙的词来代替要描述的对象,中文即可翻译成"骂人",直接对酒店的名誉产生较大威胁。而SD主要表现为对酒店或者员工行为提出不一致的看法,并强调双方产生的分歧。EOA在语料中主要表现为对该酒店所展示的行为与其自身品牌价值的不符提出意见,并将其归为低一档的行列。由此可见,SD和EOA都倾向于提出酒店的不足之处,其暗含的意思在于促使酒店及时整改。

因此,我们可将4个策略的威胁度大致分为CON、DFO>SD、EOA,即中国人在表达负面评论时,更倾向于直接实施威胁度较大的策略,而日本人倾向于实施较小威胁度,并且暗含整改诉求的策略。张惠芳,顾心玉(2013)以礼貌原则为框架,对酒店差评所使用的策略进行分析,指出"汉语的差评倾向于叙说对方的不足之处,而日语的差评在叙说对方不足的同时也会考虑对方的立场,并提出一些改善的要求和建议",本文的结论与张惠芳,顾心玉(2013)的结论相吻合。

五、小结和今后的课题

通过上述的分析,我们将CMC语境下汉日的不礼貌策略使用的异同点总结如下。

CMC语境下汉日的不礼貌策略使用的共同点有两点:一是在CMC语境下,汉日都倾向于使用同种不礼貌策略,这说明了Culpeper和Bousfield的不礼貌理论在不同语言中具有普遍适用性;二是中国人和日本人使用的不礼貌策略整体分布差异并不显著,同时,中国人和日本人都较多使用不礼貌策略②和不礼貌策略③,从其子策略来看,分别是积极不礼貌策略的CSO和消极不礼貌策略的CQP、CSR。

而CMC语境下汉日的不礼貌策略使用的不同点也有两点:一是中日在积极不礼貌策略的使用上存在显著性差异;二是相较于日本人,中国人更多地选择使用DFO和CON,而相较于中国人,日本人则更多地选择使用EOA和SD。由分析可认为,中国人在表达负面评论时,更倾向于直接实施威胁度较大的策略,而日本人倾向于实施较小威胁度,并且暗含整改诉求的策略。

本文的不足点在于语料的话语类型单一和语料容量偏小。首先,旅游网站下的负面评论其本身就限制了消费者在不礼貌策略上的选择和使用,并不能反映CMC整个语境的特征,具有局限性。其次,本次研究调查的数据数量并不多,可能存在挂一漏万、忽略其他策略等现象。因此,今后计划将其他语料(微博等)中的话语类型也综合纳入研究对象,尽可能搜集更多的语料,使该课题得以进一步完善。

参考文献

陈倩,冉永平,2013. 有意不礼貌环境下身份构建的和谐——挑战语用取向[J]. 外语与外语教学(6):15-18,28.

耿雯雯,谢朝群,2018. 网络交际言语(不)礼貌语境因素探析[J]. 外国语言文学(4):356-369.

耿雯雯,谢朝群,2020. 网络语言暴力的(不)礼貌研究[J]. 中国外语(3):20-28.

赖小玉,2014. 家庭冲突中强势反对的不礼貌研究[J]. 现代外语(1):42-51,145.

李成团,冉永平,2014. 虚假礼貌的实现方式及语用特征分析[J]. 外国语(上海外国语大学学报)(2):42-51.

李元胜,2006. 汉语中不礼貌言语行为的顺应性研究[J]. 现代语文(11):48-50.

李元胜,2014. 现代汉语不礼貌言语行为研究[D]. 上海:华中师范大学.

刘永谋,夏学英,2006. 虚拟社区话语冲突研究——以天涯社区为例[J]. 长沙理工大学学报(4):56-58.

毛延生,2014. 汉语不礼貌话语的语用研究[J]. 语言教学与研究(2):94-102.

杨子,于国栋,2007. 汉语言语不礼貌的顺应性研究[J]. 中国外语(4):23-28.

周树江,2016. 机构性网络抱怨语中的不礼貌现象分析[J]. 西安外国语大学学报(3):56-60.

周树江,咸飞,2019. 机构性网络虚假礼貌运行机制及其语用效果研究——以网络问政栏目"网上民声"为例[J]. 西安外国语大学学报(3):28-33.

张惠芳,顾心玉,2015. "诉苦表达"的汉日对照分析——以网络上对宾馆的差评为例[C]//汉日对比语言学研究会. 汉日语言对比研究论丛:第6辑. 上海:华东理工大学出版社:153-164.

河正一,2013. フェース侵害行為としてのインポライトネスの考察[D]. 埼玉:埼玉大学.

西尾純二,2015. マイナスの待遇表現行動[M]. 東京:くろしお出版.

BOUSFIELD D, LOCHER M A, 2008. Impoliteness in language: studies on its interplay with power in theory and practice[M]. New York: Mouton de Gruyter.

CASHMAN H R, 2006. Impoliteness in children's interactions in a Spanish/English bilingual community of practice[J]. Journal of politeness research(2):217-246.

CULPEPER J, 1996. Towards an anatomy of impoliteness[J]. Journal of Pragmatics(3): 349-367.

CULPEPER J, 2005. Impoliteness and entertainment in the television quiz show: the weakest link[J]. Journal of politeness research language behaviour culture(1):35-72.

CULPEPER J, 2011. Impoliteness: using language to cause offence[M]. Cambridge: Cambridge University Press.

CRYSTAL D, 2008. Txtng: the gr8 db8[M]. Oxford: Oxford University Press.

GRAHAM S L, 2007. Disagreeing to agree: conflict, (im)politeness and identity in a computer-mediated community[J]. Journal of pragmatics(4):742-759.

HAUGH M, 2007. The discursive challenge to politeness research: an interactional alternative [J]. Journal of politeness research language behaviour culture(2):295-317.

HAUGH M, 2010. When is an email really offensive?: argumentativity and variability in evaluations of impoliteness[J]. Journal of politeness research(1):7-31.

HERRING S C, 2014. Language and the internet[M]//DONSBACH W. The concise encyclopedia of communication. Oxford: John Wiley & Son:322-323.

KAIGO M, WATANABE I, 2007. Ethos in chaos? Reaction to video files depicting socially harmful images in the channel 2 Japanese internet forum[J]. Journal of computer-mediated communication(4):1248-1268.

LORENZO-DUS N, BLITVICH G C, BOU-FRANCH P, 2011. On-line polylogues and impoliteness: the case of postings sent in response to the Obama Reggaeton YouTube video[J]. Journal of Pragmatics(10):2578-2593.

LOCHER M, 2010. Politeness and impoliteness in computer-mediated communication [J]. Journal of politeness research language behaviour culture(1):1-5.

MCQUAIL D, 2000. Mcquail's Mass communication theory[M]. 5th ed. London: SAGE

Publications.

NISHIMURA Y, 2010. Impoliteness in Japanese BBS interaction: observations from message exchange in two online communities [J]. Journal of politeness research language behaviour culture(1):35-55.

UPADHYAY S R, 2010. Identity and impoliteness in computer-mediated reader responses [J]. Journal of politeness research(1):105-127.

ZHU W H, 2014. Managing relationships in everyday practice: the case of strong disagreement in Mandarin[J]. Journal of pragmatics(64):85-101.

文学研究

日译本《路遥作品集》的注释策略研究

吴少华①

（西安外国语大学日本文化经济学院　西安：710128）

摘　要：文学翻译作品中的注释作为翻译文本的副文本，是译者用以弥补译文读者所缺乏的文化信息或预设知识的重要手段，也是重构文化语境、体现译者翻译观的有效策略。本文以安本实翻译的《路遥作品集》中所作的注释为例，从注释的类型和特点、注释对文化语境传播的效果，注释的必要性等方面，具体探讨译者的注释策略对于读者理解文本所产生的作用，以及对译者翻译观的呈现效果，以期为中国当代文学日译提供有益的参考。

关键词：中国文学外译；安本实；路遥作品集；注释策略

一、引　言

在推动中华文化"走出去"战略的进程中，中国当代文学承担着"描述中国和对话世界"的责任，中国文学外译成为中国文化"走出去"战略的优选路径与重要内容。中国文学外译，即传播深厚的中国文化元素，要求译者充分发挥文学翻译者的文化使者身份，而这其中除了中国译者外，也活跃着不少优秀的外国翻译家。

日本对于中国文学的译介，无论是从译作数量还是持续时间来看，都领先于其他国

---

① 吴少华，文学博士，西安外国语大学日本文化经济学院教授，研究方向为日本文学、中日比较文学、翻译学。

家。在中国当代文学译介中，吉田富夫、藤井省三、饭塚容、谷川毅、近藤直子、安本实[①]等日本汉学家努力推动着中国文学日译的发展。在这些翻译家的译介文本中，他们以各自的方式对原著中的中国文化、历史、人物、地理、典故等内容进行阐释和注解，重构文化语境，帮助日本读者更好地理解作品。

文学翻译作品中的注释作为翻译文本的副文本[②]，是译者用以弥补译文读者所缺乏的文化信息或预设知识的重要手段，也是译者翻译观的真实体现。本文以安本实翻译的《路遥作品集》（『路遥作品集』）中所作的注释为例，从注释的类型及特点、注释对文化语境传播的效果、注释的必要性等方面，具体探讨译者的注释策略对读者理解文本所产生的作用，以及对译者翻译观的呈现效果。

二、日译本《路遥作品集》及译者安本实

2009年12月3日，日本的中国书店出版了路遥作品日译本《路遥作品集》（以下简称《作品集》），这是路遥作品首次在日本的译介，也是目前日本唯一收录路遥作品的日译本。《作品集》选译的作品包括『姉』（《姐姐》）、『月下』（《月夜静悄悄》）、『困難な日々に在りて』（《在困难的日子里》）、『人生』（《人生》）、『痛苦』（《痛苦》）5部。5部作品于1981—1982年间先后发表在《延河》《上海文学》《当代》《收获》等杂志上，是路遥中短篇小说的部分代表作品。这5部小说的内容均以中国城乡二元结构中农村与城市的隔绝与对立为舞台背景，重点聚焦了生活在陕北"交叉地带"上的青年男女的人生故事。

《作品集》的译者为日本姬路独协大学名誉教授安本实，他是日本为数不多的研究路遥的专家，也是最早开始路遥作品译介和研究的日本学者。通过梁向阳，安本实（2002）所做的专访[③]，我们可以了解到安本实的路遥情结。安本实毕业于日本关西大学中国文

---

① 吉田富夫，日本佛教大学名誉教授，译介莫言、贾平凹作品等；藤井省三，日本东京大学教授，译介鲁迅、莫言作品等；饭塚容，日本中央大学文学部教授，译介鲁迅、曹禺、王安忆、余华、毕飞宇作品等；谷川毅，日本名古屋经济大学教授，译介阎连科作品等；近藤直子，日本大学教授，译介残雪作品等；安本实，原日本姬路独协大学名誉教授，译介路遥作品。

② 副文本的概念由法国叙事学理论家、文学理论家杰拉德·热奈特（Gérard Genette）提出并不断丰富。自20世纪70年代末至90年代，热奈特通过《广义文本之导论》《隐迹文稿》《副文本：阐释的门槛》等一系列理论著作，详细阐述了副文本的定义、分类、功能、研究途径和方法等问题，为文学研究中的副文本研究提供了理论基础。近年来，副文本问题逐渐在翻译研究领域受到学者的重视。热奈特将副文本因素分为13种类型，其中标题、插图、前言、注释、后记、致谢等属于"内副文本"，而作者针对该书进行的访谈，或作者手记等属于"外部文本"。

③ 梁向阳、安本实：《一位日本学者的路遥研究情结——日本姬路独协大学教授安本实先生访谈录》，《延安文学》2002年第5期，第189—191页。

学专业,是鲁迅的日本友人增田涉的关门弟子。安本实在20世纪70年代第一次接触到路遥的名字,而他真正开始想要研究路遥是在1989年看到路遥的中篇小说《人生》之后。安本实少年时代的生活经历使其从"高加林"身上找到了自己的影子,第一次读到《人生》,他便激动到流泪,对小说产生了共鸣和相当浓厚的兴趣。这也成为他开始译介和研究路遥的最初动力。

安本实研究路遥的第一步,就是为日本读者译介路遥的作品。路遥作品中独特的语言风格、弥漫着黄土高原乡土气息的陕北方言是其文学作品的显著特征,而这种方言俗语的运用无疑为翻译设置了很大的障碍。安本实在着手翻译路遥的小说时,小说里随处可见的陕北方言、陕北独特的民俗文化等,是他面临的巨大挑战。安本实凭借对路遥作品的迷恋和执着,以及要把路遥介绍给日本读者的决心,他亲赴延安十余次开展调研,感受陕北的风土和民情,力求将自己所喜爱的路遥作品原原本本地介绍给日本读者。

文学翻译作为一种跨文化的交际活动,译者在翻译过程中需要完成文化语境的重新构建,使原著得以在异国的文化土壤上生根开花。安本实这种发自内心的执着态度和热情,促使他必须在对原著负责的基础上对译文读者充分负起责任,帮助日本读者能够顺利地理解路遥及其作品。除了译文文本的字里行间外,通过添加注释的手段对原著中的某些细节或所涉及的文化内涵进行直接阐释,也是重构文化语境、体现译者翻译观的有效手段。下面,笔者通过具体分析《作品集》的译者注释,进一步探讨译者的翻译策略。

三、《路遥作品集》的注释分类及特点

文学翻译中的注释从广义上来讲,不仅包括文中夹注、脚注和尾注,还包括译者的前言、后记及附录等。这些文字是译者在细致阅读的过程中进行积极深入思考后梳理形成的文化认知、思想分析或精神领悟的结晶,它们既可以让普通读者领会到译者的良苦用心,又可以向读者补充说明与正文本相关的社会历史文化背景,提高读者认知异域文化知识的能力,并引导读者进行辩证性思考。通过研究这些副文本因素,有利于从宏观上把握译者翻译方法的运用和翻译目的的实现。笔者在此主要以《作品集》中的尾注为考察对象,就译者的注释类型及特点展开讨论。

《作品集》中共有110条尾注,均为译者所加。也就是说,这些注释都是原著中没有的,它们体现了译者安本实在翻译过程中的思考和主体性表达。尾注所涉及的内容十分丰富,大体上可以分为3类:对文化常识、文化背景的解释;对影射、暗喻的解释;对话中机锋的解释。具体如表1所示。

表1 《路遥作品集》尾注类别及比例

分类	对文化常识、文化背景的解释									对影射、暗喻的解释	对话中机锋的解释
	人	物、建筑	地名	度量单位	节日、节气	文艺、文学	行政区划、农村制度	时代特征	内涵释义		
数量/个	13	19	3	4	3	22	26	12	4	3	1
比例/%	11.8	17.3	2.7	3.6	2.7	20	23.6	10.9	3.6	2.7	0.9

从表1的注释类别和所占比例中不难看出,译者安本实十分重视对文化常识、文化背景的注释,内容主要包含人、物、地理、度量衡、文学艺术、时代背景等各个方面,这一部分的注释总量为106个,占比超过96%。其中,尤以涉及农村生活、制度及行政区划等方面的词语注释最多,几乎占到全部注释的25%,这恰恰是路遥小说文化背景的一个重要组成部分。

20世纪80年代,中国的户籍制度清晰地将公民分为农业户口和非农业户口,中国社会随之形成了独特的社会地理景观——乡村景观和城市景观,由此也出现了最重要的社会差异——城乡差异。《作品集》的5篇小说都是在这样的历史背景中展开的,所以作品中出现了大量反映这一历史背景的词汇,例如县城、生产队、公社、乡、大队、镇、工分、自留地、农村户口、商品粮等。

另外,路遥作品弥漫着黄土高原的乡土气息,极具陕北地方特色的词汇和独特的陕北地域文化,无不给读者带来一种真实、新奇的感受。而读者阅读作品,事实上是对作品的理解与阐释,需要有一定的话语信息作依据。而这种话语信息,很大程度上就是指读者对于作品文化语境的认知。正是考虑到读者对文化常识及作者风格的知识需求,译者安本实将路遥作品中的陕北文化元素也作为注释的重点。例如,安本实对"信天游"及小说中出现的《走西口》《赶牲灵》等信天游曲目、"窑洞""炕"等陕北独特的居住文化都进行了详细的注释,有利于异域文化知识的传播和跨文化交流。

除了文化方面的注释外,《作品集》中还有3个对影射、暗喻的解释和1个对话中机锋的解释。3个影射、暗喻的注释均与日本相关,分别对"八路,米西米西""开路开路""《游击队之歌》"的意思及由来进行了详细注解,向读者介绍相关的历史背景知识,帮助读者理解其中的讽刺含义。

译者安本实在《作品集》中对话中机锋的解释从翻译补偿原则[①]来看,符合"等功能原则"。也就是说,无论译文的补偿手段是否与原文相同,其功能必须与原文相同或相近。安本实结合日语的谐音现象对原文中的一段"饶口话"进行了话中机锋的阐释,使日本读者能够自然而然地感受到人物对话中所隐含的语言游戏的含义,帮助读者理解作品人物的性格,从而达到与原文相同的阅读效果。

译者安本实在翻译时,面对的是与中国读者有着不同语言习惯、文化背景、风俗民情及审美习惯的日本读者,文化心理上的差异不可避免地导致两种语言在转换时出现文化空缺。安本实主要通过以上3种注释类型,对具有鲜明地域文化特征和时代特征的词语、具有讽刺含义的表达,以及表示话中机锋的语言功能等进行了补充性注释,达到了重构文化语境、弥补正文中说明不清或因正文版面有限而无法说明内容的目的,有利于日本读者认知词语背后富含的历史文化因素及深层内涵,为不了解原著文化语境的日本读者提供了理解原文的可能性。

四、《路遥作品集》的注释效果及必要性

为了减少或避免翻译过程中的文化理解缺失,译者需要依据原著的文本类型、作者的创作意图,以及自己的翻译目的,采取适当的翻译补偿策略,再现原文本的阅读效果,帮助读者更好地理解和欣赏原著。注释作为一种必不可少的补充手段,译者安本实充分意识到了它的重要性和有效性,在《作品集》中有针对性地加以运用,取得了积极的效果。这些注释对作品本意的传达起到了补充作用,使日本读者能够更加深入地理解路遥笔下的故事和人物,获得真正的艺术感受。笔者将通过以下4个例子,具体分析安本实的注释效果及必要性。

(1)知識青年:中学、高校の中等教育を受けた青年たち。彼らは1968年、毛沢東が呼びかけた上山下郷運動に応じる形で農山村や農場に定住したが、労働者募集や、1970年の推薦大学制大学入試、1977年の統一入試の再開等、それぞれに応じて多くが農村を離れた。

(路遥著,安本実選訳,2009:26)

例(1)这一注释选自短篇小说《姐姐》的日译本。这部作品发表于1981年,以农村和

---

① 夏廷德提出6条翻译补偿原则:需求原则、相关原则、重点原则、就近原则、等功能原则和一致原则。参见夏廷德:《翻译补偿研究》,湖北教育出版社2006年版,第190—200页。

城市的隔绝为舞台背景,从少年"我"的角度讲述了农村姐姐小杏与下乡知青高立民的爱情悲剧故事。众所周知,插队知青是20世纪60年代中国城市知识青年"上山下乡"的一种模式。作品中,农村姐姐小杏所爱的就是从省城来的插队知识青年,但他考上大学后离开了农村,最后抛弃了小杏。可见,在这部作品中,"知识青年"是一个贯穿始终的关键词。

在《姐姐》的日译文本中,译者安本实以目的语读者的理解需求为前提,加注了13个尾注。除了对"县城""生产队""公社""乡""春节""四人帮"等涉及中国历史文化背景的词语进行注解外,尤其详细解释了"知识青年"这个词。可以说,在作者路遥设定的这个人物背景上,译者必须考虑到读者对陌生的异域文化知识的需求,极有必要为其加注,否则必然会损失原文的特殊用意。译者显然对当时的"上山下乡"运动及小说的时代背景十分了解。他采用了在译文文本中用「知識青年」一词加以对应,并在尾注中进行注释的翻译方法,既保留了原文的结构,又帮助目的语读者了解小说的社会背景。这样的译法比较贴切、恰当,基本还原了原作的思想表达。

(2)阿Q式:阿Qは中国现代作家鲁迅(1881—1936)の中编小说『阿Q正传』(1921—1922)の主人公。阿Q式はいわゆる精神勝利法でその場限りの自己満足を得ることを言う。

(路遥著,安本实选译,2009:159)

例(2)这一注释选自《在困难的日子里》的日译本。这部作品描写的是20世纪60年代农村贫困子弟马建强在城市求学时与饥饿做斗争的故事。主人公马建强出身贫寒,但自强不息,拾金不昧,学习成绩居年级第一。路遥在这部作品中为我们塑造了一个身上焕发出一种人性光芒的青少年形象。马建强在失去母亲、连饭都吃不上的困境中,在李老师和同学吴亚玲等人的帮助下,战胜了饥饿,完成了学业,表现出正直无私、坚毅不屈、自尊自爱、乐于助人的美德。

"为了刺激学习的劲头,我甚至为自己许了一个阿Q式的口愿;等下一次考好了,一定饱餐一顿!"①这一处描写的"阿Q式的口愿",恰如其分地反映出主人公马建强虽遭受着生理上的饥饿,但却有乐观向上的积极态度,对刻画人物起到了画龙点睛的作用。译者安本实对"阿Q式"这个比喻进行阐释,向日本读者解释"阿Q"一词的由来,并强调"阿Q式"表示的是一种自我满足的精神胜利法。通过这样的注解,有助于日本读者对马建强坚毅不屈、乐观向上的人物形象更容易理解和接受,充分感受到马建强人生的酸甜苦

---

① 下画线为笔者所加,以下同。

辣,以及他拼搏的意义与价值,从而获得与中国读者同样的阅读感受和共鸣。

  (3)八路,米西米西:「八路」は抗日戦争時期華北を中心に日本軍と戦った中国共産
    党直系の部隊で、国民革命軍第十八集団軍第八路軍のこと。また「ミシミシ」
    の原文は「米西米西」で日本軍が現地で使用した日本語の「メシ」の音訳。

(路遥著,安本実選訳,2009:160)

  前文中提到的3处对影射、暗喻的注释,都出自《在困难的日子里》这部作品。路遥小说中出现的这3处内容,均与中国与日本的那段历史有关,其中安本实对"八路,米西米西"进行了如例(3)的注释。

  干部子弟周文明起初因为主人公马建强的贫穷而经常欺负、侮辱他,但马建强并不示弱,"用自己的眼睛告诉他:他要是再公开拿我的贫穷寻开心,我决不会对他客气的。我的同桌(周文明,笔者注)从此便很恨我,但是他再不敢在公众面前侮辱我了"。虽然不敢公然侮辱,但周文明在言语上还是会对马建强进行嘲讽和戏谑。有一天,当马建强从女同学吴亚玲家回到学校,碰到周文明时,周文明"在我面前停住脚步,从头到脚打量了我一下,脸上堆起很怪的笑容,学电影里日本人的腔调说:'又到武装部干活干活的去了?<u>八路给你米西米西了啥</u>?'我完全控制不住自己的愤怒了!我没有出声,扬起手就给了他一巴掌"。

  之所以马建强完全控制不住自己的愤怒,是因为周文明侮辱了马建强和吴亚玲之间的纯洁友谊。而之所以能让马建强感受到这种侮辱,是因为周文明满脸怪笑地模仿抗日影片中日本兵的说话方式戏谑马建强。

  日本读者阅读到这里,或许会对提到的"日本人"这个情节很感兴趣。但如果读者并不了解这里所说的日本人其实是指带有贬义色彩的日本侵略军,那么他们可能就会对主人公为何会愤怒、为何感到受了侮辱而难以理解。借助译者安本实的注释,日本读者就可以了解到此处的日本人所影射的是抗日战争时期的日本军人,才能够理解这里的"八路,米西米西"是对"我去吴亚玲家,吴亚玲给我吃东西"这件事所进行的调侃和侮辱。而这正是马建强所不能忍受的,所以才会愤怒到打他一记耳光。也就是说,正因为有了这个注释,日本读者才能够充分理解这个情节展开的自然性和合理性,才能认识到主人公丰满的人物形象。

  除此之外,译本中还有两处关于"开路开路"和《游击队之歌》"的注释,对词义的由来和抗日战争的背景进行了说明。这些阐释既表现出译者客观反映原著异域文化、时代背景的翻译态度,也反映了译者希望日本读者能够更加客观、清晰地了解这段历史的真诚愿望。

  (4)饶口话:「語呂合わせのジョーク」。原文是克南的母親的言葉が「我们家怎么成

— 159 —

了你们家！」、黄亜萍の言葉が「你们家怎么成了我们家?」となっている。「我们家
（ウォメンチィア）」「你们家（ニィメンチィア）」が中国音で一種の語呂合わせ
になっており、これを双方繰り返している。

（路遥著,安本実選訳,2009:469）

例（4）这一注释选自中篇小说《人生》的日译本。这部作品是路遥的成名作,在中国
当代文学史上占据着重要地位。小说以改革时期陕北高原的城乡生活为时空背景,描写
了高中毕业生高加林与农村姑娘刘巧珍、城市姑娘黄亚萍之间的感情纠葛,并通过高加
林的人生变化过程构架了主人公艰难选择的悲剧。

小说中的城市姑娘黄亚萍是高加林的高中同学,她喜欢高加林的独特气质,不顾班
上同学的流言蜚语,积极主动地接近他。但高中毕业后,高加林回乡务农,从此两人之间
没了来往。黄亚萍接受了另一名高中同学张克南的示爱,并且两人得到了双方家长的认
可。而当高加林当上县委通讯干事进城工作后,黄亚萍意识到自己内心深处真正爱的人
其实是高加林,于是想与张克南分手,与高加林确立恋爱关系。下面这段黄亚萍与张克
南母亲的对话就是在这种背景下产生的。

"伯母,我不去,我在你们家已经吃得太多了。"亚萍尽量笑着说。

"看这娃娃说的！我们家怎么成了你们家!"

亚萍一下子被克南妈妈这句饶口话逗笑了,也马上绕舌说:"你们家怎么成
了我们家?"

张克南母亲邀请黄亚萍到家里吃饭,而此时黄亚萍内心动摇,正准备与张克南分手,
所以她刻意想与张家划清界限,婉言拒绝去吃饭。而在张克南母亲的眼里,黄亚萍是她
未过门的儿媳妇,早已形同一家人。这个情节就像一个语言游戏,"你们家"和"我们家"
的反复出现,一方面,巧妙地反映出黄亚萍想与张克南家保持距离,拒绝其母亲邀约的心
理活动;另一方面,也勾画出张克南母亲精明、善辩的人物特点。

如果原文某一语言手段在目的语中起不到与源语相同的作用,译者应改用目的语中
形式不同但功能相等或相近的形式对造成的损失进行弥补,决不能不顾某些形式在特定
语言中的功能。译者安本实在日译本中结合日语的"谐音现象"(語呂合わせ),对原文中出
现的这段"饶口话"进行了详细注释,尽可能还原了这种语言手段的特定功能,使日本读者
能够自然而然地感受到这个情节的笑点所在,对理解两个人物的心情和性格有很大的
帮助。

通过以上4个例子的分析,我们可以看到,注释是译者在翻译过程中主体性的重要体现,为我们解读译者的翻译观提供了有力的证据。从以上注释中,我们可以深切地感受到安本实的翻译态度和责任。他充分考虑到读者的阅读能力,细致入微地发掘有可能对读者阅读构成障碍的细节并予以解释。他抱着对原著和读者都十分负责的态度进行文化阐释,重构原著的文化语境,努力帮助日本读者理解,以实现将路遥文学原原本本介绍给日本读者的翻译目标。

五、结　语

近年来,副文本问题逐渐在翻译研究领域受到学者的重视。注释作为副文本研究的重要组成部分,无疑是考察译者翻译行为的主要研究内容。本文以《作品集》的尾注为例,从译者所作注释的类型、特点、效果及必要性等方面对译者安本实的翻译态度,以及注释策略对读者理解所产生的作用等进行了探讨。从以上分析可以看出,文学翻译不仅仅是一种文字的翻译,更是对一种文化的解读和阐释。文学译本不仅可以让目的语读者体会异域文学的语言艺术之美,而且"对读者来说,通过外国文学作品了解外国的文化、民俗,可以说是一条有效的途径"(许钧,2005:319)。从这个角度来看,译者对原文所作的注释更具有文化意义上的价值。

一部翻译作品成功与否,很大程度上取决于它是否忠实于原著的内容及风格,是否再现了原著的精神面貌。这就要求译者不仅需要具备语内阐释,完美呈现原著内容的能力,还需要拥有在译作中重构文化语境、帮助目的语读者顺利阅读的意识。《作品集》的110个尾注充分反映了译者安本实重视译者注释对于读者阅读的帮助作用,他在注释中为读者勾勒出20世纪60—80年代中国社会的广阔图景,其中的内容小到饮食习惯、生活用品,大到社会制度、国家背景、文学典故,可以说是无所不包。安本实采用尾注的形式,这些注释策略既可以让读者读到地道、流畅的语内文本,又可以让读者在参照尾注时,集中理解同一历史背景下的文化语境,充分了解原著作者所展现的中国特有文化,可谓一举两得,恰到好处。

尤其是译者通过3种注释类型,即对具有鲜明地域文化特征和时代特征的词语、具有讽刺涵义的表达、表示话中机锋的语言功能进行补充性注释,达到了重构文化语境,增加日本读者对认知词语背后富含的历史文化因素及深层内涵深入理解的可能性。可以说,安本实充分意识到了注释的重要性和有效性,将其作为一种必不可少的补充手段,在《作品集》中有针对性地加以运用,取得了良好的效果。

从这一点来说,笔者认为译者安本实的注释策略是成功的。他作为具备"中国经历、中文天赋、中学底蕴,以及中国情谊"①的汉学家,努力推动着中国文学外译的发展,他在《作品集》译作中所尝试的注释策略和方法,为中国文学日译提供了十分丰富的翻译实践经验,值得很好地借鉴与参考。

参考文献

梁向阳,安本实,2002. 一位日本学者的路遥研究情结——日本姬路独协大学教授安本实先生访谈录[J]. 延安文学(5):189-191.

刘云虹,许钧,2014. 文学翻译模式与中国文学对外译介——关于葛浩文的翻译[J]. 外国语(上海外国语大学学报)(3):6-17.

路遥,2005. 路遥文集[M]. 北京:人民文学出版社.

孙艺风,2004. 视角·阐释·文化——文学翻译与翻译理论[M]. 北京:清华大学出版社.

夏廷德,2006. 翻译补偿研究[M]. 武汉:湖北教育出版社.

肖丽,2011. 副文本之于翻译研究的意义[J]. 上海翻译(4):17-21.

许钧,2003. 翻译论[M]. 武汉:湖北教育出版社.

许钧,2005. 译道寻踪[M]. 郑州:文心出版社.

杨振,许钧,2009. 从傅雷译作中的注释看译者直接阐释的必要性——以《傅雷译文集》第三卷为例[J]. 外语教学(3):82-84,89.

路遥,2009. 路遥作品集[M]. 安本実,選訳. 東京:中国書店.

---

① 刘云虹、许钧:《文学翻译模式与中国文学对外译介——关于葛浩文的翻译》,《外国语》(上海外国语大学学报)2014年第3期,第8页。

仓桥由美子小说与我国古代文学

——以其现代性改造为中心*

王　辉　刘苗苗①

（西安外国语大学日本文化经济学院　西安：710128）

摘　要：本文以日本现代重要女性作家仓桥由美子为研究对象，通过文本分析和比较考察发现，仓桥由美子赓续了日本文学从我国古代文学汲取重要素材来源的传统，在多篇小说中移用了《搜神记》中的飞头蛮传说、唐明皇与杨贵妃的爱情故事、苏轼作品、冥府观念等我国古代文学资源，通过词句的用典、情节的创造性改写、反转等方式将上述素材转换提升，表达了其作为现代作家的存在主义、女性主义立场。在某种意义上，仓桥由美子对古代文学素材的现代性改造具有一定的借鉴价值。

关键词：仓桥由美子；中国古代文学；现代性改造

一、引　言

中国古代文学的作品、人物、故事乃至作家本身，不仅为古代日本文学提供了技巧、形式、语言、主题乃至故事原型，是其稳定而重要的素材来源，即便是在明治以来西方文学思潮东渐的基本格局下，它继续为在各种文学理论、哲学思想激荡下的现当代日本文学提供素材，被日本作家拿来创造性地用以表现各种现代主题。日本著名当代女作家仓

---

* 本文系陕西省教育厅专项科研计划"日本战后女性文学中的中国元素研究——以仓桥由美子为中心"（20JK0323）的阶段性成果。
① 王辉，西安外国语大学东北亚研究中心副教授，硕士生导师，研究方向为日本文学、比较文学；刘苗苗，比较社会文化专业博士，西安外国语大学日本文化经济学院讲师，研究方向为日本近现代文学、日本女性文学。

桥由美子(1935—2005)近年来逐渐引起学界的注意,但是相关研究成果主要关注其女性作家的身份,以及女性主义、存在主义的立场等。对于仓桥文学中大量存在的中国题材元素,特别是她对我国古代文学素材的创造性运用,以及脱胎换骨式的现代性改造和主题升华的考察还不够。本文拟通过考察《飞头女》《月都》《生还》等短篇中的中国古代文学素材,分析素材在仓桥笔下的改造,并探讨她对中国元素的加工和使用及其收到的效果。

仓桥在现代日本小说史上,是与开高健、大江健三郎等一起作为继"第三新人"之后的新生代作家。她的小说创作从一开始就受到战后西方思潮,特别是萨特存在主义的影响。她早年在明治大学攻读法国文学专业,毕业论文写的正是《存在与虚无》。她于1966年留学美国,而在此之前已发表短篇集《巴尔泰》,并凭借该作品在日本获女流文学家奖。她的文学堪称欧美文学时代潮流与日本文学传统的结合,1968年的长篇《漫长梦之路》的文体受到日本传统能剧、古希腊,以及川端康成的影响,而同期创作的《斯密亚吉斯特Q的冒险》亦以丰满的幻想性取胜,并具有强烈的卡夫卡风格。1983年发表的中篇《亚马诺国往返记》更成为仓桥的代表作。在短篇集《写给大人的残酷童话》(1984)、《写给大人的怪异超短篇》(1985)中,仓桥亦展示了她包罗古今东西的小说素材、娴熟的现代小说技巧,以及社会批判、女性主义等立场。仓桥的小说具有现代派文学的典型特征。灵与肉的分裂,意识的解题,对美的破坏、解构是仓桥作品的重要主题,字里行间常飘荡着一抹诡谲恐怖的气氛,而这与其意识流[①]手法的运用、超越常态的时空构建,以及晦涩断裂的文本分不开的。如果说,法国存在主义哲学是仓桥小说重要的思想来源和社会批判的理论基础,欧美现代派文学为她提供了文体范本和小说技巧的话,那么中国古代文学则是她的重要素材库之一。

二、《飞头女》:现代人的灵肉及身份困境

《瓶子里的恋人们》的开篇借用了古代中国文学素材,《无鬼论》把中国古代文学中部分有鬼无鬼的讨论巧妙地连缀成惊悚的悬疑短篇。仓桥在《飞头女》《月都》《生还》中则翻新和化用中国古代文学素材,以暴露现代人的生存状况和她的存在主义哲学思考,实

---

① 意识流概念的提出者威廉·詹姆斯认为,人的意识是由理性的、自觉的意识和无逻辑、非理性的潜意识构成,同时人的过去的意识会浮现出来,与现在的意识交织在一起,重新组织人的时间感。仓桥在作品中常常强调无逻辑、非理性的潜意识对自觉的、理性的意识的破坏,挑战线性的时间观念和常规的空间意识。

现了具有脱胎换骨之妙的现代性改造。中国古代文学素材之于作品的意义也超越了小说文本层面的素材点缀、话题导入，以及推进情节发展。

小说《飞头女》的故事一波三折。"我"父亲的高中好友K向父亲讲述他和养女丽之间的故事。K在一个晚上溜进丽的房间偷看丽睡觉时的样子，却发现丽的脑袋不翼而飞了。不过丽并没有死，第二天她像往常一样起床，对前一晚自己的脑袋飞离身体，以及K夜间的行为浑然不觉。原来，丽是一个《搜神记》等文献中记载的畸人——飞头蛮。K在反复几晚之后越发胆大妄为，竟与丽无首的身体"琴瑟相合"起来。不过飞头女的身体和脑袋是分裂的，丽的人格、意志、感情和精神部分并不知道身体——肉体在夜间的活动。同时，丽的脑袋对K讲，她每晚都和自己的意中人幽会。丽身体的占有者K对此感到强烈的嫉妒，同时作为父亲他也为被横刀夺爱而感到愤怒。他既让女儿嫁人，又要求女儿将身体留下。不过，仓桥在飞头蛮题材中植入的绝不只是K和养女之间的乱伦。丽的脑袋爱上的原来是一个有家室的男人，她的恋爱同时卷入了一个男人对家庭的背叛。K在强烈的嫉妒心和占有欲等妄念的驱使下，在某天的拂晓撞见丽欢心喜悦地幽会回来时，给她的脖颈蒙上床单，使她的脑袋无法与身体结合而最终死去。K说着从包里取出丽缩成一团的脑袋，神情紧张的父亲来不及阻止K，痛苦地坦白他就是丽的脑袋的心上人。丽的身体在死之前生了一个无头女孩。K在被逮捕后被诊断为精神分裂症而免于起诉，"我"父亲则领养了这个无头女孩。"我"反复回味父亲的话，明白了自己原来就是飞头女生下的女儿。一直以来"我"并没意识到自己是飞头蛮，脑袋在深夜会飞离身体。不过还好"我"没有恋人，也没有梦见与人幽会，脑袋还没有开始飞。"我"相信只要不爱一个人脑袋就不会飞。

为方便比较分析仓桥对我国有关飞头蛮记述的翻新改造，试引述故事的源头西晋干宝所撰的《搜神记》如下：

> 秦时，南方有"落头民"，其头能飞①。其种人部有祭祀，号曰"虫落"，故因取名焉。吴时，将军朱桓，得一婢，每夜卧后，头辄飞去。或从狗窦，或从天窗中出入，以耳为翼，将晓，复还。数数如此，傍人怪之，夜中照视，唯有身无头，其体微冷，气息裁属。乃蒙之以被。至晓，头还，碍被不得安，两三度，堕地。噫咤甚愁，体气甚急，状若将死。乃去被，头复起，傅颈。有顷，和平。桓以为大怪，畏不敢畜，乃放遣之。既而详之，乃知天性也。时南征大将，亦往往得之。又尝有

---

① 下画线部分为笔者所加，用以对照仓桥对素材的改造。下文同。

覆以铜盘者，头不得进；遂死。

在中国，继《搜神记》之后，《博物志》《太平广记》《七修类稿》《星槎胜览》《见闻续笔》《本朝纲目》对飞头蛮都有详略不一的记载，飞头蛮也在这种增益和变种中变得丰富和具体，如颈有赤痕（《太平广记》《本草》）、食螃蟹蚯蚓等虫物（《太平广记》《本草》）、目无瞳仁（《太平广记》《星槎胜览》）、鼻饮如瓴甋（《七修类稿》）、飞于海食鱼（《七修类稿》）、老挝国人（《嬴虫集》）、食人秽物（《星槎胜览》）、妖气害人（《星槎胜览》），以及广西猺人之一种，夜间含虾鱼，白日卖钱（《见闻续笔》）等。

两相对照可知，《飞头女》关于"丽"的描述大致沿袭了《搜神记》。其中的"落头民""虫落""头能飞""每夜卧后，头辄飞去""以耳为翼""将晓，复还""数数如此""碍被不得安""咦咤甚愁""头不得进，遂死"等细节均被仓桥移入小说之中，成为仓桥构思情节的基础素材。并且，仓桥的《飞头女》几乎完全基于《搜神记》，颈有赤痕、目无瞳仁、食人秽物等后来发展出来的诸多特征没有受到仓桥的关注，也没有成为她塑造现代飞头女的素材。

如果说《搜神记》之后的《博物志》《太平广记》《七修类稿》《星槎胜览》《见闻续笔》的飞头蛮变种不过是个别细节的增益、强调的话，那么仓桥作为日本现代女性作家从《搜神记》中获得启发和灵感，对飞头蛮进行一番脱胎换骨式的想象和改造，则表达了对现代人生存境遇的关切和思考。

首先，仓桥通过丰富细节，深刻揭示了现代人灵与肉分裂的生存困境，并且创造性地改造为近亲相奸的小说主题。正如小说的基本故事情节所示，K与清秀脱俗的美少女丽在法律上是父女关系，但是作为男人，K在潜意识中仍有欲望。K与丽无法结成夫妻，从而无法实现对丽肉体的合乎法理、被社会所接受的占有。K忍不住对丽的身体的好奇，溜进卧室窥视丽睡觉时的样子。在仓桥笔下，K虽然没有对丽的身体有非分之举，但是他领略了少女身体的美。K在第二天发现，身首合一且意识和思考与身体合一的丽全然没有察觉夜间身首异处，被自己骚扰。飞头蛮少女丽的意识与肉体的分裂可以说是现代人灵与肉、身与意分裂危机的缩影。K受欲望的驱使，在一个晚上拥抱丽的肉体后，每晚都与丽的无首之身交合。我们知道，乱伦是仓桥在1965年出版的中篇小说《圣少女》中的核心主题，旨在透过病态的乱伦行为挖掘现代人在欲望、伦理、人性的纠结之中面临的生存困境。

其次，在小说后半部分"我"父亲与K的对话表明，始终将K视为精神病患者的父亲也不能置身事外。据"我"父亲讲述，他正是丽的（脑袋的）心上人，那个令丽苦恼的有家室的男人。"我"父亲说,丽的脑袋在夜晚会飞到他的住处,像小鸟一样撞击窗户玻璃,发出小猫撒娇的叫声。而"我"则不堪去想象父亲如何与一颗脑袋恋爱。"我"母亲并不知道这件事。也就是说,父亲与"丽"的爱也是被婚姻和社会所禁止的。

故事并未结束,"我"不是局外人,不能置身事外,处在与K和父亲的令人窒息的三角关系中。因为"我"是被丽的身体生下来的,而后父亲从K处把"我"领养了过来。也就是说,其实K才是"我"的亲生父亲,而"父亲"只是"我"的养父。"我"反复琢磨父亲在因心肌梗死突然死去的前几日对"我"说的这番话,这令"我"不寒而栗,"我"似乎在重复丽的经历,出于这种恐惧,"我"陷入了对爱的恐惧,失去了爱的能力。从飞头女丽到K,从父亲到"我",没有一个能洁身自好,安然无事。也就是说,我们都是现代生存困境的直接当事人。而"我"在知道了自己的真实身份后,决定不去恋爱,不去爱人。"我"无疑做出了正确的伦理选择,但是付出了代价,这值得吗?"我"必须以这种因噎废食的方式生活吗?丽和"我"终身都不能以正确的方式爱人了吗?读者希望看到"我"有美满的爱情和家庭,同时保持灵肉的忠诚和清白。但是,仓桥选择让"我"不爱,剥夺了"我"爱的能力。

总而言之,仓桥以《搜神记》中飞头蛮的相关记载为素材,通过发挥想象,巧妙构思,熟练运用现代派小说技巧,将其成功地加工和改造成为一个具有典型现代派小说特色的文本,整个故事结构严整,情节新奇,出人意表,场面惊悚,在极小的篇幅中深刻揭示了存在于家庭和社会之中的危机,以及面临这种危机时现代人遭遇的悖论,爱与性、灵与肉的冲突,为现代读者提供了一个绝佳的伦理思考机会。

三、《月都》:浪漫爱情及永恒的粉碎机

仓桥的作品中也不乏《月都》这样通篇融入我国古代文学元素的作品,经脱胎换骨的翻新改造后服务全新宗旨的例子。小说主人公"我"是一个普通的日本作家,在北京一家饭店设宴招待道士吴氏,两人饮酒赏月,交流和歌汉诗中有关月亮的篇什,缕述中国的月亮传说,包括蟾蜍蚀月、蟾蜍即是嫦娥、后羿射日、桂树广寒宫、须弥山阎浮树影等。吴氏后来讲到,一个同样名叫吴刚的男人要砍倒能够随砍随长的桂树,不得不将永远砍不断的树一直砍下去,李商隐还以吴刚伐桂为素材写了一首被《全唐诗》收入的诗。"我"见此借题发挥,征引戏曲《长生殿》中杨贵妃梦飞月宫,在听霓裳羽衣曲后回到人间的故事。而道士则反唇相讥,说他的魂在现场目击的整个过程中完全是另外一种情形。据道士所述,唐玄宗改葬杨贵妃却苦于找不到尸骸,便命道士去找。道士后来在蓬莱岛发现了杨贵妃的亡魂。杨贵妃与唐玄宗相约在中秋之夜共渡仙桥而登月。但是,仓桥在此对我国

古人对杨贵妃、唐玄宗二人中秋夜在月亮重逢的浪漫想象进行了有意的否定和消解。她在小说中借道士之口道出唐玄宗到月宫去的真实动机，即唐玄宗并不是出于对杨贵妃不渝的爱情，而是在目睹无情、凄凉、悲惨的人世后成为一名虚无主义者，受道士罗公远的蛊惑到月亮上去打发无聊时间罢了。

小说在解构了爱情的忠贞不渝和世人的浪漫想象之后，仍然没有停止对温情脉脉、甘甜的浪漫想象的破坏和解构。小说作者仓桥让笔下的道士把一个冰冷、荒凉的月球暴露给"我"。道士念咒语将月亮招来，"我"看到"月亮如来历不明的动物的浮肿的皮肤"一般，丑陋至极，几乎令人不堪忍受。"我"置身月亮时，感到"非同寻常的寒冷"，"风景之荒凉胜过所闻"，怀疑是"月光之下自己精神失常了，或者误入了死亡的世界"。进而，道士又将如冰雕一样苍白的广寒给"我"看。"我"怀疑道士对"我"进行了催眠，道士却对"我"说这是"现实世界"，一举将有关月亮的浪漫想象、对爱情的肯定彻底粉碎和瓦解。随后，"我"又在道士的引导下，与月宫中的嫦娥及无数的天女一起享受了"没有肉体疲劳感的快乐"。"我"提到"我"对下一个夜晚到来之前的这段时间感到无聊和空虚。道士对"我"的这种感受表示有同感，并且道出一个惊人的"事实"：他就是吴刚，为了从砍树的苦役和惩罚中摆脱，便抓了来到月亮上的唐玄宗做了自己的替身，而唐玄宗直到现在都还在月宫砍桂树。仓桥发挥她非凡的想象力，根据"吴刚伐桂"的神话传说，巧妙设计出一个亦真亦幻、亦虚亦实的小说人物吴刚，在和"我"月夜对酌闲聊之中，不动声色地拉平了历史、神话与残酷的现实，粉碎和瓦解了对爱情的浪漫想象，揭掉了蒙在月亮之上的浪漫面纱，而突出了月亮的丑陋、冰冷、虚空与无聊，从而将存在的赤裸裸的本质呈现给读者。因此，《月都》堪称仓桥对我国古代神话传说、文学作品成功进行现代性翻新和改造，完成脱胎换骨式用典的经典短篇。

四、《生还》：存在主义者的冥府重构

与前述《飞头女》《月都》相同，《生还》也是一部改造和发挥我国古代文学题材，通过脱胎换骨式的翻新、重写，表现作者存在主义哲学立场的经典短篇。小说写了"我"死后被带往冥府途中所见及在冥府的短暂经历，因阳寿未尽又被遣送回人间的故事。游历冥府的故事在我国古代文学中并不少见，如唐代佛教故事集《冥报记》记载的李山龙游历冥府便是其中之一。《冥报记》作为我国唐代的一部代表性佛教故事集，旨在宣扬佛教的因果报应思想，无论是从叙事上还是主旨上都是前现代的。以李山龙游历冥府的故事为例，首先，体现在李山龙是以第三人称被指代的，因而他的心理活动和独白几乎没有；其

次,冥府有威严的阎王在宏大庄严的官厅理事;再次,地狱森然,因罪被囚者众多;最终,李山龙以诵经的功德到冥府解救地狱众生。

相比之下,小说《生还》开篇就使用"我"的第一人称视角。"我"在死后意识仍然活跃,能够感觉到肉体发生的变化。"我死以后意识仍然是清醒的……身体状况倒确实说不上有多好。腹部使不上劲,内脏全部从躯体脱落,感觉站起来就会在椅子上堆起来好高。"不仅如此,"我"还拥有很强的自尊,担心自己会当众出丑,而且对世故人情仍有考虑,为如何买单而纠结,为欠着坐在对面男人的人情而不好意思张口问接下来要去哪儿。这与通常只使用第三人称记述的《冥报记》有很大不同。在《生还》中,第一人称"我"以活跃的意识感受和体验冥府,因此《生还》也就变成一个自我表现的文本。小说中,"我"的意识与生前的意识相连贯,像是一个厌世主义者在死后摆脱了肉身,开启了新的冥府之行。"我"对自己的死没有感到不舍或悲伤,对人世的名声财富、家庭亲情没有任何的留恋。

在仓桥笔下,"我"用细腻敏锐的感性去感受冥府。"店外明亮得匪夷所思,根本觉不出来自己已经死了,但是又觉得与在世时看到的任何风景都不一样,眼前正是死后的世界。这反倒让我放心了。阳光泛黄,绝不是真的太阳光。没有风,没有行云,也没有飞鸟,像是一面布景,大到令人恐怖,放眼望去是一片泛黄的土地,长长的坡道向下延伸,不知尽头。"但是,"我"感觉到自己的肉体并不完全受自己意识控制。"男的走在我前头五十步或百步的距离,并不回头催促我,但我就像被一根看不见的绳子的引力牵着一样,不由自主地迈开了步,有气无力地走着。""我"还注意到有这样的不同。"坡道两侧不是低矮的墙垣,更像是光滑的石头砌成的墙,越往下墙越高。按道理随着向下进入地下,光线会暗下来,但是四周没有天黑的迹象。奇怪的黄色光亮照射在高得几乎让人昏厥过去的墙壁上,路上只有我一人的影子。""回过神来时,长坡已经到了尽头,高耸入天的墙也不见了,眼前是一片单调而辽阔的原野,一棵树也没有。"从"我"对途中所见景象的描述不难感受到"我"对生的厌倦。尽管沿途无不荒凉、怪异之感,但"我"并没有流露出对冥府的恐惧,也没有对人世的不舍。

到了冥府以后,"我"的所见同样是仓桥为服务作品的存在主义哲学思想而"标新立异"的冥府景象。"另外两个男鬼来接我,他们像旅馆的掌柜一样谦卑地打躬折背向我问好,并示意我可以作为消遣到四下看看。"这和冥府小鬼的形象不同。

但是,两个男鬼对荆棘地狱的解释却与传统的报应逻辑不同,认为在永受荆棘地狱之苦的亡魂不过是"脑袋出了问题"罢了,他们在冥府的迷走不过是他们自身的愚昧和盲目的结果而已。这一解释中隐含了一种巨大的否定,即人死后虽然会进入冥府,但亡魂在冥府仍具有自由意志,所谓地狱的恐怖景象,不过是意识丧失("脑袋不正常")或出现故障之后由肉体的盲动而造成的结果。这可以说是仓桥对地狱想象的一次重要改写和颠覆,通过这一改写完成了对报应的否定,同时恢复了人死后在冥府的主体性,将存在主义的范围扩大到了亡魂的世界。

随着"我"在冥府"游历"的继续,阴森的街道、一排排低矮的房屋让人心生凄凉,像是旧时封建领主城下发展起来的破败的小城。"我"被带到一座带仓房的大宅中,遇到一个身穿黑衣倚墙而坐的老人(后来姐姐的亡魂告诉"我",老人就是阎王)。"我"眼中的阎王"令人怀疑是一个装扮成男人的妇女",又或者"穿着中国旧时的袍子上衣,套一件藏青色的罩衣,怎么看都是个宦官"。不难看出,仓桥在此要去挑战阎王这样一个男性统治者的先入观念,刻意将阎王描写成一个既像女性又像宦官的人,从而涂抹掉了阎王的性别,这正是仓桥作为女性主义作家解构男权权力结构的努力。

阎王在"我"的打量之下,怎么看都像干枯的木乃伊,一具白骨在肥大的衣服下面散发着异臭。阎王这一威严的冥府统治者,不仅早已被拽下权力的宝座,甚至是丑陋和令人作呕的。事实上,也只有"我"这个已被启蒙的现代个体,面对阎王的所谓权力或权威时,才能不畏惧屈服,不去讨好、迎合甚至是贿赂。

唯此,"我"面对令"我"感到不适的权力者才会有"没有理由受你招待,也没有义务搭理你"的想法。而阎王在察觉到"我"的心思后,主动搭讪,聊起某个清洁工——一个爬来爬去用抹布擦拭走廊地板的男人。但是阎王接下来的话却说明那男人原本是女性。阎王说:"没错,那人正是你的邻居甘木夫人。"甘木夫人在冥府居然变成了男性。而此处的性别混乱,显然不是仓桥的创作失误。这是她对性别意识进行的第二次刻意翻转。这种翻转,旨在对既定性别结构的解构。可以说,性别的反转构成仓桥对冥府想象改造的重要内容,她把冥府作为人世性别结构的对立物加以建构,扭转社会僵化的性别结构观念。

如前已述,"我"对生没有留恋,对死亡没有恐惧和不甘,也不怕即将到来的冥府和地狱,对一路上奇怪、荒凉的景象,地狱亡魂的悲惨无助乃至无奈的肉身之苦,对冥府的渺小、破旧,对阎王令人作呕的猥琐形象,"我"都用自由的意志去加以感受和评价,并不时流露出现代个体对冥府居高临下的姿态。而接下来的经历让"我"对冥府、阎王的恶心、轻蔑无以复加。阎王冷不丁提起甘木夫人使"我"大吃一惊,因为"我"在生前曾经与这个轻浮的女人有染。但这不过是虚惊一场,阎王不过是在做拉皮条的生意而已。"我"见状,"感到极不舒服,只是待在这儿都让我感到如醉酒一般难受"。仓桥对阴森可怖的冥府想象的解构可以说在对阎王形象的颠覆中达到顶点。

"我"问阎王准备如何惩罚自己。而剧情在此再次翻转,阎王居然无不尴尬地承认是差役错抓了本还有四十年阳寿的"我"到了冥府。阎王为了避免被起诉和规避赔偿责任而讨好"我",忙不迭地安排车打发"我"回去了事。阎王的尴尬、自私、胆小和虚伪暴露无遗。可以说,仓桥的冥府想象实现了对传统冥府想象的完全解构。经过一再地改写、颠覆,阎王及冥府不再是一种森严、压迫、阴森、威严和巨大权力的存在,相反是一个凄凉、阴暗、破败、滑稽、猥琐、丑陋的所在。

仔细分析文本可以发现,与阳世相比,"我"似乎更乐意下地狱或留在冥府。在返程经过一条驿站街时,"我"甚至想停下来逗留两三日。"不想复活回到自己家,死人的复活本身就是一件令人觉得烦琐的事。"人生不值得留恋和向往,甚至是令人疲惫和徒劳的。"我"宁可选择死,做一个冥府的亡魂。"我"对人世是何其厌恶和失望乃至绝望,但是"我"必须被送回,这让人觉得徒劳、荒诞和滑稽。

"我"不得不复活,但对肉身的恶心和恐惧让"我"避之不及,"我"选择拒绝复活而坚持在冥府徘徊和流浪。但是,"我"基于自由意志的选择却被姐姐这一"他者"的举动彻底破坏——她从背后冷不丁地将"我"推倒在恶臭的肉身。"我"完成了自己的复活,但人世一如从前。妻子听了"我"在冥府遇到甘木夫人的事后很不高兴,开始怀疑"我"与其有染。不仅"我"的妻子,周围的人对"我"的这段经历也不感兴趣。他者依然是"我"生存的威胁。

从以上分析中我们不难发现,仓桥在《生还》中完成了常见于我国古代冥府题材故事的改写翻新和创造性的现代性改造。首先,在《生还》中,"我"作为一个现代个体的亡魂,脱离了肉体的自我意识,以一个存在主义者的姿态,在一次死而复生的冥府游历中,对人世和作为人世对立物的冥府进行了批判。"我"对生没有眷恋,对死及死后的世界冥府也没有惊讶,作为一个现代个体,"我"早已将传统的冥府想象颠覆和打碎。其实,"我"似乎只是一个亲历的旁观者。无论人世或冥府,于存在主义者而言不过是存在的两种状态而已,或者说人世或冥府都不过是存在主义者通过自由意志的选择成就自我存在的场所而已。但是,最令人沮丧的是,当在无可眷恋的生、肉体和令人作呕的死之间已经选择死时,"我"却身不由己地被复活。复活正是阎王和姐姐的亡魂这些存在主义者警惕的"他者"侵犯"我"自我意识的结果。而《生还》在此意义上也正是一首存在主义者的哀歌。生以及对立物的死都是徒劳、荒诞的,这也是《生还》的终极主题。

《生还》通过亡魂游历冥府的所见所闻所感,将传统的冥府想象彻底解构。通过运用第一人称"我"从人称上对传统《冥报记》故事所习用的第三人称构成反转,借助亡魂活跃的自我意识,以及对冥府的批评,小说改写和颠覆了森严的冥府对亡魂的绝对压制,将阎王的威严、恐怖的形象矮小化、滑稽化和丑化。小说甚至恢复了亡魂在地狱的主体性,并消解了报应的传统观念。同时,仓桥在《生还》这样一个具有强大解构力的文本中,仍然坚持她解构现代社会性别权力结构的努力,将冥府建构成一个与人类社会性别权力结构相反的空间。

五、结　语

综上所述,我国的古代文学和神话传说构成了仓桥小说的有机组成部分,而她以大胆而丰富的想象、娴熟的小说创作技巧,对古代文学传承的飞头蛮传说、月亮传说及文学想象,以及冥府游历等题材进行了出奇的翻新与改写,并在她的这种现代性改造努力中,广泛而深刻地解释了现代人的荒诞处境、伦理困境,同时成功解构了现代社会中的男权乃至性别结构本身,嘲讽、丑化和颠覆了权威,并高扬基于自由意志的自由选择这一存在主义立场。

参考文献

干宝,马银琴,2009. 搜神记[M]. 周广荣,译注. 北京:中华书局.

纪昀,2019. 阅微草堂笔记[M]. 武君,导读、注释. 长沙:岳麓书社.

苏轼,1986. 苏轼文集[M]. 北京:中华书局.

唐临,1992. 冥报记[M]. 北京:中华书局.

倉橋由美子,2006. 大人のための怪奇掌編[M]. 東京:宝島社.

"庶子桓雄"与坛君(檀君)神话

刘志峰①

(西安外国语大学亚非学院朝鲜语系　西安:710128)

摘　要:有关《三国遗事》"坛君神话""庶子桓雄"的神话表述与《帝王韵记》所载的"檀君神话"一直未引起学界重视,本文认为这两个神话存在内部联系,当中都暗含贬低天神信仰、肯定熊神或树神信仰的意味,这说明主导该神话传承的并非崇拜天神的桓雄集团,而是具有熊神信仰和树神信仰的熊女部族。从"坛君神话"到"檀君神话"的转变,反映了熊女部族逐渐掌握集团内部主导力量的过程。

关键词:坛君神话;檀君神话;桓雄;熊女;檀树神

一、引　言

神话之中隐藏着历史密码,解开密码需要解读与破译,再加以历史、考古的证明过程。破译是研究的突破口,证明是解释神话的关键。长久以来,中、朝、韩、日等国有关坛君(檀君)神话的研究浩如烟海,但至今为止,由于历史观各不相同,坛君(檀君)神话的解读莫衷一是。韩国官方将"坛君(檀君)神话"解读为多部族融合建国的历史,而中国、日本学界对坛君(檀君)神话的历史价值普遍评价不高。本文将综合历史文献、考古资料,以分析神话内容中体现的传承部族意识形态的方法,比较坛君(檀君)神话异本差异,分析其神话传承集团特点,在肯定"坛君(檀君)神话"内容合理性的同时,根据神话内容对部族融合历史做进一步详细解读,肯定熊女部族在该神话传承中的主导作用,否定目前

---

① 刘志峰,文学博士,西安外国语大学亚非学院朝鲜语系副教授,西安外国语大学文学人类学研究中心兼职研究员,研究方向为韩国文学、中韩比较文学。

普遍认为的"坛君(檀君)神话"是由桓雄集团部族传承的神话认识,为进一步明确朝鲜民族起源与历史奠定基础。

二、以往研究概观

虽然朝鲜、韩国学者认为古朝鲜即檀君朝鲜,并将其视为国家历史的开端,而中国学者大都否认檀君的存在,强调箕子朝鲜才是古朝鲜的主流,古朝鲜族是中国古代的地方民族政权,并主张将"坛君(檀君)神话"视为文学作品。[1]不过,以张哲俊为代表的学者认为坛君(檀君)神话虽非信史,但也并非完全杜撰,当中包含的文化内涵和历史意识应当加以研究和肯定。[2]苑利从坛君(檀君)神话熊虎图腾入手,推测朝鲜半岛的土著文化可能源于北方羌族文化,桓雄代表着从中国南方迁移北上的稻作民族[3];杨万娟提出,坛君(檀君)神话熊虎并存的内容可能源于汉藏语系民族神话,坛君(檀君)神话起源于朝鲜半岛南部新罗地区[4];张哲俊推断坛君(檀君)神话熊神崇拜是通古斯、红山文化与汉民族熊神崇拜的混合体[5]。此外,张琏瑰、徐东日、苗威、孙卫国等学者也从政治社会、文化意识等角度对坛君(檀君)神话加以解读。[6]

韩国学者崔南善、李丙焘、千宽宇、金贞培等学者提出了"檀君神话"的代表观点,即桓雄是外来农耕民族首领,熊女是以熊为图腾的土著渔猎民族的代表,桓雄的天神崇拜部族与熊女的熊崇拜部族融合统一后,形成新的集团[7],北蒙古族桓雄部族与"古亚细亚族"熊女部族共同形成了韩族、濊族、貊族等韩民的历史原型[8]。徐大锡认为,韩民族是由始祖"檀君"建立,经过箕子、卫满传承的古朝鲜农耕部族集团,集团以朝鲜族、三韩族

---

[1] 马大正、李大龙、耿铁华等:《古代中国高句丽历史续论》,中国社会科学出版社2003年版,第352页。成璟瑭:《韩国学术界古朝鲜研究的动向述论》,《社会科学战线》2017年第8期,第108页。

[2] 苗威:《乐浪研究》,高等教育出版社2016年版,第313—314页。

[3] 苑利:《朝鲜族熊虎同穴神话源出北方羌族考——兼论中国彝语支民族熊虎图腾崇拜的北来问题》,《民族文学研究》2003年第4期,第68—72页。

[4] 杨万娟:《檀君神话之我见》,《韩国研究》2010年第10期,第307—335页。

[5] 张哲俊:《韩国坛君神话研究》,北京大学出版社2013年版,第402—406页。

[6] 张琏瑰:《檀君与政治》,《中共中央党校学报》1997年第3期,第120—126页。徐东日:《朝鲜古典说话:朝鲜民族的文化意识》,《中央民族大学学报》(哲学社会科学版)2003年第6期,第98—101页。苗威:《檀君神话的文化解析》,《东疆学刊》2006年第3期,第26—31页。孙卫国:《传说、历史与认同:檀君朝鲜与箕子朝鲜历史之塑造与演变》,《复旦学报》(社会科学版)2008年第5期,第19—23页。

[7] 李弼泳:《檀君研究史——檀君》,首尔大学出版部1994年版,第181页。

[8] 千宽宇:《檀君,人物로 본 韩國史》,正音文化社1982年版,第151页。

为主并混合了濊族、貊族。①

日本学者中，除了今西龙、小田省吾等对坛君（檀君）神话持否定观点外，井上秀雄认为，"箕子神话"与"坛君（檀君）神话"分别是统治阶级与被统治阶级的神话，13世纪蒙古入侵时，随着民众的奋勇抵抗，坛君（檀君）神话开始广为流传。三品彰英、大林太良等学者主张坛君（檀君）神话源于通古斯人，与中国汉文化无关。②

以上各国学者观点虽然从不同角度阐释了各自的逻辑和依据，不过解读过于笼统，并未揭示"坛君（檀君）神话"的历史脉络，也没有说明坛君（檀君）是否存在，以及坛君（檀君）神话传承集团的特点。笔者基本赞同学者张哲俊对于坛君（檀君）神话的研究观点，即"文献记录的匮乏并不能证明坛君神话不存在""坛君（檀君）神话是在漫长的过程中逐渐生成的"，但是在研究方法层面，笔者将从分析神话文本出发，尝试从神话表达出的始祖血缘关系中发现神话背后隐藏的神话传承集团意识。

三、坛君（檀君）神话解读

坛君（檀君）神话最早记载于13世纪高丽一然所著的《三国遗事》，其他时间接近的神话版本还有高丽文人李承休所作的叙事长诗《帝王韵记》。虽然后者通常被评价为可信度不高，但由于两者形成时间接近，所以都应视为坛君（檀君）神话最早的文献记录。两者内容看似迥异，实则有着密切的内在联系。

（一）《三国遗事》中的"坛君神话"

《魏书》云：乃往二千载，有坛君王俭，立都阿斯达，开国号朝鲜，与高同时。《古记》云：昔有桓因庶子桓雄，数意天下，贪求人世。父知子意，下视三危太伯，可以弘益人间，乃授天符印三个，遣往理之。雄率徒三千，降于太伯山顶（即太伯今妙香山）神坛树下，谓之神市。是谓桓雄天王也。将风伯雨师云师，而主谷主命主病主刑主善恶，凡主人间三百六十余事。在世理化。时有一熊一虎，同穴而居，常祈于神雄，愿化为人。时神遗灵艾一炷，蒜二十枚，曰："尔辈食之，不见日光百日，便得人形。"熊虎得而食之。忌三七日，熊得女身；虎不能忌，而不得人身。熊女者无与为婚，故每于坛树下咒愿有孕。雄乃假化而婚之，孕生子，

① 徐大锡著，刘志峰译：《韩国神话研究》，陕西师范大学出版总社2018年版，第303页。
② 张哲俊：《坛君神话研究》，北京大学出版社2013年版，第87—88页。

号曰坛君王俭。以唐高即位五十年庚寅,都平壤城,始称朝鲜。又移都于白岳

山阿斯达,又名弓忽山,又今弥达。御国一千五百年。周虎王即位己卯,封箕子

于朝鲜,坛君乃移于藏唐京。后还隐于阿斯达,为山神,寿一千九百八岁。[①]

以上内容可以概括为:①《魏书》记载朝鲜建国,②桓雄下凡建立神市,③熊虎成人熊女祈子,④坛君建国归隐成为山神。这一资料包括三个特点。

第一,名词难以解释。虽然神话中将"太伯"注释为妙香山,但这有可能是僧人一然有意将佛教名山称为太伯山。张哲俊将"三危太伯"考证为与尧舜事迹相关的圣山,而韩国学者则认定"太伯山"为长白山。王俭、桓因、桓雄等人名也难有定论,"王俭"有可能是借用了平壤城的古称"王险",或是借用了《三国史记》中记载的平壤仙人之名[②];桓因、桓雄等人名有可能受到了佛教影响。此外,记录有相关内容的《魏书》《古记》等文献已失传,内容无从考证。[③]"天符印"究竟为何物,学者们提出了多种推论。[④]

第二,多种文化复合。从坛君神话内容来看,当中包含中原文化、土著民族文化、佛教道教文化等。唐高(即唐尧,避高丽定宗王尧之名讳)、箕子等是中国历史人物;"弘益人间"代表利他治国理念,与商汤为民祈雨的政治活动存在相似价的值观念[⑤];雨师、风伯、云师出自《周礼》《山海经》《左传》等春秋战国时期典籍[⑥];桓雄建立神市主宰事务的第一项即为"主谷",表示桓雄部族对农业的重视,而农耕文化源自中国。土著民族文化体现在坛君由桓雄与熊女两性结合而生,这与中原上古帝王的"感生神话"存在差别;"熊女"形象让人联想起东北地区民族广泛分布的熊神信仰;"虎"形象有可能代表崇拜虎的濊族,《后汉书》《三国志》都有汉代濊地"祠虎以为神"[⑦]"祭虎以为神"[⑧]的记载。另外,阿斯达、今弥达等名词具有较强的胡语、通古斯语的特点;熊女于神坛树下祈祷、坛君成为山神等内容与当时人们的神树、山神信仰有关。佛教道教文化主要体现在"天符印"的含

---

① 一然著,陈蒲清、权锡焕注:《三国遗事·纪异第一》,岳麓书社2009年版,第5—6页,"古朝鲜"条。

② 《三国史记》(1145),"平壤者,本仙人王俭之宅也。或云,王之都王俭"。

③ 张哲俊考证《魏书》有可能是已经失传的晋代王沈所编《魏书》。张哲俊:《坛君神话研究》,北京大学出版社2013年版,第144页。

④ 徐大锡认为天符印是镜、铃、鼓。徐大锡著,刘志峰译:《韩国神话研究》,陕西师范大学出版总社2018年版,第245页。张哲俊认为天符印是证明身份的官制系统符印或佛教系统符印。张哲俊:《坛君神话研究》,北京大学出版社2013年版,第214页。

⑤ 徐大锡著,刘志峰译:《韩国神话研究》,陕西师范大学出版总社2018年版,第25页。

⑥ 《周礼·大宗伯》,"以燎祀司中、司命、风师、雨师"。《山海经·大荒北经》,"蚩尤作兵,伐黄帝,请风伯雨师,纵大风雨"。《左传·昭公十七年》,"昔者黄帝氏以云纪,故为云师而云名"。

⑦ 《后汉书》卷八五《东夷列传·濊》,中华书局1965年版,第2818页。

⑧ 《三国志》卷三〇《魏书·东夷传·濊》,中华书局1959年版,第849页。

义、"桓雄天王"的称谓、"主谷主命主病主刑主善恶"等内容上,这些表达应出现在佛教传入东亚之后的较晚年代。坛君神话的多元文化内容意味着传承这一神话的民族构成同样具有多元特点。

第三,中心人物不明。综观神话全文,除了开头引用《魏书》记载坛君建立朝鲜,结尾补充坛君在位时间和去向外,神话主体内容主要围绕桓雄展开,先后叙述了桓雄下凡,建立神市,实施统治,将熊化人,神熊成婚,生下坛君。此外,在坛君建立古朝鲜之前,桓雄已经建立了类似国家的"神市",并掌管农业、婚生、疾病、刑罚、善恶等,这已经是一种统治行为。[1]因此不免让人产生疑问:神话的中心人物到底是坛君还是桓雄? 如果坛君神话是在一个漫长的历史过程中逐渐形成的,那么有理由推断"桓雄神话"形成在先,而后经过内容补充又产生了"坛君神话"。

那么,"桓雄神话"为何会被改写成"坛君神话"? 韩国学者徐大锡认为,桓雄"神市部族"与坛君"阿斯达部族"并非同一集团,坛君原本并非神市部族继任君王的人选,但坛君依靠自身力量统一了神市部族与熊女部族,重新创建了"朝鲜"并成为朝鲜的开国始祖。[2]按照这一观点,神市并非古朝鲜历史的开端,神话开始、末尾两次记录古朝鲜是坛君创建的国家,正是对坛君开国始祖身份的强调。不过,徐大锡并未否认坛君神话中包含的"桓因→桓雄→坛君"的父系血统,桓雄、熊女结合生下坛君可以理解为天神崇拜部族与熊崇拜部族统一后形成了新部族,而坛君正是这一新部族的统治者。

另外,韩国学者还从坛君集团与高句丽关系的角度解读了坛君神话,即高句丽解慕漱神话中表现出强烈的太阳崇拜,而坛君神话中熊和老虎变成人的仪式正是服药后躲入洞中不见日光,这是坛君集团与高句丽集团竞争过程中,迫使其他民族放弃太阳信仰加入本族的仪式。[3]中国学者叶舒宪则认为,熊能够在洞中不见日得益于熊的冬眠习性,而冬眠后复出象征着神的不死或永生能量。[4]

不过,从坛君神话、解慕漱神话中包含的复杂、混乱的血缘关系来看,坛君集团与高句丽集团最终有可能组建了统一的国家。众所周知,高句丽建国神话主人公朱蒙是天帝之子解慕漱与河伯之女柳花所生,但在异本《三国遗事》"王历"中却将朱蒙称为坛君之

① 徐大锡著,刘志峰译:《韩国神话研究》,陕西师范大学出版总社2018年版,第11页。
② 徐大锡著,刘志峰译:《韩国神话研究》,陕西师范大学出版总社2018年版,第14页。
③ 徐大锡著,刘志峰译:《韩国神话研究》,陕西师范大学出版总社2018年版,第29页。
④ 叶舒宪:《熊图腾与东北亚史前神话》,《北方论丛》2010年第6期,第5页。

子①,在"高句丽"条中引用《坛君记》称夫娄与朱蒙是异母兄弟,②而《三国遗事》"北扶馀"条又记载夫娄是解慕漱之子。③韩国学者认为出现这种混乱的血统记录,是由于统一高句丽建立后,国内同时存在坛君神话传承集团与朱蒙神话传承集团,两集团都极力主张自己部族祖先才是高句丽的始祖,所以各自改编了神话内容,导致高句丽始祖时而是天帝解慕漱之子朱蒙,时而是坛君之子夫娄。④从历史来看,公元3世纪高句丽美川王在位期间(300—331年),高句丽冲破燕长城线,将势力扩展到玄菟、辽东地区,之后将领土扩展到整个辽东及半岛北部,这一区域的其他部族集团无疑也将被高句丽兼并,坛君部族也不会例外。按照这一推测,坛君神话集团被高句丽兼并后,为彰显本部族主体地位,有可能会修改朱蒙神话内容,使坛君与高句丽始祖产生血缘联系,并在坛君集团遗民群体中流传这一神话版本。

从《三国遗事》记载的"坛君神话"可以推断出传承这一神话的坛君集团的基本特征:坛君集团融入了中原文化部族与北方土著部族,集团内部统治权发生过更迭改变,并最终被高句丽所兼并。

(二)《帝王韵记》中的"檀君神话"

> 初谁开国启风云,释帝之孙名檀君(《本纪》曰:上帝桓因有庶子曰雄云云,谓曰:"下至三危太白,弘益人间欤?"故雄受天符印三个,率鬼三千而降太白山顶神檀树下,是谓桓雄天王也云云。令孙女饮药成人身,与檀树神婚而生男,名檀君。据朝鲜之域为王,故尸罗、高礼、南北沃沮、东北扶余、濊与貊,皆檀君之寿也。理一千三十八年,入阿斯达山为神,不死故也)。并与帝高兴戊辰,经虞历夏居中宸。于殷虎丁八乙未,入阿斯达山为神(今九月山也,一名弓忽,又名三危,祠堂犹在)。享国一千二十八,无奈变化传桓因。却后一百六十四,仁人聊复开君臣(一作尔后一百六十四,虽有父子无君臣)。⑤

---

① 李丙焘译注:《三国遗事·王历第一》,东国文化社1956年版,第1页。"高句丽"条:"东明王,甲申立,理十八,姓高,名朱蒙,一作邹蒙,坛君之子。"

② 李丙焘译注:《三国遗事·纪异第一》,东国文化社1956年版,第191页。"高句丽"条注释:"坛君记云,君与西河伯之女要亲,有产子,名曰夫娄。今按此记,则解慕漱私河伯之女而后产朱蒙。坛君记云,有产子,名曰夫娄,夫娄与朱蒙,异母兄弟也。"

③ 《三国遗事·纪异第二》"北扶馀"条:"古记云,前汉宣帝神爵三年壬戌四月八日,天帝降于讫升骨城,乘五龙车,立都称王,国号北扶馀,自称名解慕漱,生子名夫娄,以解为氏焉。王后因上帝之命,移都于东扶馀,东明帝继北扶馀而兴,立都于卒本州,为卒本扶馀,即高句丽之始。"

④ 徐大锡:《韩国神话研究》,集文堂2001年版,第17—20页。

⑤ 李承休:《帝王韵记》卷下《前朝鲜纪》,亦乐出版社1999年版,第134页。

　　《帝王韵记》是高丽文人李承休于1280年创作的韵文长诗，1287年献给高丽忠烈王，分为上、下两卷，上卷记述了从盘古开始的中国历史，下卷记述了从檀君至忠烈王的高丽历史。由于该诗创作于李承休因批判当时权门贵族而被贬期间，当中带有强烈的借古喻今、劝谏君王的意味。值得关注的是，诗注释中引用的《本纪》"檀君神话"与《古记》"坛君神话"存在一定差异。首先，桓雄率领的已经不是"风伯雨师云师"而是"鬼"，降临地点的名称由"神坛树下"变为"神檀树下"；其次，桓雄令孙女饮药成人身，后与檀树神结合生下"檀君"（名称并非坛君），檀君父系、母系变化较大；最后，补充说明了檀君统治的疆域。这一文本中也存在一些待解之处。

　　第一，"孙女"为何人？张哲俊联系李承休所作《帝王韵记进呈引表》"天妹为妃"①，将"孙女"解读为"天神孙女"，由此认为"熊女被赶出檀君神话"。徐大锡认为，神话中并未介绍桓雄儿子却直接提到孙女，这明显有违常理，所以"孙女"应是"熊女"笔误。②参照《汉书·天文志》"织女，天帝孙也"的注释，笔者认为"孙女"应为"织女、天女"之义，桓雄作为天帝之子，命令天上仙女"织女"饮药变为人身与檀树神成婚，具有合理性。李承休曾在《帝王韵记进呈引表》中，以"天妹为妃"指代高丽忠烈王迎娶的元世祖忽必烈女儿忽都鲁揭里迷失公主。《三国遗事》"坛君神话"中坛君的父系为天神桓雄，母系为熊女；而《帝王韵记》"檀君神话"中檀君的父系为檀树神，母系为天女，桓雄仅发挥了促成檀君父母结合的作用。两相对比可见，坛君（檀君）的父系血统发生了改变，同时桓雄的地位和重要性大幅降低。

　　第二，对于"皆檀君之寿也"的理解。学界大多将此句解读为"都是檀君后代"或"与檀君相同时期"，但笔者参照《史记·刺客列传》"严仲子奉黄金百镒，为聂政母寿"中"寿"有以金帛赠人之义，将此处"皆檀君之寿"解释为：因为檀君具有檀树神和天女的神圣血统，而得到了尸罗（新罗）、高礼（高句丽）、南北沃沮（东海岸）、东北扶余（扶余）、濊貊（辽东）等领土。檀君因其父系神圣血统而得到了尸罗、高礼等领土，这一对父系血缘的强调内容，很可能是高丽王朝时期为彰显檀君血统优越性而添加的。

　　第三，关于"坛君"与"檀君"的名称。韩国学者曾两次考察《三国遗事》版本，证实所有版本均记载为"壇（坛）君"，而非"檀君"。学者张哲俊参照韩国现有祭天神坛"堑星坛"与红山文化牛河梁遗址积石冢的形态，推断坛君神话中的神坛应与土地或农业祭祀相

① 李承休：《帝王韵记·帝王韵记进呈引表》，亦乐出版社1999年版，第37页。"恭惟我主上殿下，于周为盛，于汤有光，天妹为妃，夫岂三韩，曾见龙楼成集？实惟百代难闻，万世奇逢，一时钟在。"
② 徐大锡著，刘志峰译：《韩国神话研究》，陕西师范大学出版总社2018年版，第16页。

关①,认为《三国遗事》记载的"坛君神话"反映了神话文本的原貌,而"檀君""檀树"并非正确标记。对于"坛君"与"檀君"的名称变化,笔者认为这一过程有可能反映了神话传承集团中主导信仰发生的巨大变化。古时阿尔泰语系诸民族先民因崇拜树木的生殖神能,妇女在不育时,普遍存在向树祭拜祈祷的习俗。②《三国遗事》"坛君神话"中熊女在神坛树下祈子符合这一习俗。因此,"坛君"之名有可能代表着中原以祭坛祭祀天地的"社稷信仰",而"檀君"之名则代表着东北亚地区带有生殖崇拜色彩的"树神信仰"。从《三国遗事》与《帝王韵记》成书年代相近的情况来看,"坛君"与"檀君"分别存在于不同传承集团主导流传的神话之中,而名称的差异正反映出神话传承集团所具有的不同的天神与树神信仰。

四、"庶子桓雄"成因

从神话的历史属性来看,追溯神话主人公的血缘属性可以成为解答神话传承集团属性的关键。现有"坛君(檀君)神话"研究鲜少关注桓雄的"庶子"身份。庶子即非正室的妾所生之子,自西周确立"嫡长子继承制度"后,所谓"立嫡以长不以贤,立子以贵不以长",庶子被剥夺了王位继承权,仅保留若干财产继承权,即便在没有嫡子的情况下庶子若要继位,还需视其母亲地位尊卑而定。可见,天帝庶子桓雄虽然可以称为天神,但其地位并非绝对的至高无上。

一般而言,坛君(檀君)的天神血统象征着民族起源的神圣性。那么,出于强调始祖高贵血统的目的,即便桓雄确为庶子,也大可将"庶子"略去直接叙述为天帝"长子"或"次子"。并且,《三国遗事》《帝王韵记》所载神话内容差异虽然很大,但在"庶子桓雄"这一点上保持了一致,这无法不令人怀疑"庶子"正是这一神话传承集团刻意对其父系血缘所作的评价。而且,从桓因、桓雄、坛君(檀君)三代名字来看,前两代具有某种统一性,唯独坛君(檀君)之名显得突兀。细读神话可以发现熊女在坛君(檀君)诞生过程中付出的巨大努力,在由熊成人、祈求子嗣的过程中,熊女表现出了超凡的耐力与虔诚的信念,这反映出坛君(檀君)集团对熊女的认可与肯定。反观神话对于桓雄的描述,则是略带贬义的"数意天下,贪求人世"。况且,天神始祖与兽女成婚产下后代,这种结合本身是对天神血统纯粹性的玷污和否定,作为天神后代本应难以接受,除非主导传承这一神话的是熊女

---

① 张哲俊:《坛君神话研究》,北京大学出版社2013年版,第150—155页。
② 那木吉拉:《中国阿尔泰语系诸民族神话比较研究》,学习出版社2010年版,第292页。

部族。可见,"坛君(檀君)神话"意图强调的并非是父系"桓雄",而是母系"熊女"。

再看《帝王韵记》所载"檀君神话",虽然学界认为其可信度不高,但在肯定土著信仰、否定天神信仰方面,其与《三国遗事》"坛君神话"别无二致。在"檀君神话"中,孙女(织女)与檀树神结合生下檀君,檀君的父系为檀树神,母系为织女。神话中并未提及织女的姓名称谓,可见其身份并非高贵,而与之相比父系"檀树神"的地位则得到了凸显。从桓雄天王降太白山顶神檀树下的神话表述中可以看出,檀树神应该具有异于桓雄天神的属性,虽然难以明确其是否为地神或山神,但至少可以将其视为某个区域的神灵。

因此,虽然"坛君神话"肯定了母系熊女的血统,"檀君神话"肯定了父系檀树神的血统,但实际上两个神话都从某种程度上贬低了始祖血缘中天神的作用,使熊女、檀树神等区域信仰之神在诞生始祖过程中承担了主导作用。如果说《三国遗事》"坛君神话"仅仅将天神桓雄贬低为庶子,那么《帝王韵记》"檀君神话"干脆将桓雄从檀君血缘中剔除了出去,取而代之的仅是天界普通的织女。从天神血统被逐渐弱化、区域信仰被逐渐强调的变化中,可以推测"坛君神话"的出现时间应该早于"檀君神话",因为前者保留了祭坛祭祀、农耕文化等天神信仰的更多痕迹。

建国神话是记录民族起源的"历史",对于由多个部族融合而成的民族神话而言,只有确立了神话中己方部族血统的优势,才能确保自己部族在民族发展历史中的正统地位。由此,我们可以对"坛君神话"演变为"檀君神话"的历史过程做出推断:信仰天神并从事农耕生产的"桓雄部族"与崇拜熊图腾与树神的"熊女部族"融合为"坛君族",熊女部族在统一民族发展中逐渐获得主导优势,并在"坛君族"神话中加入了肯定熊女部族和贬低桓雄部族的内容,如为凸显熊女在与天神桓雄结合过程中的对等地位,将桓雄设定为天神庶子,强调坛君是坚忍虔诚的熊女与没落贵族结合的后代。随着坛君族中熊女部族势力的进一步强大,熊女部族进一步将始祖父系设定为本族所信仰的"檀树神",而将桓雄部族信仰的桓雄天王排除在始祖血缘之外,并将天神信仰进一步弱化为始祖母系"孙女(织女)",从而实现了将"坛君神话"到"檀君神话"的转变,奠定了熊女部族在檀君民族形成过程中的主导地位。

当然,在坛君族形成之前,由桓雄统治的"神市"已经建立,这应该是一个外来的、崇拜天神的、以农耕文化为主的部族。作为生产力更为先进的外来部族,桓雄部族征服了信仰熊和虎的土著民族,并进一步与崇拜熊的部族融合,形成了"桓雄族"。只是随着族内外来势力与土著势力的此消彼长,桓雄族最终被坛君族所取代,而在桓雄族衰落的过程中,其所信仰的天神桓雄在神话中被冠以"庶子"之名也就不足为奇了。

五、结　论

综上，无论是《三国遗事》记载的"坛君神话"，还是《帝王韵记》记载的"檀君神话"，都是长久在朝鲜半岛民间流传直至13世纪才被记录下来的宝贵资料，这些资料中包含反映"古朝鲜"这一古国建立、发展的历史信息。神话中记载的"庶子桓雄"此前一直被忽视，《帝王韵记》记载的"檀君神话"因与"坛君神话"差异较大，也并未引起足够重视。本文以这两则神话为线索，结合既有研究成果，认为将天神部族代表"桓雄"贬低为"庶子"，以及在"坛君神话"之后衍生出以"檀树神"作为父系主导的"檀君神话"，这些神话内容变化反映了"古朝鲜"古国政权初期在"桓雄"代表的外来天神信仰部族主导下与"熊女"代表的土著树神信仰部族融合而成，在后来的发展过程中"熊女"部族逐渐占据主导优势并掌握政治权力，"庶子桓雄"与檀树神主导的"檀君神话"正是在这一背景下被"熊女"部族势力修改后而诞生的。由此可以推断，"庶子桓雄"的记述应是"熊女"部族掌握国家权力后对建国神话进行的修改。

参考文献

成璟瑭,2017. 韩国学术界古朝鲜研究的动向述论[J]. 社会科学战线(8):105-109.

马大正,李大龙,耿铁华,等,2003. 古代中国高句丽历史续论[M]. 北京:中国社会科学出版社.

苗威,2006. 檀君神话的文化解析[J]. 东疆学刊(3):26-31.

苗威,2016. 乐浪研究[M]. 北京:高等教育出版社.

那木吉拉,2010. 中国阿尔泰语系诸民族神话比较研究[M]. 北京:学习出版社.

孙卫国,2008. 传说,历史与认同:檀君朝鲜与箕子朝鲜历史之塑造与演变[J]. 复旦大学学报(社会科学版)(5):19-23.

徐大锡,2018. 韩国神话研究[M]. 刘志峰,译. 西安:陕西师范大学出版总社.

徐东日,2003. 朝鲜古典说话:朝鲜民族的文化意识[J]. 中央民族大学学报(哲学社会科学版)(6):98-101.

杨万娟,2010. 檀君神话之我见[J].韩国研究(10):307-335.

叶舒宪,2010. 熊图腾与东北亚史前神话[J]. 北方论丛(6):1-6.

一然,2009. 三国遗事[M]. 陈蒲清,权锡焕,注. 长沙:岳麓书社.

苑利,2003. 朝鲜族熊虎同穴神话源出北方羌族考——兼论中国彝语支民族熊虎图腾崇拜的北来问题[J].民族文学研究(4):68-72.

张琏瑰,1997.檀君与政治[J].中共中央党校学报(3):120-126.

张哲俊,2013.韩国坛君神话研究[M].北京:北京大学出版社.

李弼泳,1994.檀君研究史[M].首尔:首尔大学出版部.

李承休,1999.帝王韵记[M].首尔:亦乐出版社.

李丙焘,1956.三国遗事[M].首尔:东国文化社.

千宽宇,1982.檀君,人物로 본 韓國史[M].首尔:正音文化社.

"填词"和译的滥觞与发展
——以中田勇次郎的『宋代の詞』『詞選』
『歷代名詞選』为中心

杨嘉琛①

(西安外国语大学日本文化经济学院　西安:710128)

摘　要: 中田勇次郎的『宋代の詞』与『詞選』是日本最早尝试填词和译的两部著作,是日本"填词和译之滥觞"。本文围绕中田勇次郎的填词和译著作『宋代の詞』『詞選』『歷代名詞選』,以及相关文献,对其内容、译词风格进行了系统梳理,明确了中田勇次郎在填词和译、词学研究上的贡献,以及其著作的学术价值与文献价值。中田勇次郎的著作在日本率先影响了一批"业余译者"尝试填词和译,他提出的"译词论"对今后的填词和译实践具有借鉴意义。

关键词: 中田勇次郎;『宋代の詞』;『詞選』;『歷代名詞選』;填词和译

一、引　言

"填词"即中国古典文学体裁之"词"。由于"词"与"诗"在日语中的发音同为「し」,为将其区分,日语中常将"词"称为「填詞(てんし)」,或采用中文读音称其为「ツー」(本文遵循日语习惯,以下将"词"称为"填词")。据神田喜一郎(1965:10)考证,填词早在日本平安时代就传入日本,具体来说是弘仁十四年(823年)旧历春二月,嵯峨天皇效仿张志和《渔歌子》填词五阙是为日本人填词之滥觞。

---

① 杨嘉琛,西安外国语大学日语口译专业、福井大学学校教育专业毕业生,翻译硕士、教育学硕士,研究方向为日本汉籍、日本词学。

本文所探究的"和译"是与"汉文训读"相对而言的。笔者认为,一方面,"汉文训读"只是在中国古典文献原文上添加符号以改变其文本顺序,从而直接解读中国古典文献的一种"方法",并不是真正意义上的翻译。而本文所要讨论的"和译",是指将中国古典文献的原文翻译成真正的日语。"汉文训读法"固然具有相当的便利性及有效性,但它的广泛运用反而导致日本长期以来并没有将中国古典文献翻译成日语的习惯。另一方面,"汉文训读法"也阻碍了中国古典文学"和译"的出现和发展。就汉诗来说,历史上虽有柏木如亭(1763—1819)『訳注聯注詩格』、井伏鱒二(1898—1994)『厄除け詩集』等家喻户晓的和译诗集,但这远不及"汉文训读法"普遍。此外,直到填词传入日本1200余年后的昭和初期,才零星出现尝试进行和译的词集、词选,比起汉诗的和译,填词的和译不仅出现甚晚,且和译作品甚少,并未广泛传播。填词在日本的传播与接受程度远不及汉诗,这亦是不争的事实。

基于以上背景,本文拟从"填词和译之滥觞",即中田勇次郎(1905—1998)的两部填词和译著作——『宋代の詞』与『詞選』开始谈起,具体说明其早期填词和译的风格与特点。然后举例论述其总结多年词学研究经验后提出的3种"译词论",以及在『歴代名詞選』中的具体实践。

二、填词在日本

在论述填词和译之前,首先需要明确填词在日本传播与接受的情况,即一直以来填词从未像汉诗、汉文等中国古典文学一样在日本受到青睐。田能村竹田(1777—1835)在其『填詞図譜』中的「填詞國字総論」部分分析了其原因:"原因有三:一、词句之作,有短长、有多少之别,非比诗也;二、作词用韵,须工平仄,稍有差讹,即为笑柄;三、文人学子,真能悉心研究者极少,因此竟付阙如。"[①](田能村竹田,1934)

田能村竹田的『填詞図譜』是日本第一部有关"填词法"的入门书,完稿于1805年。200余年后的今天,填词在日本的传播与接受的情况又是如何?是否有所改观?围绕这一问题,青山宏在其译著『花間集—晩唐・五代の詞のアンソロジー—』中给出了答案:"在我国,提起中国文学,从古至今都备受喜爱的当属汉诗。而填词这一中国古典文学体裁除少部分人以外,几乎无人问津。尽管如此,近年来日本人的目光也逐渐投向了填词

---

① 原文为日文:「蓋シ其縁故三ツアリ、一ツニハ句ニ長短アルト、二ツニハ韻ニ平仄ヲ用ユルト、三ツニハ真ニ風流ヲ好ム人少ナルトニヨル。」载于文化三年(1806年)宛委堂刻本『填詞図譜』卷末。引文为民国二十三年(1934年)上海扫叶堂石印本《填词图谱》卷首所载译文。

这一文学体裁，越来越多的汉诗、汉文选集中有所收录。"（青山宏，2011：3，笔者译）

诚然，近年来中国的填词作品在日本汉诗、汉文选集中选入的数量似有改观，这确实是可喜的事实。但青山宏也指出："填词很可惜，在日本似乎并没有获得属于他的粉丝。这恐怕是因为其形式复杂之故。同样作为韵文学的汉诗，即使在现代的日本，也有一大批人阅读传诵。"（青山宏，2011：408，笔者译）汉诗和填词东传至日本的历史虽然都很悠久，但填词的创作与研究远不及汉诗，这亦是不争的事实。

总结以上两位学者的观点，填词在日本几乎从未受到关注的原因不外乎填词的鉴赏与创作之难度远大于汉诗。与汉诗不同，填词是与音乐紧密关联的文学样式，其东传之时，文字歌辞部分虽传至日本，但与其相配的音乐不易传播，因此当时的日本人难以欣赏到填词的本来风姿，无法体会其魅力。此外，比起汉诗，填词的规则极为复杂，这一点是阻碍其在日本传播与接受的最主要原因。

尽管如此，日本从江户时期到大正初期仍出现了不少尝试创作或研究填词的文人，神田喜一郎的著作『日本における中国文学—日本填詞史話—』，对这一阶段历史进行了详细的考证及论述。此著作以日本词人森川竹磎（1869—1917）去世之年为时间下限，这一时期还只是填词的创作与研究，尚未出现填词的和译。而填词的和译直到昭和初期才出现，中田勇次郎的两本著作——『宋代の詞』与『詞選』拉开了填词和译的帷幕。有关填词和译的历史，截至目前仅有嘉瀬達男（2015）一篇论文论及，除此之外对填词的和译尚无专题研究。

三、填词和译之滥觞——中田勇次郎的『宋代の詞』与『詞選』

萩原正樹（2001）认为，在森川竹磎去世之后，实际上创作填词的日本词人逐渐减少，并且在第二次世界大战前后，日本的文学研究经历了几乎完全停滞的"黑暗时代"，而中田勇次郎的研究在这一"黑暗时代"中如一道曙光，值得关注。1940年，中田勇次郎的『宋代の詞』由弘文堂书房出版。两年后的1942年，中田勇次郎又译注了清代词人张惠言（1761—1802）选编的词集——《词选》，同样以『詞選』为书名，作为"丽泽丛书"系列之二同由弘文堂书房出版，此两部著作首次尝试填词的和译。

以此为开端，率先出现了以花崎采琰、小林健志等为代表的"业余译者"，他们尝试填词和译的时间甚至早于村上哲见、仓石武四郎等日本汉学家。但不论是业余译者还是日本汉学家，他们的填词和译都多少受到中田勇次郎及其两本著作的影响，因而笔者认为此两部著作可被称作"填词和译之滥觞"。

本小节将围绕中田勇次郎的研究业绩,以及这两本著作的形式、内容等展开讨论。

(一)中田勇次郎

中田勇次郎,1905年1月7日出生于日本京都府京都市,是日本著名的汉学家,特别是在填词研究与书法史研究方面颇有成就,毕业于京都帝国大学(现为京都大学)文学部中国语学中国文学专业。在铃木虎雄、青木正儿等教授的指导下,大学在读期间主要进行填词相关的研究。毕业后,历任大谷大学教授,京都市立美术大学(现京都市立艺术大学)教授、名誉教授、校长。除前述『宋代の詞』和『詞選』之外,还著有『歴代名詞選』(集英社,1965年)、『読詞叢考』(創文社,1998年),以及其他多部有关填词和书法的著作及论文。1998年10月23日去世。

此外,中田勇次郎的旧藏书现收藏于日本立命馆大学的"词学文库"。芳村弘道、萩原正树、嘉濑达男三位研究者整理其藏书,于1996年编成『詞学文庫分類目録』,可以一览其藏书之丰富。

(二)『宋代の詞』

『宋代の詞』作为"教养文库"系列的一册,由弘文堂书房于1940年8月出版,该书长180毫米,宽104毫米,共170页,收录北宋词人10家20首、南宋词人7家13首,共计17家词人33首作品。其内容构成上将收录的17家词人分别各设一章,每章由词人小传、原词(付韵点、返点)、和译、解说构成。

书前"凡例"中明示入选词人、词作的标准,即"本书尽可能选取具有代表性的填词作品,但因篇幅有限,故未收录张惠言《词选》中已录之作"(中田勇次郎,1940:2,笔者译)。由此可知,中田勇次郎在选编此部词集之时,已有和译张惠言《词选》的计划,或已着手和译,因而刻意地避免与他的下一部著作『詞選』在内容上有所重复。

『宋代の詞』不仅是一部词集,其解说部分对于词人的流派、风格,词韵,词乐,词谱等词学知识等都有详细的解说,更是一部词学的专业书籍。因此,『日本国内詞学文献目録』未将其归入"译注・总集"一类,而将其归入"总记・总论"。此外,由书后所列「宋词主要書目」可知,中田勇次郎在编写此书之时并没有可参考的日文词学书籍,仅有中文典籍供其参考,可见其中国古典文学功底之深厚,也足以说明此书在日本词学史上的开创价值与意义。

(三)『詞選』

『宋代の詞』出版两年之后,中田勇次郎的另一部著作『詞選』于1942年12月作为"丽泽丛书"系列的第二部出版。该部书规格为四六判,共231页;另据版权页得知,初版发行时仅印行了2000部。"丽泽丛书"系列于1942—1949年的8年间共出版了8部中国古典文学的相关著作或译作。中田勇次郎的『詞選』是唯一一部与填词相关的书籍。

中田勇次郎的『詞選』即清代词人张惠言编选词集《词选》的译注本。和译时所用底本为清道光十年(1830年)张惠言胞弟张琦(1764—1833)于其"宛邻书屋"再刊的重刻版,因此未收录董毅编纂的《续词选》。另外,该书在翻译时省略了原版卷末金应珪的后序及张惠言的小批。其原因是,"惠言的小批主要是探求填词'意内言外'的寓意,这些解释有时过于牵强,果真是填词的本来意思吗?对此我表示怀疑"(中田勇次郎,1942:8,笔者译)。中田勇次郎为保留填词的本来面目,特意删去张惠言的小批不译,以免对读者造成先入为主的影响。

该书由原词(付韵点、返点)、和译、脚注构成,体例与『宋代の詞』大致相同。此外,由于中田勇次郎认为"一直以来填词都有特别注重纪事、词评的倾向,只要是读词就必不可少"(中田勇次郎,1942:8,笔者译)。因此,在著书只是特意设置"解说(主要是词话)""词人小传"两个栏目附于每节之后。

(四)『譯注詞選訂補』

不可否认的是,『詞選』初刊之时确实有不少错误,中田勇次郎当然也意识到了这一问题。『詞選』出版的第二年即1943年2月,当即印行了『譯注詞選訂補』,订正了其中229条或为遗漏,或为误记之处。笔者有幸从福井大学泽崎久和教授处拜读了其原本,这是一册仅有18页的油印本,长220毫米,宽150毫米,最后一页记载有「昭和十八年二月 西京(619)」的字样,可据此推测其印行时间为昭和十八年(1943年)2月。

值得一提的是,泽崎久和教授所藏的『譯注詞選訂補』中还夹有一张B5规格的打印纸,上有标题「中田勇次郎先生 譯注詞選訂補 手訂表」(以下简称「手訂表」),订正了16处由于油印印刷不清而无法清晰辨认的字迹,并且还补充了两处『譯注詞選訂補』中未纠正的错误。据了解,这张「手訂表」是由立命馆大学文学部"词学文库"的相关教师整理印刷,于1999年6月邮寄给日本词学研究者的一份类似于笔记或备忘录的资料。因此在『詞学文庫分類目録』『日本国内詞学文献目録』等相关目录中未见记载。该「手訂表」极为珍贵,作为『詞選』订补工作中的一部分,具有极高的文献价值,不容忽视。

此外，『詞選』刊行的两年后，秋毅（1943：38）在『斯文』杂志上发表书评，在对『詞選』给出了极高评价的同时，又指出 6 处错误或误译之处。日本词学研究者的这种严谨治学的学术氛围，以及他们对待填词这一相对陌生文学体裁的热情，令人备感刮目。

四、中田勇次郎的"译词论"

『宋代の詞』和『詞選』是中田勇次郎首次尝试填词和译的两部著作，这一时期的中田勇次郎还仅仅只是探索，并未形成明确的"译词论"。因此，本文将这一时期称为"探索期"。而在他经过多年词学研究与填词和译实践之后，以 1965 年发表文章「歴代名詞選を訳して」为标志，提出了较为成熟的填词和译理论，即根据填词本身的时代特征和作品风格来制定不同策略的"译词论"，并付诸实践于同年出版的第三部填词和译的著作——『歴代名詞選』。笔者认为这一时期可称为中田勇次郎填词和译的"成熟期"。

本小节以"探索期"的两部著作『宋代の詞』与『詞選』，以及"成熟期"的『歴代名詞選』中的填词和译作品为例，阐述中田勇次郎不同时期的填词和译风格与译词策略。

（一）探索期：『宋代の詞』与『詞選』

首先以温庭筠《菩萨蛮》（小山重叠金明灭）为例，试阐述中田勇次郎在『宋代の詞』『詞選』时期对填词和译的探索。试看中田勇次郎的翻译：

> 小山のよそほひしるく金にかがよひ、鬢のうきぐもしろたへの腮にかから
> ひ、ものうきほどに起きいでて眉をかき、よそほふからに梳る手もたゆし。
> 花のすがたをうちてらすあはせ鏡に、こもごも映る花の面、新しくまとひ
> つけたるぬひぎぬに、むかひあはせの金の鷓鴣。
>
> （《菩萨蛮》（小山重叠金明灭），中田勇次郎，1942：3）

中田勇次郎在『宋代の詞』与『詞選』中大量使用了如「よそほひ」「しるく」「かがよひ」「しろたへの」等古雅的和语词汇来和译填词，并且他十分追求忠于原文，没有擅自添加任何原文中没有的词汇，利用有限的词汇将自己的理解尽可能用日语表达出来，这一尝试难能可贵。

与此同时，这种译法也造成译文略显晦涩，难以理解。虽然每首填词的译文下有脚注，却解释得十分简洁，两部书的所有译文都仅注有三四个注释。这是中田勇次郎有意

而为之,他重视填词的本来面目,因此避免过多的主观解释影响读者对作品的理解。同时他又认为,了解填词的相关纪事和词评是读词的必要环节,因此他在原词与译文之后,用现代日语详细说明了该首填词的创作背景、思想内涵等内容,这一点在前文已有所论述。

(二)成熟期:『歴代名詞選』

如果说中田勇次郎创作『宋代の詞』和『詞選』还仅仅是对填词和译的探索,那么1965年出版的『歴代名詞選』应是他经过多年词学研究、填词和译实践之后的成熟期作品。

中田勇次郎在出版『歴代名詞選』的同年,发表了一篇分析"如何进行填词和译"的文章。他认为:"填词应以日本'和歌'的用语来翻译。可将填词比作日本的'小呗'或'端呗',因其主要是在宴席上以供消遣,但填词的用词典雅更近于'和歌'。唐五代词如《古今集》,宋词如《新古今集》。但豪放派的作品应当用训读调和译为佳,而乐府或民谣系的作品应发挥其乡土气,故用民谣调为佳。类似于俗曲的作品应当用口语译。"(中田勇次郎,1998:680-681,笔者译)①

这是中田勇次郎在总结多年词学研究和译词经验之后提出的"译词论"。总体来说,他认为要根据填词的本身特性来制定不同的译词策略,既要考虑填词作品的时代特征,又要结合填词作品本身的风格,两点综合起来才是填词和译的最好策略。实际上,他在和译编选『歴代名詞選』里就具体实践了3种翻译策略,即"普通的训读文或用与之相近的文体和译的策略""主要使用日语古语和译的策略""用日语口语和译的策略"。(中田勇次郎,1965:11,笔者译)

但若仔细阅读『歴代名詞選』的和译译文会发现,中田勇次郎并不是严格按照这3种策略进行和译的,而是有杂糅几种翻译策略的痕迹存在,下文将分别举例说明。

1. 普通的训读文或用与之相近文体和译的策略

中田勇次郎认为豪放派的填词作品应该用训读调或与之相近的文体来翻译。填词中的豪放派代表当属宋代的苏轼与辛弃疾,二人在韵律方面风格雄浑,又不乏细腻柔媚,且擅用典故。本文拟举中田勇次郎在『歴代名詞選』中和译辛弃疾《永遇乐》(千古江山)及苏轼《念奴娇》(大江东去)的译文为例。

---

① 该文章题为「歴代名詞選を訳して」,初载于『唐詩選下』(集英社,1965)之月报,后收录于中田勇次郎『讀詞叢考』(创文社,1998年)第680—681页。笔者未见前者,本稿引用为后者。

ちとせかはらぬ江山に/英雄のあとかげもなし/孫仲謀がありしところ/歌舞にふけりしたかどの//風流はなべて/雨風に吹きはらはれぬ/草木の夕日にかげる/つねのよのひとのちまたを/寄奴のかつて住みしところと人はいふ/おもひいづそのかみ<u>金戈をかざし鐵馬をはせて/氣は萬里を呑んで虎のごとかりしを</u>。

元嘉のとき 草草として/狼居胥に封ずるの意ありしも/あわただしく北顧をかちえたるのみなりき/四十三年ののち/あまのあたり なほ忘れがたきは/烽火のあがる揚州の路なり/いかでかかへりみるにたへむ/佛狸の祠の下の/一片の神鴉社鼓を/たれにつけてかとはむ/<u>廉頗は老いたれど/なほよく飯するやいなや</u>。

[《永遇乐》(千古江山),中田勇次郎,1965:317]

大江は東のかたに流れつつ/<u>浪は/千古の風流人物を淘ひつくせり</u>/故き壘の西のほとりを/人は/三國周郎の赤壁なりといふ/むらだつ石は雲と崩れ/<u>さかまく濤は岸を拍ち/千堆の雪を捲き起せり</u>/江山は畫のごとし/一時いくばくの豪傑ありしぞ。

はるかにおもひいづ 公瑾はそのかみ/小喬のはじめて嫁せしとき/雄々しきすがたのいさましかりしを/羽扇をとり綸巾をつけて/笑談しつつある間に/敵の船は灰飛びちらし燒けうせしを/故國のかたにわがこころははせゆく/多情の人は わが早くも/華髮の生ぜしを笑ふならむ/<u>人のよは夢のごとし/ひとつきの酒をかたむけて江月に酹がむ</u>。

[《念奴娇》(大江东去),中田勇次郎,1965:225]

以上两首填词和译的译文确实不是标准的"汉文训读文",但也确实随处可见与"汉文训读文"相近的表现方式,特别是两首译文中双下画线的部分,极大地保留了汉语词汇雄浑豪迈的风格和原作者善用典故的特点。

2. 主要使用日语古语和译的策略

中田勇次郎认为"主要使用日语古语和译"的翻译策略适用于乐府或民谣调的填词作品,这些填词作品在和译时要多用日语古语以保留原著的乡土气息。『歴代名詞選』中的多数作品都是用所谓"民谣调"译出的,此处以韦庄《归国遥》(春欲暮)的译文为例。

くれゆく春の/にはもせにちりしく花のいろあかく雨にぬれたり/玉籠のあ
うむの/ひとりゐて 友もなきさびしさ。

南のかたをながむればかれにしみちのいくばくぞ/花にとへど花はかたら
ず/いつの日かともにたづさはるをうべき/とびゆくつばさのなきこそうらめ
しけれ。

[《归国遥》(春欲暮),中田勇次郎,1965:81-82]

虽不是完全的七五调,但中田勇次郎尽量在用和歌的"音数韵律"和译,并且使用了
不少文雅的古语词汇与表达方式,可以算是前两篇《永遇乐》(千古江山)和《念奴娇》(大
江东去)的"训读调"译文,以及后两篇《丑奴儿》(少年不知愁滋味)和《女冠子》(昨夜夜
半)的"口语译"译文之间的过渡性、折中性的翻译策略。

3. 用日语口语和译的策略

中田勇次郎认为,与日本"俗曲"相类似的填词应使用"口语译"的策略。所谓"俗
曲",指的是酒席上的通俗小短曲。此处举辛弃疾《丑奴儿》(少年不识愁滋味)及韦庄《女
冠子》(昨夜夜半)的和译译文为例说明。

わかいとき 哀愁の味など知らなかった/たかどのに上るのがすきだった/
たかどのに上るのがすきで/新しい詞をつくってはむりに哀愁を説いたの
だった。

いまは 哀愁の味を知りつくしている/説こうしてはまた休めるのだ/説こ
うとしてはまた休めて/かえって「さわやかないい秋だな」と。

[《丑奴儿》(少年不识愁滋味),中田勇次郎,1965:307-308]

昨夜よなかに/枕のほとりにありありとあなたのすがたを夢にみて/いくと
きかともにかたりあうた/むかしのままの桃の花のやうなうつくしいかほに
は/柳の葉のやうな眉をしきりにひそめてゐた。

はづかしさうにしたり うれしさうにしたり/かへりかけてはまたあとにこ
ころをひかれてもどってきた/目がさめてみると今のはみな夢とわかり/かな
しくてならない。

[《女冠子》(昨夜夜半),中田勇次郎,1965:91-92]

原词的语言表达近乎口语,通俗易懂、简洁明了,无须多余的注释便可读懂其内容。和译译文也是与其完全相对应的口译翻译,通读一遍便可明晰其意。从目前的和译作品来看,这种"口语译"的翻译策略是最为标准、最为成功的。

如何让填词的和译保留其原本的境界与韵律,中田勇次郎提出了以上3种翻译策略,并且应用在他的著作『歴代名詞選』中。不仅是填词,如何和译其他的中国古典韵文也在不断探索,这是今后可以继续开拓的一个领域。中田勇次郎的"译词论"给今后填词和译,乃至古典韵文和译提供了参考。

五、中田勇次郎填词和译之影响

如前文所述,中田勇次郎的『宋代の詞』和『詞選』可合称为"填词和译之滥觞",他的著作率先影响了一批"业余译者"进行填词和译的尝试。如小林健志紧随其后印行了数十种填词和译的著作,又如花崎采琰将毕生的精力都用在了填词和译之上。这些"业余译者"不仅较早地开始了和译工作,且成果斐然。有关他们的填词和译的成果及贡献,笔者将另拟文探究。

中田勇次郎与这些"业余译者"保持着长年的交游,相关的资料不胜枚举。比如,花崎采琰在自传『墜露のような人生』中回忆其当年主办"东方文艺"社团时,收到了社会各界的投稿,其中就有中田勇次郎的。又如,花崎采琰的著作『新譯漱玉詞』,文前有中田勇次郎的代序。这些资料亟待整理,是研究填词和译,乃至研究填词在日本的传播与接受程度十分珍贵的文献。

中田勇次郎的『宋代の詞』『詞選』及其后的『歴代名詞選』究竟给多少人带来了影响,影响又有多大,目前难以准确描述。但可以肯定的是,中田勇次郎开创了填词和译的先河,他的著作和理论影响了一代甚至几代日本人,对填词和译及填词在日本的传播与接受都起到了积极的推进作用,这一点毋庸置疑。

六、结　语

中田勇次郎的『宋代の詞』『詞選』,不仅拉开了日本填词和译的序幕,而且在其毕生的词学研究及填词和译实践中不断思考,最终提出了根据填词作品时期、风格、内容的不同,分别采用"普通的训读文或用与之相近文体和译的策略""主要使用日语古语和译的策略""用日语口语和译的策略",并付诸实践于『歴代名詞選』中。中田勇次郎的3种翻译策略的"译词论"固然不够完善,但其填词和译的策略并没有受到同为韵文学——汉诗的束缚,提出了适用于填词这一特殊文体的方法,为今后的填词和译实践提供了方向。

此外,在中田勇次郎之后,日本出现了不同职业、不同身份的人尝试填词和译。这足以说明中田勇次郎对填词和译乃至日本词学的贡献。这些人的填词和译究竟受到了中田勇次郎的哪些影响,他们之间的交流又是如何,都是今后值得深入探究的课题。

最后,一直以来填词在日本都未受到重视,这导致许多文献疏于整理,特别是一些"业余译者"的填词和译文献较难获得。因此,目前尚未出现系统性的研究。希望此文能够引起学者们对这些文献的重视,将这些亟待整理的文献收集、保存起来,充分发挥其学术、文献价值,还原填词在日本传播、接受的真正面貌。

参考文献

田能村竹田,1934. 填词图谱[M]. 上海:上海扫叶堂.

青山宏,2011. 花间集—晚唐・五代の詞のアンソロジー—[M]. 東京:平凡社.

嘉瀬達男,2015. 近現代における漢詩和訳について—詩人、詞人、歌人と学者—[J]. 小樽商科大学人文研究(130):256-218.

神田喜一郎,1965. 日本における中国文学Ⅰ—日本填詞史話上—[M]. 東京:二玄社.

神田喜一郎,1966. 日本における中国文学Ⅱ—日本填詞史話下—[M]. 東京:二玄社.

秋穀,1943. 中田勇次郎『詞選』[J]. 斯文(3):38-39.

中田勇次郎,1940. 宋代の詞[M]. 東京:弘文堂書房.

中田勇次郎,1942. 詞選[M]. 東京:弘文堂書房.

中田勇次郎,1965. 歴代名詞選[M]. 東京:集英社.

中田勇次郎,1998. 読詞叢考[M]. 東京:創文社.

萩原正樹,2001. 20世紀における日本の詞論研究[J]. 言語センター広報 Language studies(9):79-83.

花崎采琰,1958. 新訳漱玉詞[M]. 東京:新樹社.

松尾肇子,日本詞曲学会,2020. 日本国内詞学文献目録[EB/OL]. (2020-01-30)[2020-09-18]. http://www.ritsumei.ac.jp/~hagiwara/scyjh.html.

试析电影元素对村上春树小说《且听风吟》
作品风格的影响

韩少林[①]

（西安外国语大学日本文化经济学院　西安：710128）

摘　要：村上春树处女作《且听风吟》自问世以来，其区别于日本传统现实主义文学简洁轻快的作品风格一直备受瞩目。本文从电影角度切入，分析认为该小说上述作品风格的形成主要存在以下两个原因：其一是小说中随处可见的对于电影名称、导演、演员、歌曲等电影元素的引用，这不仅是村上春树自身电影阅历对于小说的自然渗透，同时也是他刻意为之的一种创作策略；其二是电影剪辑手法对小说创作的影响。本文通过分析发现，小说在写作技法层面明显表现出电影蒙太奇手法中"跳跃剪接"的特征，而这与村上春树对法国导演让-吕克·戈达尔电影作品的吸收与借鉴密切相关。

关键词：村上春树；《且听风吟》；电影化写作；蒙太奇；跳跃剪接

一、引　言

1979年6月，村上春树处女作《且听风吟》荣获第二十二届群像新人文学奖，时任评审委员之一的丸谷才一评价这部作品为美国现代小说深刻影响下的产物，是村上勤奋学习库尔特·冯内古特、理查德·布劳提根等美国作家作品风格的结果，而这也正是村上得以突破日本传统现实主义文学[②]桎梏，创造出独特的"日本抒情式的美国小说"的重要原因（『群像』1979年6月号）。诚然，冯内古特等美国现代小说家对村上的影响是不可否认

---

① 韩少林，西安外国语大学日本文化经济学院在读硕士研究生，研究方向为日本文学。

② 以自然主义文学、私小说为代表的提倡客观冷静地观察现实生活，按照生活的本来样式精确细腻地加以描写的文学样式。

的,但小说中大量出现的电影元素,以及创作中对于电影手法的借用同样不容忽视。笔者认为,从村上对于电影这一艺术形式的学习与借鉴中或可找到《且听风吟》独特作品风格的另一种解释。

截至目前,从电影的角度切入探究小说《且听风吟》的作品特征这一课题,在中、日两国均尚未引起足够的重视。其中,日本学者明里千章的力作《村上春树的电影记号学》走在了相关研究领域的前列。该书序章标题即为"作为电影的《且听风吟》"(明里千章,2008:5。中译文为笔者自译,下同),文章开篇便明确指出,村上是在"用小说的方式制作电影。换言之,用文字制作影像。这样说来村上所写的不是小说,而是剧本。但虽然称为剧本,却无意拍摄上映。类似于明治时期流行的不以上演为目的的阅读型戏剧"(明里千章,2008:5)。但明里对此仅局限于理论层面的论述,缺乏结合小说文本的具体分析。此外,值得肯定的是,书中还对包括《且听风吟》在内的截至2008年的村上所有小说中出现的电影作品进行了全面详尽的考察和梳理,这对于村上与电影关系的研究具有十分重要的奠基性意义。此外,导演大森一树在拍摄电影版《且听风吟》8年之后仍记忆犹新地说道:"《且听风吟》本身就是一部为电影而写作的小说。40个小章节看上去很像电影的片段。"(大森一樹,1989:52)此说法与上述明里的分析具有相通之处,即认为该小说在某种程度上类似于一种电影剧本。但笔者认为,相对于作为学术研究者的明里,导演大森此处的表述不免有过于绝对之嫌。因为《且听风吟》断章式结构特点的形成除可能受到电影剧本的影响之外,还与当时村上所处的客观写作环境有关。彼时村上尚在经营爵士乐酒吧,所以每天只能挤深夜的休息时间写作,他曾自述道:"每天工作至很晚,半夜边喝啤酒边趴在厨房的桌子上写作。每天写一点点并划分开,以'今天就写到这里'的心情写作。这也是文章和章节断片化的原因之一。"(村上春树,1990:III)由此可知,大森的上述断言式说法忽略了小说实际创作背景的因素,偏主观性,《且听风吟》未必是一部专为电影而写作的作品;但不可否认,我们仍能从其表述中看出该小说深刻的电影烙印。2006年,四方田犬彦曾在"世界为什么阅读村上春树"国际学术研讨会中指出,香港导演王家卫执导的电影《重庆森林》的人物台词中,随处可见来自《且听风吟》等村上早期作品的深刻影响,"人物的台词,让人强烈地感受到了村上早期的《且听风吟》等作品的影响。年轻单身男子孤独的自白,对24小时便利店商品的青睐,对数字的偏爱与独到的运用,无法实现的爱,以及对于被遗忘的时光的追忆等"(柴田元幸他,2006:171),这在侧面也能够证明《且听风吟》与电影之间难分难解的关系。

中国方面,尚一鸥(2011)引用了上述导演大森的观点,并通过《且听风吟》的电影化提出村上小说的特征之一在于影像记忆在文学世界的移植。王海蓝(2013)利用《且听风吟》中的情节例证了村上作品的文本中多是由人物动作或对话而联想到某部电影,以及小说中有很多人物看电影的场景这两个观点。上述两篇文献中关于《且听风吟》的部分均只是简单提及,缺乏深入全面的论述。

从以往研究情况可以得知,中、日两国学界均已开始认识到村上的这部处女作与电影之间密切的关联。本文拟在前人研究的基础上,重点从小说中存在的电影元素,以及小说创作中对于电影手法的运用两个方面进行考察和分析,以探究《且听风吟》独特作品风格形成的原因。

二、《且听风吟》中的电影元素

村上在小说《且听风吟》中大量引用了各种电影元素,包括电影名称、电影导演、电影演员、电影台词及歌曲等。据笔者统计,在这部篇幅并不算长的作品中,共出现8处电影相关的描写。那么,上述电影元素在小说中具体是如何呈现的?电影元素在村上作品中大量出现的原因何在?

首先,笔者拟从以下3个方面对小说中电影元素的存在特征进行归类说明。

(一)小说人物由某种特定场景联想到某部电影或某位电影演员

例如,小说第4章,"我"回忆与"鼠"初次相遇时的经历。两人喝得烂醉,驾驶着"鼠"的菲亚特汽车以80千米每小时的时速疾驰,最终撞在公园围墙之上,惊醒了熟睡中的猴群。此时书中有这样一段描写:

> 鼠关掉发动机,把仪表板上的香烟塞进衣带,这才慢吞吞地抓住我的手,爬上车顶。我们在菲亚特的顶棚上并肩坐下,仰望开始泛白的天空,不声不响地抽了几支烟。<u>不知为何,我竟想起理查德·伯顿主演的坦克电影</u>[1]。至于鼠在想什么,我自然无从知晓。

(村上春树著,林少华译,2014:14)

根据明里千章(2008)的考察,此处的电影对应1953年在美国上映,并于同年在日本公映的"二战"题材电影《沙漠之鼠》。该电影讲述了1941年,英军麦克·罗伯茨上尉(理查

---

[1] 文中下画线为笔者所注,下同。

德·伯顿饰)率领部队在北非托布鲁克要塞阻击德军的故事,其中坦克相互追逐激战的场面尤其让人印象深刻。在此,"我"由现实生活中的撞车场景联想到电影中坦克相撞的画面,读者借此得以对小说中当时的场面拥有更加直观的认知和把握。此外,电影中从德军口中得来的盟军士兵"沙漠之鼠"的称号,似乎引出了下文"我"这位刚结识的同样名为"鼠"的朋友关于自己名字的介绍:

> "管我叫鼠好了。"他说。
>
> "干吗叫这么个名字?"
>
> "记不得了,很久以前的事。起初给人这么叫,心里是不痛快,现在无所谓。什么都可以习惯嘛。"
>
> (村上春树著,林少华译,2014:15)

此外,小说第26章中,"我"在回忆自己之前的恋人时,对于其照片有这样一段描述:

> 我只存有她的一张照片。背面写有日期,一九六三年八月,即肯尼迪总统被子弹射穿头颅的那年。她坐在一处像是避暑胜地的海岸防波堤上,有点不大自然地微微含笑。<u>头发剪得很短,颇有赛伯格风度</u>(总的来说,那发型使我联想起奥斯威辛集中营),身穿下摆偏长的红方格连衣裙。她看上去带有几分拘泥,却很美,那是一种似乎能够触动对方心中最敏感部分的美。
>
> (村上春树著,林少华译,2014:96)

此处的"赛伯格"指的是美国女演员珍·赛伯格。1957年,17岁的赛伯格凭借电影《圣女贞德》出道,之后在电影《你好,忧愁》中饰演一个被花花公子父亲宠坏的、及时享乐、没有人生目标的巴黎女孩塞西尔。影片中她直贴头皮的短发完全呈现出其如精灵般的面孔与青春,赛伯格凭借此部电影迅速走红,后继续以此形象主演了让-吕克·戈达尔的代表作品《筋疲力尽》,之后中性风的短发形象便成为她的代名词。所以,戈达尔作品的狂热爱好者村上在此由"头发剪得很短"联想到赛伯格也就不足为奇。以"赛伯格风度"形容恋人的短发形象十分具有代表性,极易让读者理解和接受。除此之外,赛伯格在电影中所表现的通常是对人生充满迷茫与困惑、没有人生目标、被社会边缘化的人物形象,而在其中似乎也能找到"我"的这个年纪轻轻便在一处"好不凄凉的杂木林"中上吊自杀的恋人的影子。

（二）小说人物在对话中提及电影导演

《且听风吟》中电影元素存在的另一种形式，即作为小说中人物的对话内容被提及。例如小说第16章中，"我"与"鼠"之间有这样一段对话：

> 我走进杰氏酒吧时，鼠正臂肘支在桌上，苦着脸看亨利·詹姆斯那本电话簿一般厚的长篇小说。
>
> "有趣？"
>
> 鼠从书上抬起脸，摇了摇头。
>
> "不过，我还真看了不少书哩，自从上次跟你聊过以后。你可知道《较之贫瘠的真实我更爱华丽的虚伪》？"
>
> "不知道。"
>
> "罗杰·瓦迪姆，法国的电影导演。"
>
> （村上春树著，林少华译，2014:63）

法国导演罗杰·瓦迪姆以大胆的情爱镜头著称，在20世纪五六十年代开创了卖弄性感和艳俗的先河。1956年，导演处女作《上帝创造女人》大获成功，女主角碧姬·芭铎亦因此作为性感女星的象征而闻名世界。电影《上帝创造女人》讲述了众多男人同时爱恋着女主角并因其行为而饱受内心煎熬的故事，影片最后有这样一句台词——"上帝创造女人，就是为了使男人遭殃"。因此笔者认为，此处"罗杰·瓦迪姆"的出现，暗示着"鼠"同样正在经历感情的困境。通过分析小说的章节内容可以发现，在第16章之后，接连7章未出现任何有关"鼠"的内容，直至第24章，"鼠"才终于出现，但是状态十分反常，"一杯啤酒未沾"，"一口气喝了5杯冰镇占边威士忌"，弹子球让"我"近乎奇迹般6局中赢了2局。最后"鼠"让"我"帮忙替他去见一个女人：

> "有事相求。"鼠开口道。
>
> "什么事？"
>
> "希望你去见个人。"
>
> "……女的？"
>
> 鼠略显犹豫，然后点了点头。
>
> "为什么求我？"

"舍你有谁?"鼠快速说罢,喝下了第六杯威士忌的第一口。"有西装和领带?"

"有,可是……"

"明天两点。"鼠说,"喂,你知道女人到底靠吃什么活着?"

"皮鞋底。"

"哪里会!"

(村上春树著,林少华译,2014:93)

从以上内容中不难看出,"鼠"的确在面临某种男女感情的变故,而对于"罗杰·瓦迪姆"的提及正是一种外在的征兆,并且引文最后"鼠"的"女人到底靠吃什么活着"的发问与上述所言电影《世界创造女人》最后的台词"上帝创造女人,就是为了使男人遭殃"颇有异曲同工之妙。

(三)小说中有很多人物看电影的场景

在小说《且听风吟》中经常会看到有关情侣一同看电影的场景,例如小说第22章最后,"我"回忆起与最初幽会的女孩一同看电影的往事:

感觉上,幽会时间里她似乎一个劲儿地问我是否觉得没意思。我们看了普莱斯利主演的电影。主题歌是这样的:

我和她吵了一架,

所以写封信给她:

是我错了,原谅我吧。

可是信原样返回:

"姓名不详地址差。"

(村上春树著,林少华译,2014:89)

根据明里千章(2008)的考察,上述歌词内容是1962年上映的美国电影 *Girls! Girls! Girls!* 主题歌中的一节。该电影是艾尔维斯·普雷斯利(俗称"猫王")主演的一部音乐电影,故事情节无甚新意,但欢快浪漫的电影风格非常适合热恋中的情侣共同观看。在此,"看电影"这一行为是情侣之间一种重要的培养感情的方式。但是,不仅是恋爱期间的青年男女,小说中结婚后的夫妇也常通过"看电影"充实生活。

每当有萨姆·佩金帕的电影上映,我和妻子便到电影院去,回来的路上在日比谷公园喝两瓶啤酒,给鸽子撒些爆玉米花。萨姆·佩金帕的影片中,我中意的是《惊天动地抢人头》,妻子则说《护航队》最好。佩金帕以外的影片,我喜欢《钻石与灰烬》,她欣赏《修女乔安娜》,生活时间一长,连趣味恐怕都会变得相似。

(村上春树著,林少华译,2014:147-148)

至此,笔者结合文本具体分析了小说《且听风吟》中电影元素的3种表现形式,那么此时自然面对一个疑问:村上为什么要在作品中如此频繁地运用电影元素呢?

柴田元幸他(2006:164)指出:"村上小说作品中所受到的电影的影响,绝不是基于现代主义实验精神的产物,而是一种世代共同体验的表白。"而且正如"在一部电影中导演可以引用很多既成的音乐作品镶嵌在其中。在某种意义上,村上用小说所试图构筑的可能是那种电影记忆的拼贴画"(柴田元幸他,2006:167)。暂且不言与村上同时代的其他人的情况,村上本人的成长经历绝对绕不过"电影"这一关键词。早在还是小学生的时候,由于受到父亲的影响,村上经常在星期日跟随父母一起去电影院看电影。中学时期,放学之后他通常会和朋友或独自一人去神户的各大影院观看两部连映的电影打发时间。之后进入早稻田大学文学部演剧科学习剧本创作,其间对学生运动毫无兴趣的村上整日浸泡在图书馆和电影院没完没了地看书和看电影,其中每年观看的电影多达两百多部,囊中羞涩时便到早稻田大学坪内逍遥演剧博物馆潜心看各种电影剧本。村上大学期间发表在校刊上的文章[1],以及最终的毕业论文[2]均与电影相关,他甚至曾自称为"电影中毒者"(村上春樹,安西水丸,1989:33)。可见,村上在从事写作之前,已经储备了极其厚重的电影阅历,而不难想象,这些电影体验必将会在村上有意或无意之间渗透进其今后的小说创作中,尤其是他初涉文坛的首部作品。

除此之外,明里千章(2008)认为,村上之所以在作品中大量引用电影名称、电影导演等元素,除如四方田所说为了创造一种"电影记忆的拼贴画"之外,也可能是"作为更简单的策略,追求一种生成电影固有名词的蒙太奇效果"(明里千章,2008:10),通过在小说内

---

① 「《論評と感想》「問題はひとつ。コミュニケーションがないんだ!」—68の映画群から」(早稲田大学学生誌『ワセダ』1969年),转引自明里千章『村上春樹の映画記号学』(若草書房、2008年)3ページ。

② 「アメリカ映画における旅の系譜」,转引自王海蓝:《"电影中毒者"村上春树的电影观》,《电影新作》2013年第3期,第71页。

不同位置嵌入"电影"这一存在,以持续调动读者的阅读兴趣,使其获得读完全书的动力,这是村上独特的创作策略,从这个角度亦可以看出村上入世作家的一个侧面。

无论出于何种原因,不可否认的是,《且听风吟》中的电影元素始终是该小说独特风格的有机组成部分。

三、《且听风吟》中的电影手法

在上一节中,笔者主要对小说文本内容层面中所出现的电影元素加以分类梳理,并对村上如此大量引用电影元素的原因进行了探讨。本节将主要聚焦村上的创作方法论与电影之间的关系,并具体结合小说《且听风吟》,分析该小说在创作过程中所体现出的电影蒙太奇手法中"跳跃剪接"的特征。

(一)村上的创作方法论与电影

1981年,日本讲谈社出版了一本文学对谈集《走,不要跑》,村上向村上龙这样描述自己小说的创作方法论:

> 时下既有的小说创作体系已经瓦解了,意识到这一点以后,我将手头的一些碎片收集起来,试图做点什么。[1]

关于"碎片"的所指内容,相对于村上龙的"一幅画",村上接着说道:

> 我打算将它们做成电影。我一直想写剧本,也看了很多剧本和电影。所以我的小说章节频仍的情况居多,而且并不是按照小说的发展顺序写出来的。用电影术语来说,就是将单独拍摄的场景剪接在一起,对内容有所增加以后,再像洗扑克牌一样重新调整顺序,别人都是想好了再做,可是我却做不到。
>
> (村上龍,村上春树,1981)

笔者认为,上述内容触及一个核心问题,即村上电影式的小说创作思维。具体言之,村上在进行小说创作时,摒弃了"按照小说的发展顺序"进行写作的日本传统现实主义小

---

[1] 原文为日文,笔者自译。下文同。

说方法论,转而借鉴电影制作的程序,利用拍摄电影的思维方式构筑其小说世界。首先像拍摄电影的一个个单独场景一般创作出众多独立章节的内容,然后对应电影剪接镜头的方法对小说章节进行整理排序,最终整合成一部小说。这是村上独特的小说方法论,而该方法论的代表性成果即是小说《且听风吟》。

1981年年底前后,村上在同另一位活跃于日本文坛的作家立松和平对谈时进一步谈到电影对于自己的影响:

> 我原本想当一名剧作家,可是因为性格原因很难同别人合作,所以只能放弃。可是我真的很喜欢电影,电影在很多方面影响了我的小说创作,从中我也会使用很多电影表现手法。
>
> （立松和平,村上春樹,1981:166）

笔者认为,村上此处所说的"电影表现手法"主要是指电影的剪辑手法,即"蒙太奇"。"蒙太奇"是法语"montage"的音译,原为建筑学用语,意为构成、装配,后被引入电影中发展成为一种镜头组合的理论,即在电影的制作中,导演按照剧本或影片的主题思想,分别拍成许多镜头,然后再按原定的创作构思,把这些不同的镜头有机地、艺术地组织、剪辑在一起,使之产生连贯、对比、联想、衬托悬念等联系,以及快慢不同的节奏,从而有选择地组成一部反映一定社会生活和思想感情且为广大观众所理解和喜爱的影片,这些构成形式与构成方式,就叫蒙太奇。蒙太奇理论庞杂,手法种类繁多,在此限于篇幅暂不一一展开,具体结合小说《且听风吟》,笔者认为,小说中节奏明快的场景转换,以及与小说主线无关内容的大量插入明显具有"跳跃剪接"的电影手法特征。所谓跳跃剪接,是蒙太奇手法的一种,指无技巧剪接,即打破镜头切换时所遵循的时空和动作连续性,将不同时空的镜头直接剪接在一起的电影剪辑手法。下文笔者将结合文本分析小说中"跳跃剪接"手法的具体表现。

(二)《且听风吟》与跳跃剪接

《且听风吟》共40章内容。各章篇幅长短不一,但总体篇幅短小,至简时仅一句话(第2章),且内容多种多样,歌词(第13章)、手绘图片(第14章)、电台主播的节目(第11、12、37章)等均能构成一个章节,但每章内容均保持独立,互相之间没有交叉,正如前文所述,犹如电影的一个个单独镜头一般。40个小说章节,如同40个电影镜头。

如前所述,小说中"跳跃剪接"手法的运用主要体现在两个方面,分别是节奏明快的场景转换,以及与主线无关内容的大量插入。

第一,节奏明快的场景转换。从第8章和第9章开始,发生在"我"与一位"左手只有四根手指"的女孩之间的小说主线故事逐渐拉开帷幕。第9章的故事背景是"我"在杰氏酒吧厕所偶遇一位醉倒在地的女孩后将其送至家中,并于当晚留宿。场景发生的地点是女孩的房间,开始时间为上午9时将近,结束时间为上午9时10分左右。主要情节是从宿醉中醒来的女孩惊异地发现了旁边"我"的存在,虽然"我"耐心解释了昨晚的经过,她仍然半信半疑满腔怒气。之后"我"开车载女孩去上班,"下车之际,她不声不响地把一张一千元钞票塞进后视镜背后"(村上春树著,林少华译,2014:40)。至此全章结束,该场景落下帷幕。行至紧接着的第10章,文章开头前两句话如下:

> 夜里异常热,简直可以把鸡蛋蒸个半熟。
>
> 我像往常那样用脊背顶开杰氏酒吧沉重的门窗,深深吸了一口空调机凉飕飕的气流。
>
> (村上春树著,林少华译,2014:41)

由此可以得知,此时的时间已经由上一章结束时的"上午9时10分左右"迅速切换到了"夜里",地点也从前述女孩的房间转换至杰氏酒吧。另外,场景内容也发生了变化,第10章不再是关于"左手只有四根手指"的女孩的故事,而是描写了一位"我"在酒吧里注意到的不停重复打电话和上厕所的"30岁模样的女子"。前后相连的两个章节却描写了时间、地点、事件互不相同的两个场景,并且中间没有任何过渡性的说明,即直接跳过了时空变化的过程,这便是"跳跃剪接"电影手法的典型特征。

小说中类似的节奏明快的章节场景转换比比皆是,例如第15—18章4个章节亦是连续的快速场景转换。限于篇幅不再展开分析,现将主要内容简述如下:早晨"我"到"左手只有四根手指"的女孩所在的唱片店买唱片(第15章)→在杰氏酒吧中"我"将唱片作为生日礼物送给"鼠"(第16章)→"我"一连花三天时间去母校调查曾借给"我""沙滩男孩"唱片的女孩的电话号码(第17章)→傍晚时分"我"在家中接到"左手只有四根手指"的女孩的电话,相约当晚8时在杰氏酒吧见面(第18章)。唱片店→杰氏酒吧→"我"的母校→"我"家,地点的快速切换,早晨→一连花三天时间→傍晚,时间的跳跃性转变,以及故事内容的变化,无不证实着小说中"跳跃剪接"手法的存在。

第二,与主线无关内容的大量插入。如前所述,"我"与"鼠",以及与"左手只有四根手指"的女孩的故事可称为小说的故事主线。而除此之外,小说中还插叙了"我"少年时代的失语体验、21岁之前的性体验、恋人的自杀等回忆的内容,以及电台主播的节目和关于虚拟作家哈特费尔德的内容等。尤其是第18章之后的章节,基本呈现出一种主线故事与插叙内容交替出现的情况。为方便论述,笔者以第18—20章的内容为例加以具体解释。

如前所述,第18章的主要内容为"我"在家中接到来自"左手只有四根手指"的女孩的电话,相约当晚8时在杰氏酒吧见面,如果按照传统的小说叙事思维进行推测,下一章节应该是"我"与女孩在酒吧相见的场景,但是紧接着的第19章与此毫不相关,而是插叙了"我"21岁之前曾经交往过的3个女孩的故事,直至第20章,以"她看上去不大舒适似的坐在杰氏酒吧的桌旁,用吸管在冰块融化殆尽的姜汁啤酒里来回搅拌"(村上春树著,林少华译,2014:74)开篇,读者才明白这一章内容才是第18章的后续。可见,插叙内容的存在破坏了小说故事发展的连贯性。

同时,这些插叙内容存在一个共同特征,即均带有某种隐喻或象征意味。比如,第7章讲述"我"幼时失语期间心理医生所说的"文明就是传达",第11章中电台主播在"ON"和"OFF"两种不同状态下判若两人的表现,第23章中第三个同"我"睡觉的女孩称"我"的阴茎为"我存在的理由",第32章中提到的哈特费尔德的短篇小说《火星的井》中"井"的意象,等等。这些似乎都具有极为深刻的含义。关于上述内容,中、日两国均已有相关的深入研究,在此不再赘述。笔者认为,大量插叙内容的存在是对传统小说叙述策略的挑战,同时正是因为这些内容所具有的发人深思的意义,客观上干扰了读者对于小说整体故事脉络的把握,从而更好地破坏了小说故事的连续性,亦打破了小说世界中时空的连续性,使小说呈现出一种"支离破碎"的状态,而这正是"跳跃剪接"手法的运用所带来的直观感受。

综上所述,从节奏明快的场景转换,以及与主线故事无关内容的大量插入两个方面能够分析得出村上在小说中对于"跳跃剪接"这一电影手法的运用。学界相关研究认为,村上对于"跳跃剪接"手法的青睐主要是受到法国导演让-吕克·戈达尔的影响。

让-吕克·戈达尔是法国新浪潮电影①运动的代表人物,其执导的首部长篇电影作品《筋疲力尽》是"跳跃剪接"手法的集大成之作,是法国新浪潮电影的里程碑式作品。村上回忆自己高中时期看电影的经历时曾这样说道:

> 当时的电影院有那种让人悠闲自得的绝佳气氛。一边抽着烟,吃着甜瓜味

---

① 20世纪60年代出现于法国的大胆突破传统电影模式、崇尚个人独创性的电影创作倾向。

的面包,一边欣赏戈达尔的影片……我想当时在神户大街上没有谁像我如此那般地喜欢让－吕克·戈达尔。电影就是那种东西,既不用学习(如何看电影),也不用接受启蒙。

(村上春樹,2006:92)

由此可以看出,村上对于戈达尔的喜爱,甚至是崇拜,所以村上有可能会在无意识中将戈达尔的电影手法运用到自己的小说中。此外,村上从爵士乐酒吧老板转行从事小说创作时是29岁,恰好与未经过任何专业学习直接转型做导演时的戈达尔同岁,人生经历的相同难免会产生一种亲近感。然而更重要的是,戈达尔打破既有概念与价值标准,积极推动电影产业革命的创作方法论,正好满足了村上在当时的日本传统文学模式下试图寻求某种新的文学理念的需求。村上曾经在群像新人文学奖获奖感言中谈到,菲茨杰拉德曾说过的"若想讲述与众不同的故事,则需用与众不同的语言"①是他创作《且听风吟》时唯一借助的东西。笔者认为,此处对于村上来说可称为"与众不同的语言"的创作方法论之一,即戈达尔的电影手法。这也是村上所寻找到的打破日本传统现实主义小说风格束缚,开创全新作品风格,"讲述不同的故事"的重要理论武器。

要而言之,村上的小说创作与电影紧密相关,某种程度上可称为一种电影式的小说创作思维,而其表现之一为《且听风吟》中对于"跳跃剪接"电影手法的运用。

四、结　语

本文以村上的小说《且听风吟》为中心,借用电影这一全新视角,探讨了该作品独特风格来源的其中一种可能性。具体而言,电影元素对该小说风格的影响主要体现在两个方面:其一,电影名称、导演、演员、歌曲等电影元素大量且巧妙地"镶嵌"于小说文本之中,不仅大大增强了文本可读性,而且直接或间接地参与小说主题的建构,推动着故事情节的发展;其二,小说创作层面对于"跳跃剪接"这一电影蒙太奇手法的运用,使小说结构跳脱俗套、突破陈规,给读者耳目一新之感。此外,不仅是电影,音乐同样是村上作品中一个不容忽视的重要元素。音乐中的留白与村上意义开放的文本在某种意义上似乎是相通的。笔者拟将此作为今后的研究课题,留待将来做进一步的探讨。

---

① 笔者译,原文为「他人と違う何かを語りたければ、他人と違う言葉で語れ」,『群像』1979年6月号。

参考文献

村上春树,2014. 且听风吟[M]. 林少华,译. 上海:上海译文出版社.

尚一鸥,2011. 村上春树小说的电影空间[J]. 东北师大学报(哲学社会科学版)(2): 115-119.

王海蓝,2013. "电影中毒者"村上春树的电影观[J]. 电影新作(3):63-71.

明里千章,2008. 村上春樹の映画記号学[M]. 東京:若草書房.

大森一樹,1989. 完成した小説・これから完成する映画[J]. ユリイカ(8):52-55.

柴田元幸,沼野充義,藤井省三,他,2006. 世界は村上春樹をどう読むか[M]. 東京:文藝春秋.

立松和平,村上春樹,1981. 作者対談:映画ってなんだ!?『遠雷』立松和平vs『風の歌を聴け』村上春樹[J]. 平凡パンチ(42):27-29.

村上春樹,1990. 村上春樹全作品1979〜1989[M]. 東京:講談社.

村上春樹,2006. これだけは、村上さんに言っておこう[M]. 東京:朝日新聞社.

村上春樹,川本三郎,1985.「物語」のための冒険(村上春樹〈特集〉)[J]. 文学界(8): 34-86.

村上春樹,安西水丸,1989. 村上朝日堂の逆襲[M]. 東京:新潮社.

村上龍,村上春樹,1981. ウォーク・ドント・ラン―村上龍vs村上春樹―[M]. 東京:講談社.

浅析吉本芭娜娜作品中的自由和死亡主题

——以存在主义理论为中心

汤樱琪①

（西安外国语大学日本文化经济学院　西安:710128）

摘　要:日本当代女作家吉本芭娜娜的很多作品都反映了现代人对"自我"与"自由"的追求,从"自我迷失"到"自我重建"的过程,以及对"死亡"的另一种态度。结合萨特存在主义中的"自由选择"和海德格尔的"向死而生"来分别探讨吉本芭娜娜作品中的"自由与自我"和"死亡"主题,对明晰吉本芭娜娜作为日本现代女作家对"自由与自我"的理解,以及解读其生死观具有重要意义。同时,透过吉本芭娜娜不同作品中个性鲜明的主人公,可以看到吉本芭娜娜本人对自身存在和价值的思考与存在主义哲学具有相似的生存理念和思考路径。

关键词:吉本芭娜娜;存在主义;"向死而生";死亡与自由

一、引　言

　　吉本芭娜娜作为与村上春树齐名的日本当代女作家,被日本学界称为"当代文学天后"。1987年,芭娜娜的成名作《厨房》问世,并先后获得第六届"海燕"新人文学奖和第十六届泉镜花文学奖。主要作品有《哀愁的预感》《白河夜船》《泡沫》《鸫》《不伦与南美》等。芭娜娜的作品不仅深受日本文坛的好评,随着许多作品被翻译成各国语言,也在不断走向世界。

　　芭娜娜的作品中讲述了日常生活中各种各样的"死亡",但是没有给人留下太多阴郁

---

① 汤樱琪,西安外国语大学日本文化经济学院在读硕士研究生,研究方向为日本文学。

沉重之感,反而有着一种治愈、带着生的希望,这是芭娜娜创作中的独到之处。同时,芭娜娜也鼓励新时代女性在有限的人生中追求自由与自我,实现更多的自我价值,给予在高速发展、错综复杂的社会中陷入迷茫、变得消极的年轻人慰藉和鼓励。在阅读与研究芭娜娜作品的过程中,借助萨特存在主义中的"自由选择"与海德格尔的"向死而生"来研究芭娜娜的作品,了解芭娜娜对于"自由与自我"的理解,以及其生死观,研究其创作中的某些倾向,看看这位正在走向世界的日本女作家创作中所具有的"芭娜娜特质"等,这些都可以成为了解芭娜娜文学世界、走近芭娜娜的一条路径。

二、从萨特的"自由选择"看芭娜娜作品的"自由与自我"

(一)萨特存在主义"存在先于本质"的含义

存在主义哲学作为一种非理性主义思潮,它着重强调以人为中心,集中体现出人的独立的重要性,推崇人的个性与自由发展。存在主义是欧洲大陆哲学中不可或缺的重要组成部分,特别是在"二战"后,存在主义给了战后的人们以精神寄托,也发展到了顶峰。萨特作为法国20世纪哲学家、文学家之一,是存在主义的集大成者,他向人们解释存在主义的本质,而"存在先于本质"是萨特存在主义的根本原理。

萨特认为,"存在"是脱离了本质的主观存在,而"本质"是人本身的特征,是人性的总和。这里的"存在"并不是在哲学基本问题中所涉及的"存在",而是一种对于人的独立自主的定义。也就是说,萨特存在主义"存在先于本质"这个概念其实只适用于人类,即人作为主观存在,对自己的性质、未来发展等都是由自己决定的,是自己的选择、自己的行动所创造的,并非上帝所赐予的。

这里萨特又将"存在"一分为二,称为"自在的存在"与"自为的存在"。"自在的存在"是人与事物未知的本质和根源,它可以永恒存在,但具有偶然性;"自为的存在"则是人的主观意识,是一种"真正的存在"。按照萨特"存在先于本质"的根本原理来看,"自在"是先于"自为"的,"自为"赋予"自在"存在价值与存在意义,因为如果没有"自我"与"意识",那么任何"自在"都会沦为抽象,没有任何实际价值;但是没有"自在","自为"也会变得毫无意义。"自在"与"自为"是相互对立但在某种程度上又能得到统一的。

(二)萨特存在主义中的"自由"理论

萨特作为一名无神论者,他驳斥所谓的"宿命论",向人们说明了人的一生是人自己的选择和行动的结果,并且提出了他的理论中很重要的组成部分,即"选择的自由"。萨特认为,人作为独立存在的个体,必须是自由的,自由必须同人的存在一起统一于人自身之中。不同的个体所处的环境不同,面对不同的事情会有不同的选择,这个"做出选择"便是自由的体现。

萨特在其论文《存在主义是一种人道主义》中讲道:"人无论在任何情况下,都必须自己做出选择,尽管在一些情况下,人们所做出的选择会受到其他因素的影响,但是人是无法代替他人做选择的。"(让-保罗·萨特,1988:2)萨特存在主义的自由选择,无论是在"二战"后的当时还是现在,都起到了鼓舞人心、鼓励人们做出选择、积极面对人生的正面作用。在鼓励人们自由选择的同时,萨特也强调了人要对自己的选择和产生的后果负责,也就是自由选择的基础其实还有责任。人除了要对自己负责,还要对他人和社会负责,因为人在做出决定的时候其实就已经决定要承担相应的责任了。由此可见,我们可以理解萨特的"绝对自由"其实是一种肩负责任的自由,是人的主观意识,它的重点在于人作为独立个体可以拥有自由选择的权利,自由地发挥,去创造无限的可能。

(三)芭娜娜作品中的"自由"与"自我"

芭娜娜的许多作品中,都出现了主人公(通常是女性)对"自由与自我"的追求,她们对自我的追求通常体现在依据自己的个性做出自己想要的选择,通过选择各种新的方式去证明自我的价值;同时在对"自我"这个概念进行探讨的时候,一般故事设定的场景是主人公在面对失败挫折时,陷入对自我的否定与迷茫中,最终在他人帮助和自我斗争抉择中实现了自我治愈和成长,同时也或多或少地实现了对自由的追求。

芭娜娜笔下的女性大多都是积极正面的,或者说是在错综复杂的社会背景下,经历挫折并最终成功"自救",努力向上蓬勃生长的积极形象。其中不乏积极抉择,尝试用新的方式去证明自己的价值,实现自我的女性。

《厨房》中的美影流连于厨房,并在后来实现了自己的厨师梦。在当时甚至是在现在的日本社会,男性在职场是占领上风的,很多职业厨师都是男性,而女性流连于厨房更多是为了消遣时光,或者是想成为一名称职的全职太太。但是美影不同,书中有一段描写了美影去上烹饪课时的心理活动:"但当我看到那些来班上学习烹调的女人们时,我才恍然大悟,我与她们在学习态度上存在着本质的不同。"(吉本芭娜娜,2014a:174)由此可见,美影对待烹饪,其实是将其作为自己的专业,有着专业的职业态度。她选择成为一名厨师,选择像她的烹饪老师一样去拥有属于自己的事业,而不是仅仅将烹饪作为为丈夫、孩子奉上可口晚饭的手段。厨房不仅仅是她自我疗愈的场所,更是她追求自我、实现自我价值的场所。美影是自由的,她做出了选择,选择了更好地证明自我价值,最终也如愿以偿成为一名职业厨师。

《哀愁的预感》中的雪野也是自由的,她是一位随性可爱的音乐教师,一人独居的她家里随处散落着各种东西,不需要收拾。在面对学生正彦的追求时她不顾他人的眼光与正彦相恋,恋爱期间的雪野依旧随性可爱,保持着自我。正彦在与弥生谈到与雪野的相处时有这样一段描写:

> "太了不起了,阿姨从来不做菜吧?"我说。
>
> "是啊,从来不做呢。"他笑着,"她这个人连开罐头都不太会呢。"正彦回想往事,笑着说道:"我在做饭的时候,常常让她帮我一下。她罐头不会开,皮不会削,还要怄气,看着她那副模样,真有趣啊……"
>
> (吉本芭娜娜,2014c:121)

从正彦的描述中我们可以看到一个随性可爱、有些小脾气、不会因为谈恋爱而改变个性的雪野。

后来,雪野与正彦的感情出现问题,雪野主动提出分手并离开,同时隐瞒了自己怀孕的事实,冷静思考后放弃了与正彦爱情的结晶。此时的雪野依旧是自由的,她冷静理智,知道还是学生的正彦无法成为一个称职的父亲,更无法肩负起家庭的责任,也不想耽误正彦的前程,于是雪野选择了放弃。无论从哪种角度看,雪野都不是传统意义上温柔体贴、依附于男性的女性,她是属于她自己的,是自由的,是随性的。

由此可见,无论是有着坚定事业心,选择以新的方式证明自己人生价值的美影,还是随性自由、不被约束的雪野,都是在追寻自我道路上勇于做出抉择的人,是"自由"与"自我"的代表。我们也可以窥探到芭娜娜对于"自由"的定义与对人生的独特理解,其实与萨特存在主义中的"自由选择"是有不谋而合的地方的;同时也显示出芭娜娜对不同环境背景中的女性在面对事业、亲情、爱情等问题时所处处境的关照,她进一步鼓励了新时代的女性应该主动积极地创造属于自己的人生,要有强大的内心。

三、芭娜娜的生死观与海德格尔的"向死而生"

芭娜娜的许多作品都探讨了"死亡"主题,可以说集中且多元地涉及了作为普通人的主人公日常中的各种生离死别,并通过描写死亡对主人公所造成的影响,向读者展示了芭娜娜自身对死亡的理解,这在一定程度上对当时的日本年轻人摆脱心灵与精神层面的困惑和迷茫产生了积极作用。笔者将芭娜娜作品中的"死亡"主题归结为两点:一个是从死亡来窥探生命的希望与情感;另一个是探讨人在面对死亡,抑或是在走向死亡的过程中,那种不屈不挠、积极向上的生命哲学。这与海德格尔对死亡的理解或许也有着异曲同工之妙。

(一)海德格尔与"向死而生"

德国哲学家马丁·海德格尔作为20世纪存在主义哲学创始人和主要代表之一,他在论著《存在与时间》中提出了自己的死亡哲学——"向死而生",或者译为"向死而在"。这里笔者理解为是把"存在"与"死亡"联系起来,是一个包含过去、现在、未来直至死亡到来的一整个过程,更是一种状态,而不是一个瞬间。

海德格尔认为,人的一生,就是一个在走向死亡的过程,"死"是人所无法逃避的,也是无法交由他人代替的。海德格尔在《存在与时间》中说道:"死是人之最本己的,无所关联的,确知而不确定的,超不过的可能性。"这句话笔者理解为是海德格尔"死亡观"的体现,是海德格尔对"死与生"的思考。海德格尔告诉人们,死亡是超不过的人之大限,不是为了让人们提前地选择死亡,而是想让人们明白,正因为死亡是无法避免的,所以才要提前决断,做出选择,才能更好地生存,或者可以理解为"置之死地而后生"。把死亡视为一种可能性,在走向这个可能性的时候,就应该提前筹划好自己的人生,而不是到了死亡到来的瞬间,才觉得自己的人生过得没有意义、不值得。

很多人都习惯性地回避与死相关的问题,只知道"人固有一死",却没有想过很多人其实"从未活过"。社会环境和各种条件制约,使得人们的生活不是那么幸福美好,并且出于对死亡的恐惧与逃避,人们会进入一种"非本真"的状态;但是如果能清楚地认识到时间之于人、死之于人的意义,能够在时间长河之中与他人、社会形成一种共在,并清醒认真地规划自己的人生,做出选择,那么就会进入"本真状态",这是最好的状态。而海德格尔或许就是想告诉人们这一点。不知死,焉知生?连"死"都弄不明白,那么就更"活"不明白了吧。理解自己的存在状态,决定自己的立场与本质,真切地了解到了"死",那么就要更好地把握当下,更好地证明自己活着。

(二)芭娜娜《白河夜船》中的"精神死亡与觉醒"

海德格尔的"向死而生"告诉人们要认识自己的存在状态,面对时间、命运,抑或死亡,将自己"抛出",通过本真去选择自己的未来。而当我们做出选择时,也就可以说是领悟真实的"此在",也直面了真实的世界,得到了重生。

《白河夜船》中的寺子,在与有妇之夫岩永成为恋人之后,陷入了对自我的谴责和与恋人分开又不舍的矛盾之中,加上好友诗织自杀的打击,寺子进入了长时间半睡半醒的状态之中,只要一睡着,就什么声音都听不见。这是她的"超能力",也是她用来逃避现实的避风港。寺子的嗜睡如命,我们可以将其理解为是对"死亡"的一种象征,是寺子精神层面的"死亡"。此时的寺子是迷惘的,她的精神陷入痛苦,并且是处于一种被生活现实压迫失去本真的状态,"原本健康活泼又年轻的那个她不见了,取而代之的是一个眼神空洞、逃避现实的她"。

芭娜娜最后让寺子成功实现了从"精神死亡"到"精神觉醒":寺子在梦中见到了一个高中生模样的女生,她认定那就是岩永的妻子,即使寺子从未见过她。从梦中醒来的寺子在与困乏状态斗争之后,重获新生,"体内有一种蓬勃向上的精神重新被激活了",不再仿佛冬眠般嗜睡如命的寺子抗争成功,置之死地而后生般的重新获得精神上的"觉醒",这是寺子做出决断与选择后的结果,也是芭娜娜想要表达的她对"死"与"生"在精神层面的相互转换的可能性的理解,死亡的表象背面是救赎与重生。寺子明明知道自己辞去工作与有妇之夫在一起的结局,人们也知道自己的一生最后的终点是死亡,但是就因为知道终点是什么,所以才要更好地生活下去。这种从精神上的"暂时死亡"到"精神觉醒"的过程,从一定程度上可以说就是一种"向死而生",并且寺子能够从中获得重新生活下去的勇气。所以逃避现实的寺子选择了直面现实,哪怕一直纠结于与有妇之夫的恋情,哪怕一直处于诗织自杀的阴霾之下,但是看着满天的烟花也是满心欢喜地释然了。

(三)芭娜娜其他作品中的"生与死"

在芭娜娜的许多作品中,都可以看到关于"死亡"主题的描写。例句,《厨房》中美影的奶奶去世了,让美影陷入真切的悲伤之中;《白河夜船》中拥有陷入沉睡的"超能力",却其实是披着嗜睡外衣,实则为"精神死亡"的寺子;《哀愁的预感》中早就失去双亲的弥生丢失与此相关的记忆,直到与亲生姐姐一起打开尘封的过去之后才获得"重生"。我们可以看到,虽然故事中都有对"死亡"主题的描述与探讨,但芭娜娜从没有将"生"与"死"对立起来,而是将"死"作为"生"的另一面来思考,或者可以直接理解为就是通过对"死亡"主题的描写来对"生"进行思考。作品中往往都是采取"置之死地而后生"的超现实主义的手法来展现主人公从"死"中真切地感受到痛苦与迷惘,产生思考,从而收获成长,获得新生。

芭娜娜将"死亡"这个主题描写得隐晦,寂寞哀伤,却不会给人以阴郁恐怖的感觉,反而让人觉得隐隐的有一股力量在推动主人公更好地生活,更努力地成长。

不仅仅是《白河夜船》中的寺子从半睡半醒的状态中觉醒,"活"了过来,像《厨房》中的美影,在失去了唯一的亲人外婆之后陷入悲痛,为了寻求慰藉,暂时逃避伤痛,她流连于有着"家"的象征意义的厨房,并在其中实现了对"生"的思考,成功地从绝望处境中走向独立,变得坚强,也实现了自我治愈与成长。可以说,美影在看到了死亡并真切感受到痛苦之后,做出了"生"的选择,选择了更好地把握当下,选择了让自己更好地生存下去。

同时像《哀愁的预感》中的弥生,丢失了一段失去双亲的记忆,一直将自己的亲姐姐当作阿姨,过着与其他家庭相差不多的幸福生活。日子一天天过去,但是弥生总是感觉自己有一段尘封的过往,并且仿佛有一股神秘力量在推动着自己去亲近阿姨雪野(其实是亲姐姐)。中间雪野因不堪回首痛苦的过往而离开,弥生去寻找雪野想帮她走出阴霾,同时也想解开自己心底的疑惑,最终两人在双亲遇难的现场相遇,弥生知晓了自己的身世,姐姐雪野也走出阴霾,两人一起完成了对父母的悼念。整个故事可以说是笼罩在过往记忆或者说是死亡的阴霾之下,但是芭娜娜巧妙地将重点放在了两个女主人公在接受死亡洗礼之后的重生,她们一开始的痛苦与迷惘,与最后姐妹俩敞开心扉,感受到心灵的复苏形成对比,却不尖锐,可以说是将生与死融合在一起,主人公的一切经历都是对"生的思考",死亡与苦难的表象后面是重生与救赎,是为了主人公最终获得更加真实的人生。

由此可见,芭娜娜作品中的"生"与"死"并非对立,相反,它们有着不同的象征意义,无论是身体还是精神层面的"死亡",都带着蓬勃的"生"的希望。所谓"死"的实质,无论是失去亲人后饱尝痛苦的精神崩塌、陷入伦理道德谴责与试图逃避现实,还是打开过去记忆的痛苦,到了故事的最后,主人公都选择了本真,选择了更好地生活下去。这种向死而生、不再恐惧、治愈蓬勃的力量正是芭娜娜想要传达给读者的东西,或者可以理解为就是芭娜娜的生死观。

四、结 语

20世纪80—90年代,日本已经成为亚洲首屈一指的发达国家,社会生产和社会购买力同步达到了繁荣。在这个时代,许多日本人认为自己已经属于中产阶级,人们获得了商品价值,但同时也陷入迷惘,丧失了人的精神与生存价值。在此背景下,重视与读者建立情绪共鸣、努力实现作家对社会的作用与责任的芭娜娜,在她的创作中,没有大起大落的情节,反而是用朴素日常的语言和第一人称的叙事角度,向读者讲述自己的生活经历和人生感悟。她重视文学作品的通俗性,以便与各个阶层的读者形成共鸣;同时又不愿放弃自己的文学审美,她常用虚构的故事来反映现实世界,也善于用超现实的手法来表达自己对"自由与自我""生与死"等问题的思考与独特见解。在芭娜娜作品中,"治愈与成长""生与死"是恒常的主题,她力求在现实与虚构、迷惘与觉醒、生与死中找到平衡,从而达到一种柔和与治愈,笔者认为这可以说就是芭娜娜文学创作中的一种"特质"。同时,芭娜娜笔下主人公的那种自我的积极尝试,自由大胆做出选择,勇于直面死亡又能"向死而在"的精神与存在主义哲学有着相似的生存理念和思考路径,透过不同作品中个性鲜明的主人公,也可以看到芭娜娜本人对自身存在与价值的思考。

参考文献

陈睿琦,2018. 海德格尔《存在与时间》中的存在主义观点[J]. 智库时代(25):257-258.

吉本芭娜娜,2014a. 厨房[M]. 李萍,译. 上海:上海译文出版社.

吉本芭娜娜,2014b. 满月[M]. 李萍,译. 上海:上海译文出版社.

吉本芭娜娜,2014c. 哀愁的预感[M]. 李重民,译. 上海:上海译文出版社.

吉本芭娜娜,2014d. 白河夜船[M]. 徐静波,译. 上海:上海译文出版社.

马丁·海德格尔,2006. 存在与时间[M]. 陈嘉映,王庆节,译. 上海:生活·读书·新知三联书店.

让-保罗·萨特,1988. 存在主义是一种人道主义[M]. 汤永宽,周煦良,译. 上海:上海译文出版社.

索菲亚·范,2018. 关于吉本芭娜娜不同文学作品中的"死亡"主题[D]. 上海:上海外国语大学.

邢洁,2015. 中日文学作品中的死亡主题——以迟子建和吉本芭娜娜的小说比较为中心[D]. 宁波:宁波大学.

赵子晗,2020. 浅析萨特存在主义中的存在与自由[J]. 现代交际(6):230-232.

竹田青嗣,1987. 現代思想の冒険[M]. 東京:毎日新聞社.

趙会軍,2006. 吉本ばななが描いた「死」について[J]. 櫻美林世界文学(2):66-73.

正方智子,2007. 生きられる心象風景—吉本ばなな『キッチン』『満月』における関係の様態—[J]. 文芸研究(126):267-282.

沈从文《神巫之爱》与金东里《巫女图》比较研究

[韩]孙麟淑①

(大连外国语大学韩国语学院　大连:116044)

摘　要:沈从文和金东里是中、韩现代文学史上有影响力的作家,他们活动在相同时代,都深受巫俗文化的影响,他们的作品《神巫之爱》与《巫女图》存在相似之处。本文从文化源头入手,探讨两人各自成长的文化环境及其对两人创作理念、目的、风格等的影响。通过分析,明确了两部作品在主题的确立、人物形象的塑造、素材道具运用方面的相似之处,证明相同的文化根基培养了两人的世界观和文学理想。

关键词:原始信仰;萨满;巫傩;《神巫之爱》;《巫女图》

一、引　言

沈从文(1902—1988)和金东里(1913—1995)是中、韩现代文学史上有影响力的作家,他们生前无直接交集,也无资料证明彼此在文学创作上的相互影响。然而,通过研究发现,两人在作品主题的确立、人物形象的塑造、素材道具的运用等方面呈现出很多相似之处,有的作品如《神巫之爱》与《巫女图》,简直像一对有血缘关系的孪生兄弟。本文从文化源头入手,探讨两人各自成长的文化环境及其对创作理念、目的、风格等的影响,以期对东亚巫俗文化的源流与交融的研究提供一定的帮助。

---

① 孙麟淑,韩国江原道人,博士,大连外国语大学韩国语学院外教,研究方向为中国现当代文学、中韩文学比较研究。

二、恋地情结生发的作品主题

恋地情结是美籍华人学者段义孚提出的概念,指对身处环境的情感依附,即一个人在精神、情绪和认知上维系于某地的纽带。段义孚指出,我们常用恋地情结来表达人与场所和背景之间的情感纽带,即场所之爱。它根据我们的具体经验,当发生与场所和环境相关的特别事件时,或者象征性感知时,会做出特别的反应。

曾大兴也指出:"我们从小所受到的对本土文化的影响是一个人最基本的人生观、价值观,并且它决定着文化的心理结构和基本的文化态度,构成它的文学的根与主干,也就是构成它的'本色'。他乡文化只是使他的文学更加丰富的次要因素。"(李窗益,2006:532)而本土文化的影响对于一个文学家来说是非常重要的,其原因是幼年和青少年时期在故乡受到的影响会像影子一样伴随他,左右他的整个人生。

(一)巫傩文化环境与沈从文

巫傩文化是一种远古的原始文化,发源于中国南方多地,辐射日本、朝鲜半岛、越南,湘西是重要的发源地之一。屈原在《楚辞》中写道,他在被流放沅湘时,在接触巫傩文化之后,创作了《九歌》《山鬼》等。在《汉书·地理志》中,记载有"楚人信巫鬼,重淫祀"[①];《后汉书·宋均传》记载有楚地"其俗少学者而信巫鬼";在《尚书·伊训》中,记载有楚地"敢有恒舞于宫,酣歌于室,时谓巫风"[②]。而后世《楚辞》的注释者们也都涉及了这一点。如《旧唐书·刘禹锡传》中说:"蛮俗好巫,每淫词鼓舞,必歌俚辞。"[③]朱熹在《楚辞集注》(卷二)中写道:"昔楚南鄙之邑,沅湘之间,其俗信鬼而好祀。其祀必使巫觋作乐,歌舞以娱神。"[④]

傩是一种中国本土的原始宗教、民间宗教。远古时期的先民为了在严酷的环境中生存繁衍,需要一种超越自身的"意识形态",即宗教观念作为精神寄托并规范、指导自己的思想言行。"傩"指人避其难,其意为"惊驱疫厉之鬼"。"巫,祝也,女能事无形,以舞降神者也。""能肃事神明者,在男曰觋,在女曰巫。"[⑤]以上解释说明巫(女)和觋(男)都是专职巫师,通过表演达到祈福免灾的目的。傩源于巫,先巫后傩,傩先在宫廷出现,后走向民间。

① 褚连波:《湘西文化与沈从文的小说创作》,东北师范大学博士学位论文,2010年,第25页。
② 卜祥伟:《汉晋时期民间信仰与道教关系之研究》,华中师范大学博士学位论文,2014年,第47页。
③ 沈从文:《我所生长的地方》,《沈从文全集13》,北岳文艺出版社2002年版,第123页。
④ 熊怡:《神秘幽远的西阳古歌》,《今日重庆》2011年第7期,第77页。
⑤ 马书田:《超凡世界:中国寺庙200神》,中国文史出版社1998年版,第115页。

巫傩文化具有悠久的历史,虽因汉朝时期的"巫蛊之乱",巫傩文化被排挤到远离中心的边缘地带,但由于远离统治者,中原的正统思想和其他宗教基本没有在这些地方居于主导地位。湘西在历史上属于楚国南部地区,位于雪峰山脉以西,武陵山脉以南,环境荒僻,交通不便,信息闭塞,文化保守,这给巫傩文化的发展提供了有利的条件,使得古老的巫傩文化不仅得以保留,还逐渐成为该地区的主流文化。

再者,湘西少数民族崇尚祖先,信仰并且惧怕鬼神;他们热爱家乡,辛勤劳作,有很强的生命意识和坚韧精神,能与自然和谐相处;他们质朴、单纯、互不欺骗,体现出集体无意识;他们对理想社会的渴望就是实现人与自然的和谐统一,所重视的不是实现人类社会的价值,而是实现个人价值。

沈从文1902年出生于湖南凤凰县,那里是苗族、瑶族、峒族、土家族等少数民族与汉族杂居之地。沈从文的祖父是汉族,祖母是苗族,母亲是土家族,沈从文身上流着苗、汉、土家族的血液,对少数民族身份与文化有着强烈的认同感。1931年,他在《龙朱》的序文里写道:"这一点文章,作在我生日,送与那供给我生命,父亲的妈,与祖父的妈,以及其同族中仅存的人一点薄礼。血管里流着你们民族健康的血液的我,二十七年的生命,有一半为都市生活所吞噬,在道德下所变成虚伪庸懦的大毒,所有值得称为高贵的性格……你们给我的诚实,勇敢,热情,血质的遗传,到如今,向前证实的特性机能已荡然无余,生的光荣早随你们已死去了。"[①]湘西的文化深刻地影响了他的性格与创作,丰富的经历为他文学创作提供了丰厚的源泉。

(二)萨满文化环境与金东里

萨满教是在原始信仰基础上发展起来的一种民间宗教,产生于原始母系氏族社会渔猎时代。一般认为,萨满教曾经流布于北欧、北亚、北美广大地区,也是中国古代北方民族普遍信仰的一种原始宗教。中国最早有关萨满教的记载是12世纪中叶南宋徐梦莘所撰的《三朝北盟会编》,其中说:"兀室奸滑而有才,自制女真法律、文字,成其一国,国人号为'珊蛮'。'珊蛮'者,女真语巫妪也。以其通变如神,粘罕以下皆莫能及,大抵数人皆黠虏。"[②]"珊蛮"即女真语的巫师。后来,虽然佛教或伊斯兰教成为主流宗教,中国北方民族仍然保存着萨满文化。及至近代,中国北方民族如满族、蒙古族、赫哲族、鄂温克族、哈萨克族等仍都不同程度上信奉萨满教,并保留一些萨满教的信仰活动。萨满教在邻国韩国

---

① 凌宇:《沈从文传》,北京十月文艺出版社2003年版,第24—25页。
② 孙进己:《辽代女真族的习俗及宗教艺术》,《北方文物》1985年第4期,第48—55页。

保存得最为完整,日本的神道教也是萨满教的变体。萨满教是以万物有灵论为理论基础的原始多神教,即对自然物和自然现象加以主观的意识,形成最初的宗教观念。

金东里出生于韩国庆尚南道的庆州城乾里(别名为巫堂村)。庆州作为新罗时期的千年古都,是古朝鲜时期之后具有浓郁的巫俗氛围和原始的民族精神之地。从空间层面来说,庆州是韩国人的历史故乡;从时间层面来说,新罗是韩国人的历史故乡。《凤城文馀的巫祀和巫歌之讹》中记载有:

> 土俗尚鬼秋成,家家皆赛鬼小有疾病,必请命于巫。其祀也,陈饼饵酒果鱼肉甚盛,巫衣红衣蓝带,左丛铃右纸纛,歌歆且舞。巫之夫诸花郎,吹笒击钲拍腰鼓,以歌和之。[1]

当时的庆州完好无损地保留着新罗古都的氛围,庆州的土俗、巫俗氛围浓厚,这奠定了金东里小时候内心深处的情绪基调,并对他的人生观、价值观,以及文化心理结构和基本文化态度产生了重要影响。

金东里之所以在作品中执着于新罗文化和新罗魂,是因为自己出生的地方庆州象征着韩国的灵魂。对自然和民族之神感兴趣的金东里来说,庆州的自然和萨满教氛围起到了支撑他灵魂的根本作用。

(三)为巫俗文化立言的主题

如前所述,巫傩与萨满虽为两个系列的宗教,但同属原始自然宗教。两者都产生于旧石器中晚期,都源于原始渔猎活动。演变过程都先用原始法术,后来发展成运用原始巫术。巫傩与萨满的意识基础同为万物有灵,并逐渐形成了普遍的自然崇拜、图腾崇拜、祖先崇拜、鬼神崇拜等。巫傩与萨满祭祀活动的目的也大体相同,都是基于生命与生存意识,希望通过祭祀活动使得国泰民安、消灾息病、人寿年丰。巫傩与萨满活动的主持者都是人神的中介,是人与神灵沟通的桥梁。巫傩与萨满祭祀活动内容多种多样,各不相同,但基本程序都是三段式的请神—降神—送神。相似度极强的巫傩文化与萨满文化哺育了沈从文和金东里,给了他们相同的文化根基。对文化认同、对家乡热爱的恋地情结影响了他们的人生观、世界观,并最终促使文学理想的形成。而这些鲜明地体现在《神巫

---

① 均泰:《李昱的文学理论与作品世界研究》,创学社1986年版,第138页。原文为韩文,中译文为笔者自译,下文同。

之爱》与《巫女图》的主题上。

《神巫之爱》与《巫女图》的文化背景分别为巫傩文化与萨满文化，虽同为巫俗文化，但使用的题材分别是巫傩祭祀活动与萨满祭祀活动，这源自他们的文化根基，源自他们已经融于血液的文化经验与习惯。他们怀着对家乡和传统文化深厚的爱，为其赞颂，为其立言。沈从文曾以清新、质朴的语言叙述过巫俗文化下故乡的和谐之美。

沈从文和金东里都处在内忧外患的社会环境之下，充满了民族危机与信仰危机意识，两位作家希望通过重塑以巫傩文化和萨满文化为代表的本土文化，追求土俗原始信仰的纯朴、纯粹，为民族寻找出路，为世界指出方向。这应该就是《神巫之爱》与《巫女图》的主题。金东里希望通过文学与过去的故乡见面，并把他的灵魂注入自己的作品中。他认为："以'巫'为中心的文学观是消除近代危机的手段，于是把目光投向了'巫'。"[1]

《神巫之爱》与《巫女图》同具神秘主义与浪漫主义色彩，这既与巫傩与萨满的玄奥性、神秘性有关，又与湘西、庆州文化的神秘性、浪漫性有关。独特的巫俗文化培养了沈从文和金东里的审美意识，他们以神秘主义与浪漫主义相结合的表现手法，用古朴、淡远、隽永的语言，自然、真实地叙述、描写了小说中的场景、人物、事件，成功地塑造了人物，突出了主题。

三、温暖的人性化形象

文学作品，特别是小说，其核心任务就是通过塑造人物形象，表现主题，表达作者的审美意识、文学理想，实现创作动机与目的。在《神巫之爱》与《巫女图》中，沈从文和金东里都塑造了充满人性美的人物形象，表达了自己对纯粹、善良的人性美的追求。

（一）《神巫之爱》中的"神巫"

沈从文发表于1927年7月的《神巫之爱》讲述了这样一个故事。

一天，女人们到以美丽而远近闻名的云石镇花帕族聚居的村庄参加祭祀。在那里，七十多名年轻而美丽的女人守着神巫之夜的到来。愿神赐全村之恩，并把他的爱赐给其中一个女人。神巫在烛光、灯光、鼓声中，唱着让神欢愉的歌曲，跳起迷人的舞蹈。神祭结束后，村里的女子们接二连三地跪在神巫面前祈求能够成为他一夜的妻子，但她们丝毫没有动摇到神巫。最后一个身穿白衣、肌肤如玉的女子跪在神巫面前一言不发，这着

---

[1] 金东里：《作品中的萨满教思想》，文学思想社1977年版，第384页。

实令他吃了一惊。神巫在看到拥有宝石般美丽眼睛的女子后,对她一见钟情。他辗转找到她的住处,用热情的歌声求爱,然而没有得到答复。后来通过下人发现,她是族长的儿媳,是个寡妇,而祭祀时默默许愿的女子是族长儿媳的双胞胎妹妹。

《神巫之爱》中的"神巫"是沈从文文学理想的化身,是他倾情塑造的艺术形象。巫傩祭祀活动的表演者称为巫师或道师,也叫傩人、跳傩人,然而在《神巫之爱》中,作者称他为"神巫",把他抬高到了神格的地位。作品中的神巫不仅面容英俊、身段灵活、歌喉美妙、舞姿曼妙,而且人格高尚、心地纯净、才思敏捷,已是神的象征。

(二)《巫女图》中的"巫女"

金东里的代表作《巫女图》写于1936年,讲述了一个悲伤的故事。

巫女毛火相信万物都是神,并都可附身。她有一个会画画的女儿琅伊和一个在庆州杂姓村长大的儿子昱伊。昱伊离家出走成为基督教徒后又返回家中。毛火经历了和鬼神的斗争后烧掉了《圣经》,杀掉了儿子昱伊。最后,毛火在为了挽救溺水而亡的金氏夫人灵魂作法跳舞时也落水而亡了。

《巫女图》中的主人公巫女毛火是金东里为探索韩国民族文化的本质而着力塑造的人物。她远离现代社会的物质诱惑,无欲无求,执着于自己的原始信仰。她敬畏自然万物一切生命,爱亲人,爱乡亲,愿意倾尽自己所有力量,甚至献出生命帮助他人。毛火展现出的是一个集巫术和宗教于一身的造福世界的温暖的人性化的形象。

毛火与世界上的万物交感而度化众生,在她的眼里所有的东西都是神,习惯对所有的事物都用敬称,不仅对人,对狗、对猪也极为谦恭。她认为帮助他人是理所当然的事。毛火为救人倾其所有,达到忘情的境地。毛火为他人招魂最终献出了生命。

(三)形异质同的"神巫"与"巫女"形象

作为《神巫之爱》与《巫女图》主要人物形象的神巫与巫女,虽然在外在的"形"上各异,但在内在的"质"上确是趋同的。从"形"上说,神巫与巫女存在以下不同。

神巫:中国,巫傩教,男,无名,高贵,理智,文雅。

巫女:韩国,萨满教,女,有名,平俗,顽迷,疯狂。

从"质"上说,神巫与巫女具有同一性。

第一,笃信自己的文化与信仰。神巫与巫女毛火分别代表着巫傩文化与萨满文化,他们坚信自己的文化与信仰。神巫"有完美的身体与高尚的灵魂";巫女毛火认为所有人,包括自己的孩子都是神,所有动物、植物、东西也都是神,她认为"跳大神驱人身上的邪鬼是神仙赋予自己一个人的特殊权利和能力"。

第二,都淳朴善良,热爱乡民。神巫把爱施与所有乡民,不仅对渴望为自己献身的姑娘们,对其他人他都一视同仁,用语礼貌、谦恭;毛火"对所有的东西都用尊称","见人时,总是羞答答似的,拧过一半身子行礼"。

第三,都以济世救人为使命。神巫是在"为完成自己一种神所派遣到人间来的意义","纵代表了神,往各处降神的福佑",要为"各族诚心祈福";毛火"已经数百次跳大神,治好了数百、数千人的病"。

第四,都为他人牺牲自己。神巫"清楚神巫的职分,应当属于众人","所以他把自己爱情的门紧闭",不让"其余四十九人对这青春觉得可恼";毛火认为,治病"就像给口渴的人一碗水喝一样,理所当然,易如反掌",她有求必应,以忘我的精神帮助他人,直到献出生命。

第五,都是民众心中神格的存在。神巫"虽做着神的仆人的事业,但在一切女人心中,神不可知则数目也不可知,有凭有据的神却只应有一个,就是这神巫,他才是神";对于毛火,没有人怀疑过她的灵验,"请她去的人、被杂鬼缠身的人家里也都对此坚信不疑,如果有什么病,他们不会想到去找医生看病,而是想到去找毛火,他们觉得毛火跳大神比医生的针或药收效更快,更灵验也更容易做准备"。

四、娱神祈福的祭祀仪式

《神巫之爱》与《巫女图》真实、生动地描写了巫傩与萨满祭祀活动的场面。两者在具体程序、场面、道具、祭品、内容等方面虽有不同,但基本程序都是三段式的请神—降神—送神,主要内容都为娱神与祈福。下面从几个方面进行比较。

(一)祭祀的道具、乐器

作为原始宗教的巫傩与萨满,都赋予火等自然现象以人格化的想象。在祭祀活动中,灯火是不可缺少的。因地域、民族、种类、规模等,灯火的种类不尽一致,《神巫之爱》与《巫女图》中的"松明、火把、大牛油烛""火炬""红灯""天烛""火燎、七星灯""青丝、红丝、绿丝、白丝、黄丝五色丝线灯笼""洁净的油灯"都是这方面内容真实的写照。

音乐是巫傩与萨满祭祀活动中"娱神"的重要手段,乐器都以传统的民族乐器为主,尤其是鼓,作为与神沟通的语言工具和渠道是必用的,没有它就不能降神,就不能得到神启。《神巫之爱》中出现的"角"和《巫女图》中出现的"长鼓""奚琴"分别是湘西少数民族和韩民族的民族乐器。

（二）祭品

巫傩与萨满祭祀活动的祭品并无严格规定，从动物的牛、羊、猪、鸡、鱼等，到植物的米、面、豆及其制品，再到瓜果菜蔬、各种酒，都可作为祭品。祭品既为表示诚意和感谢献给神，又为参加祭祀活动的人们分享。祭品是参加者与神沟通的纽带，通过共享祭物，神与其崇拜者之间建立起紧密的联系。《神巫之爱》中出现的祭品不多，但很好地反映出了它的意义。韩国的祭品，比如"成串儿的柿饼、油蜜糕、白年糕"等应该说颇具韩国食品的特色。

（三）巫歌

巫歌作为一种民间祭祀诗体，具有丰富的想象力，风格浪漫，抒情性强，语言通俗，活泼，节奏鲜明，抑扬顿挫。从功能上说，巫歌主要是娱神和祈福。比如，请神的请拜歌、送神的还位歌、祈福的招福歌、免灾歌等。

在《神巫之爱》中迎神时唱：

> 你大仙，你大神，睁眼看看我们这里人/他们既诚实，又年轻，又身无疾病/他们大人能喝酒，能做事，能睡觉/他们孩子能长大，能耐饥，能耐冷/他们牯牛肯耕田，山羊肯生仔，鸡鸭肯孵卵/他们女人会养儿子，会唱歌，会找她心中欢喜的情人！①

《神巫之爱》的巫歌紧密联系湘西少数民族生产、生活的实际，所请神灵都是浸透到人们的生产、生活中。人们要求神帮助，"要发财，要添丁，要家中人口清洁，要牛羊孳乳，要情人不忘恩负义"。无论是对神的颂扬，还是自我表白，都会唱巫歌，情真意切，感人肺腑。

在《巫女图》里迎神时唱：

> 上梁神是我们家的家神/七星神是我们家的七星神/灶王是我们家的灶王，求诸位神灵，求诸位神灵/烧吧，熊熊烧吧，火鬼全都烧个精光/烧光之后，我的房

---

① 沈从文：《神巫之爱》，长江文艺出版社2014年版，第12—13页。

星,冠玉一般,坐定家里/三神降临,灶王降临。[①]

《巫女图》中的巫歌,其祈福内容往往为求子、求无病、求长寿、求丰收、求太平等,人们通过巫歌向土地神、灶王爷、上梁神、七星神提出具体请求。令人感兴趣的是,韩国的神里还加上了弥勒菩萨,从中既可以发现韩国的巫俗文化受到了佛教的影响,还可以证明巫歌接地气的特点。

五、结　语

第一,巫傩与萨满虽为两种宗教,但同属原始自然宗教,都产生于旧石器中晚期,都源于原始渔猎活动,意识基础同为万物有灵,都逐渐形成了普遍的自然崇拜、图腾崇拜、祖先崇拜、鬼神崇拜,祭祀活动的目的也大体相同,祭祀活动的基本程序都是三段式的请神—降神—送神。

第二,相似度极高的巫傩文化与萨满文化哺育了沈从文和金东里,给了他们相同的文化根基。对文化的认同,对家乡热爱的恋地情结影响了他们的人生观、世界观,并最终促使文学理想的形成。这些鲜明地体现在《神巫之爱》与《巫女图》之中。

第三,沈从文和金东里都处在内忧外患的社会环境之下,充满了民族危机与信仰危机意识,两位作家希望通过重塑以巫傩文化和萨满文化为代表的本土文化,追求土俗原始信仰的纯朴、纯粹,为民族寻找出路,为世界指出方向。

第四,在《神巫之爱》与《巫女图》中,沈从文和金东里都塑造了温暖的、充满人性美的人物形象,表达了自己对纯粹、善良的人性美的追求。

第五,独特的巫俗文化培养了沈从文和金东里的审美意识,《神巫之爱》与《巫女图》同具神秘主义与浪漫主义色彩,语言古朴、淡远、隽永。

第六,《神巫之爱》与《巫女图》祭祀活动的场面、道具、乐器、祭品、巫歌等大同小异,表现出高度的相似性。

参考文献

高云兰,2011. 沈从文湘西小说时空观研究[D]. 重庆:西南大学.

金东里,1977. 作品中的萨满教思想[M]. 首尔:文学思想社.

---

① 金东里:《巫女图》,上海译文出版社2002年版,第104页。

金东里,2002. 巫女图[M]. 上海:上海译文出版社.

金润洪,2008. 基督教与社会志愿[M]. 首尔:成志院.

金正淑,1996. 金东里的人生与文学[M]. 首尔:集文堂.

均泰,1986. 李昱的文学理论与作品世界研究[M]. 首尔:创学社.

李窗益,2006. 民俗的时间、空间和近代的时间、空间——祭仪时空间的变化[M]//周星. 民俗学的历史、理论与方法. 北京:商务印书馆:532-556.

凌宇,2003. 沈从文传[M]. 北京:北京十月文艺出版社.

马书田,1998. 超凡世界:中国寺庙200神[M]. 北京:中国文史出版社.

卜祥伟,2014. 汉晋时期民间信仰与道教关系之研究[D]. 武汉:华中师范大学.

曲六乙,1997. 巫傩文化与萨满文化比较研究[J]. 民族艺术(4):79-92.

沈从文,2002. 我所生长的地方[M]. 太原:北岳文艺出版社.

沈从文,2014. 神巫之爱[M]. 武汉:长江文艺出版社.

孙进己,1985. 辽代女真族的习俗及宗教艺术[J]. 北方文物(4):48-55.

熊怡,2011. 神秘幽远的酉阳古歌[J]. 今日重庆(7):76-79.

杨剑龙,2012. 神话传说故事与少数民族文化——读沈从文作品[J]. 民族文学研究(1):51-58.

周星,2006. 民俗学的历史、理论与方法[M]. 北京:商务印书馆.

褚连波,2010. 湘西文化与沈从文的小说创作[D]. 长春:东北师范大学.

文化、翻译研究

论日本社会的"义理人情"与"集团主义"的关系

张忠锋①

（西安外国语大学日本文化经济学院　西安：710128）

摘　要："义理人情"和"集团主义"是推动日本社会和谐发展的双壁，有关二者相互关系的研究一直是日本社会研究的焦点之一。本文通过对"义理人情"概念的内涵分析，认为"义理人情"这一日本社会特有的道德观念，是在集团主义思想的发展过程中产生的。与此同时，随着"义理人情"道德观念的形成和逐步完善，又进一步推动了日本社会集团主义思想的发展。换句话说，"义理人情"与"集团主义"二者之间实为一种相辅相成的关系。

关键词：日本社会；义理人情；集团主义

一、引　言

作为代表日本传统文化的"义理人情"和"集团主义"，可谓是推动日本社会和谐发展的双壁。"义理人情"和"集团主义"成了日本文化的代名词。由于生活在日本列岛上的人们千百年来深受这些文化的熏陶，人们各守本分。人与人之间的交往虽然没有中国人那样如胶似漆，可也减少了许多不必要的矛盾。就是这种虽然淡漠，却又不失人情味的人际关系的存在，使得整个日本社会在发展的过程中充满了和谐的气氛。

那么，"义理人情"和"集团主义"是如何影响日本人的生活，在日本和谐社会发展过程中如何发挥作用？它们两者之间又存在着何种关联？具体地讲，是"义理人情社会"孕育出了"集团主义"，还是"集团主义"造就了"义理人情社会"？或者说它们是你中有我、

---

① 张忠锋，西安外国语大学东北亚研究中心教授，硕士生导师，研究方向为日本文学、日语语言文化。

我中有你，二者相互融合的集合体？

讨论这个问题，或许如同在争论"是鸡生蛋，还是蛋生鸡"的问题一般，难以得出结论。然而，无论结果如何，笔者认为有必要探究一下这个问题。因为它可以帮助我们更进一步地了解邻国日本在和谐社会发展过程中的经验，并对日本社会的发展有个比较客观、正确的认识。因此，要厘清"义理人情"与"集团主义"之间的关系，首先应该对"义理人情"和"集团主义"的概念有个清楚的认识。特别是"义理人情"，于我们中国人而言，是一个似懂非懂的文化概念，只有了解了其内涵，方能明确其与"集团主义"之间的关系。

二、什么是"义理人情"

存在于日本社会的"义理人情"，早已受到人们的关注，不仅在日本学界，在我国的日本学研究领域也都成为研究的热点之一，且成果颇丰。截止到2020年12月3日，百度学术显示的相关论文就达2129篇。从这一数字来看，足以证明"义理人情"这一反映日本人思维的文化概念深受世人的重视，值得我们去探讨。

那么，何为"义理人情"？在日常生活中，为何日本人如此讲究"义理人情"，以至于"义理人情"成为日本社会人与人之间建立某种关系不可或缺的感情基础？

关于"义理人情"，在《日本人的心理》一书中，南博这样解释：

> "义理"一词，在日语中表示的意思很多，广义上讲，所谓"义"就是指每一个人的行为都必须符合自己的所属，"义理"就是指义的道理。
>
> 所以，"义理"也好，"义"也罢，实际上就是一种约束力。也就是说，在社会生活中，处理与他人的关系时，人必须清楚自己与他人之间的关系，并依照这种关系去行动。这种约束力不同于义务，并不能用来证明权利。
>
> 说到底，"义理"就是对自己如何与周围的人相处，采取什么样的行动的一种约束。当把自己的行为对象从个人引申扩展至社会时，作为约束力的"义理"，即"面子"，或者说"情面"就产生了。
>
> "义理"以各种形式存在于父母和孩子、夫妻、兄弟姐妹、亲戚、朋友、上司和下属之间。不过虽然形式各异，但最终还是要按照自古流传下来的约定俗成，无论其合理与否，都得去履行。正如《五常正论名义》和《鸠翁道话》所讲的，"'义'就是'该生时则生，该死时则死，一切的决断都得顺其理'"（室值清《五常

正论名医》）；"心学解释道：'义'乃是'不做为难之事'。家臣只要全力以赴为主
人做事，妻子只要全心全意照顾好自己的夫君'即可'。而这'即可'便是人之道
也"（《鸠翁道话》）。

说得直白一些，所谓"义理"就是生活在当今社会里的人们，都应该满足于
自己的所属，是将德川时代所盛行的"忘我"的修行，以及克己奉公精神合理化
的一种强制性手段。[①]

（南博，1965：187-188）

说到"人情"，南博解释道：

"人情"是与"义理"对立的概念。虽然从古至今，人们已经习惯于将"义理"
和"人情"放在一起；然而，实际上"人情"总是受制于"义理"，"义理"与"人情"的
对立，造成了日本人特殊的心理。

（南博，1965：199）

从南博对"义理人情"的解释来看，事实上"义理"和"人情"是完全相悖的两个概念。
具体地讲，"义理"就是一种道义，是日本社会处理人际关系的一种传统的、不成文的道德
规范。虽然它不同于法律规定，并不具备法律效力。但长期以来，它所具有的权威性，却
潜移默化地影响着日本人的生活，成为日本人赖以生存的行为准则。其结果就是，生活
在日本社会这一大的空间里的每一个人都得去遵循它，且按照它的要求去行动。对每一
个日本人而言，其约束力之大不言而喻。

再说"人情"，顾名思义，为人之情感，人之常情。从理论上讲，它是一种感性的存在。
在日语中表示除亲情之外的其他所有对人的情感，比如友情、同情、好意、善意、爱怜等。
因为人情所代表的是个人的情感，而非公理，所以往往是以与"义理"对立的存在出现。
换句话说，如果将具有社会性道义的"义理"视为公的话，毋庸置疑，作为个人情感的"人
情"便是私了。也就是说，"义理人情"一词，是理性与感性、公与私的结合，显示的是日本
人在处理人际关系过程中无法回避的两种态度。从某种意义上讲，是一种矛盾心理的
反映。

然而，值得思考的是，为什么日本人的这种矛盾心理，长期以来在日本社会的发展过

---

① 本文出现的日译文均为笔者自译。

程中,不但没有阻碍和破坏和谐社会的发展,相反,在和谐社会的发展过程中发挥着极其重要的推动作用？ 笔者认为,从表面上看,"义理人情"虽然是日本人矛盾心理的一种反映,可实际上,更是日本人"克己复礼"精神的一种表现。因为从日本社会发展的实际来看,我们从正面去理解它,则更符合日本社会的现实。从"义理人情"的构成来看,不是"人情义理",而是"义理人情"。这种排序给人以"公理在先、私情在后"之感。也就是说,"义理人情"不仅反映的是日本人的矛盾心理,更多的是反映日本人以公克私、化矛盾为统一的趋同心理。事实上,日本人在使用"义理人情"一词的时候,似乎已经忘记了"义理"和"人情"是完全相悖的两个概念。或许这也是他们将"义理"和"人情"放在一起使用的主要原因。

三、来自"义理"的启示

在"义理人情"中,"义理"作为生活在日本社会的人们所应遵循的道德规范和行为准则,比起更具自然属性的"人情",则更值得我们去深入思考和剖析。

其实,"义理"从日本昔日的武士社会一路走来,一直到今天的信息化社会,之所以能够扎根于日本社会,并不断地发扬光大,经过了好几百年的光阴,依然被人们所认可,并予以坚持维护和遵守,笔者认为,其关键就在于它的"相互性"。也就是说,"义理"所讲究和追求的"相互性",使得生活在同一个社会空间里的人们彼此间的关系更趋于和谐,处理问题的方法更趋于合理。无论是对生活在过去封建社会阶段,处于不同阶层的日本人而言,还是对生活在当今物质生活极为丰富的现代化社会,基本上都处于同一个阶层、地位均等的日本人来说,可以说都是在"义理的相互性"作用下,体现着自己的价值,或者说获得了自己应得的一份尊严。说得通俗一点儿,生活在一个讲究和追求"义理"的社会里,每个人都在安心地守护着自己的本分,做着自己的分内之事,安居乐业。

关于"义理的相互性",南博是这样描述的:

一般来讲,"义理"是上对下提出的诸如"忠义之心""安心奉公"等要求而产生的。然而,事实上,"义理"绝非只是上对下一味地提要求,作为交换,上级必须以某种形式,表达自己对下属的关爱和谢意,这也是上级理应遵循的"义理"。在武士社会时期,对于武士的忠义奉公,日语中有「主君の愛顧」一说,即"主君必备关爱之心"之意。也就是说,所谓"忠义"绝非只是要求下属单方面做出牺牲。另外,就"恩"这个字的用法,并非只是下属对上级的"感恩戴德"表示感激之情时才使用，对于下属的奉献，上级也常常用"恩"一词来表示感谢。在《伊势贞丈家训》中就有这样的话："主人不应感恩月月的俸禄，而应感恩家臣们的无私奉献，并因此而感欣慰。这才是主人应遵循之义理也。"由此来看，"义理"所讲究的是彼此间的相互性，无论地位高低、身份卑贱与否。

（南博，1965：188-189）

从南博的这段描述里，我们可以清楚地了解到，"义理的相互性"早在日本的武士社会时期就已经形成，并得到了人们的推崇和认可。了解日本历史的人都知道，日本江户时代可谓日本历史上最繁荣的时代之一，人们之所以能够安居乐业，否定封建社会的尊卑观念，之所以能够出现否定等级身份制度的"町人思想"，从某种程度上讲，似乎都与"义理的相互性"所起的积极作用有关。也就是说，"义理的相互性"在慢慢地改变着人们的思维，帮助人们有机会去改变自己的命运。"町人思想"所提出的"武士不为贵，商人亦不贱"的主张，在肯定商人在社会发展过程中的作用的同时，在争取提高商人在社会中的地位这一历史性的转变中发挥着积极作用。当时的心学创始人石田梅岩认为："商人的行业有助于天下，它不为私利私欲，具有公益的性质，因而不应对商人的行业产生偏见，商人的利益也是正当的。"（家永三郎他，1966：391）学者西川如见在《町人囊》中指出："商人虽位居四民之末，但它具有滋润万物的作用，对贵族社会也是有用的。"（中村幸彦，1975：88）儒学者荻生徂徕也说："商者互通有无，助于世人。"（中村幸彦，1966：186）从以上几位对商人的评价中，可以了解到，事实上"町人思想"的核心就在于努力追求与武士阶级的平等。有人提出"商人对国家的贡献犹如武士对君主的效忠，商人的营利犹如武士的受禄"（中根千枝，1967：25-64），商人地位的确立和商业营利的正当化，使得当时日本社会的商业经济发展蒸蒸日上，出现了空前的繁荣景象。各种市井文化犹如雨后春笋般出现，教育、文学、思想、艺术等各领域都伴随着经济实力的提高取得了前所未有的发展，形成了一种崭新的、强大的"町人文化"。诸如，为日本社会的教育发展奠定基础的"儒学校"和"寺小屋"，极具日本文化特色的文学形式"俳句""浮世草子"等各种小说体的形成，开启了日本现代化大门的儒学、兰学、国学三大思想的汇融，人形净琉璃和歌舞伎等艺术形式的诞生等，所有这些对当今日本社会的文化形成、经济发展产生重大影响的新文化、新思想，无一不是在江户时代出现的。无怪乎以梅原猛等为首的一批日本学者极力弘扬江户文化，为重新定位江户文化在日本文化发展史中的地位著书立说。

由此可见，在"义理相互性"的作用下，形成的江户文化在日本文化及经济社会发展过程中所起的作用是多么重要。

当然,"义理的相互性"在进入明治维新以后的一段时间里遭到了破坏,其招致的结果亦众所周知。就像南博在书中所讲的,明治维新以后,为了宣扬和维护天皇制权威性,作为"义理"他们过分强调忠君思想,要求人们绝对服从天皇的意志,为天皇牺牲自我,从而导致了日本走向军国主义,成为向外扩张的侵略者,不但给包括中国在内的周边国家带来了灾难,也将日本本国人民推向了痛苦的深渊。

因此,"义理"的积极性就在于它的相互性。"义理的相互性"在稳定人心、促进日本社会和谐发展方面发挥着极其重要的作用。

四、"义理"的思想基础

那么,"义理"产生的思想基础是什么呢?简单地讲,着眼于"义理"所倡导的内容,既能隐约看到圣德太了曾经提出的"各得其所"思想的影子,同时又时不时地能感受到中国儒家思想中的"忠孝"之观念。基于这一现实,笔者认为,在很大程度上可以说,圣德太子的"各得其所"思想和主张"忠孝"的中国儒家思想是构成"义理"这一道德观念不可或缺的两大要素。

众所周知,早在1300多年前的飞鸟时代,日本历史上著名的大化改新的先驱者、改革家圣德太子就提出了"各得其所"的处世思想。其宗旨就是要求当时的人们,要安于自己的定位,且在各自的位置上各尽其能,做自己的分内之事。仔细想想,圣德太子的这一主张,其实与"义理"的"每一个人的行为都必须符合自己的所属"的主张异曲同工。

"各得其所"的思想千百年来犹如一盏指路明灯,影响着日本人的生活,并成为人们的行为准则。如果说"义理"是作为一种新的规范人们道德行为的道义诞生于千年后的武士社会,那么它的根系哪有不受土壤影响之理呢?这是其一。其二,无论是圣德太子"各得其所"的思想,还是"义理",在形成的过程中都深受中国传统的儒家思想的影响。只不过它们的不同之处在于,"各得其所"思想诞生之时,正值佛教和神道教较量之际,外来文化与传统文化的碰撞,使得圣德太子不得不去打开局面。"各得其所"的主张更多地是为保护佛教、宣扬佛教,为佛教解围。而"义理"诞生之时,恰逢儒家思想受到追捧。由于朱熹的理论偏重于伦理道德的"大义名分"思想,这种思想迎合了江户幕府的政治需求。因此,朱子学深受统治阶层的重视,以至于被当时的江户幕府树立为"官学"地位。所以,所谓"义理以各种形式存在于父母和孩子、夫妻、兄弟姐妹、亲戚、朋友、上司和下属之间"的提法,很明显是源于儒家思想的教导。特别是日后的"义理"中浓厚的"忠君思想",更是将中国儒家思想中的"忠"之观念表现得淋漓尽致。如果说把"义理"比作一栋房子的话,那么圣德太子所倡导的"各得其所"的思想就形同地基,而中国的儒家思想便是建房之砖瓦。从理论上讲,二者缺一不可。

当然,这里所说的构筑"义理"之砖瓦并非"仁义"之砖瓦,而是"忠孝"之砖瓦。即便说成"忠孝",可实质上"孝"只不过是"忠"的附属品,最终还是被"忠"稀释掩埋。在日本的"义理"中,很难寻到类似于中国人的"你虽不仁,但我不能不义"之气概,倒是"忠于职守,礼尚往来"之风尚随处可见。所以说,在对人关系上,"义理"是完全不同于中国人所讲究的"仁义",它始终以"忠"当头,儒家思想的其他主张诸如仁、义、礼、智、信、恕、孝、悌都得为之让路。

由此可见,"义理"虽推崇儒家之观点,但并非毫无保留地全盘吸收,而是选择性地吸收了其中认为适合日本社会土壤的某些元素。"义理"的这种选择性、目的性是一种合理的存在。作为公理它没有要求人们像中国人那样去追求"仁""义"之德,而是根据日本社会的需要,有选择地、有针对性地吸纳了儒家思想中"忠"这一相对理性之观念,并要求人们去遵守。这样做的结果,使得在处理人际关系时,"仁""义"之德在日本没有被接受,同时更具自然属性,且偏于感性的"人情"得到了制衡。无怪乎在处理人际关系的时候,中国人表现得较为感性,而日本人则表现得更为理性。

无论是圣德太子的"各得其所"思想,还是中国儒家思想中的"忠孝"之观念,其根本都在强调"本分",目的都是求"稳"。因此,作为二者汇融的结晶"义理",又在此基础上,无论地位高低、身份卑贱与否,讲究人与人之间的相互性。这种追求平等的思想,使得"义理"的合理性大增。也正是因为"义理"的合理性存在,长期以来,其在日本社会的作用越来越大,在规范日本人行为的同时,使得日本社会不断地朝着稳定、繁荣的方向发展。

五、"义理人情"与"集团主义"

在了解了"义理人情"的概念之后,接下来就是我们耳熟能详的"集团主义"了。就一般论而言,所谓集团主义,或者称为集团意识,就是以强烈的归属感为基础,个人对所属集团全心全意、忠心耿耿、无私奉献,在行动上与集团内部的其他人保持一致。

然而,为什么日本人的集团意识会如此强烈?同时,在强烈的集团意识背后,"义理人情"到底发挥着什么样的作用呢?

按照中根千枝的解释,日本人的集团意识源于他们对"家"的认识(中根千枝,1967:25-64)。也就是说,与众不同的家庭结构和家庭观念,是日本人集团意识形成的基础。

那么,日本社会的家庭结构和日本人的家庭观念又有哪些与众不同的特点呢?

关于日本社会的家庭结构和日本人的家庭观念问题的研究,成果不少。日本社会人类学家中野卓认为:"日本的'家'是以家庭的存续和发展为目的,以家业和家事两者不可分割的形式继续完成的经营团体。"(中野卓,1985:284)冈田谦认为:"日本的'家'并非像'家庭'那样是一种在所有社会中普遍存在的概念,它是在日本社会中根据特殊的历史的、经济的要素被育成的制度……'家'与其说是以血缘不如说是以居住或经济要素为中心而形成的。"(冈田谦,1973:139-140)川本彰认为:"日本的'家'只不过是将'血缘关系'进一步扩大化,将从生物学的角度来讲没有血缘关系的人,通过'养子制度',使其与收养家庭确立'血缘关系',并得到社会的承认。"(川本彰,1982:53)其实,将这些观点归纳起来,说到底最根本的一点就是,传统的日本式的"家",从某种意义上来讲,并非我们通常所讲的是由有着血缘关系的人构成的"家庭",更像是由有着连带关系的人们所构成的一个"共同体"。也就是说,与我们所理解的以血缘为纽带、看重亲情的家庭相比,以居住或经济要素为中心而形成的、传统的日本式的"家"的人们则更注重"责任"。进一步地讲,责任感的强烈与否,是能否维系传统的日本式"家"延续和发展的关键。事实上,中根千枝之所以说日本人的集团意识源于他们对"家"的认识,其根本就在于此。因为强烈的责任感是形成集团意识的前提。

那么,"义理人情"这一道德观念的形成,对于奠定集团意识基础的责任感的发挥又会产生什么样的影响?

如前所述,所谓集团意识就是以强烈的归属感为基础,个人对所属集团全心全意、忠心耿耿、无私奉献,在行动上与集团内部的其他人保持一致。凡事必须以集团的利益为重,具备个人利益必须服从集团利益的思想意识。要具有忘我的"灭私奉公",即"无私奉公"的精神,这便是集团主义所倡导和追求的责任感。

那么,如何才能使集团内部的人们具有"无私奉公"的精神,对集团负责呢?这个问题应该是集团主义者们思考的关键。首先,"无私奉公"的前提,应该是个体的权益得到保护。也就是说,个体与集团的关系是相互依存的关系,"无私奉公"的背后,更多强调的是"相互性"。其次,强调"相互性",从另一个角度来看,实际上是在追求一种"平等"关系,是个体自我价值实现的一种体现。再次,就是集团内部处事一定要公平合理,让集团成员能够生活在一个相对和谐、稳定的社会环境中,安分守己,体现自己的人生价值。

基于以上三点,从某种意义上来说,"义理人情"这一道德观念应运而生,自然也是集团主义者们的所求。事实上,"义理人情"所讲究的"克己复礼,化矛盾为统一"的精神,所追求的"相互性",无一不是集团主义所倡导的。特别是"义理人情"的思想基础,即圣德太子的"各得其所"思想和主张"忠孝"的中国儒家思想,更是集团主义所追求的目标。

因此,在谈及代表日本传统文化的"义理人情"与"集团主义"二者间的关系时,绝不能将二者简单地割裂开来去分析,而是要把它们有效地结合起来,置于日本社会的历史发展这一大的背景下,即从地处太平洋西岸、远离大陆的地理环境和自然环境对大和民族的性格及思想意识的影响这一宏观的角度去审视。说到底,特殊的自然环境和相对封闭的社会环境,造就了日本社会的集团主义精神。集团主义思想的发展,又催生出"义理人情"这一日本社会特有的道德观念。同时,随着"义理人情"道德观念的形成,又进一步推动了日本社会集团主义思想的发展。这样一来,"义理人情"与"集团主义"二者之间实为一种相辅相成的关系。它们的形成与产生终究与日本社会这一大环境息息相关,跳不出日本列岛这一大的框架。

六、结　语

俗话说得好,一方水土养一方人。把促成日本社会发展的"义理人情"和"集团主义"精神的根源都归结于地理环境和自然环境的论断,似乎难以令人信服。因为世界上与日本所处地理环境和自然环境相似的岛国不在少数,例如欧洲的英国、冰岛,亚洲的菲律宾、斯里兰卡,非洲的马达加斯加,中美洲的加勒比海各国,等等,可并非都如同日本一样形成单一的民族,充满了"义理人情"和"集团主义"。因此,地理环境和自然环境对一个国家、一个社会的发展和一个民族的民族意识所产生的影响固然重大,但绝非唯一因素。然而,我们在研究日本时,似乎所有问题的归结点,最终又都集中在了日本列岛的自然环境和地理环境上。也许这就是日本学研究者在类似于此领域的研究方面难以创新的根源吧。

参考文献

家永三郎,伊藤仁斎,本居宣長,他,1966. 近世思想家文集[M]. 東京:岩波書店.

岡田謙,1973. 同族と家[M]. 東京:未来社.

川本彰,1982. 家族の文化構造[M]. 東京:講談社現代新書.

千田有紀,2012. 日本型近代家[M]. 東京:勁草書房.

中根千枝,1967. 縦社会の人間関係[M]. 東京:講談社現代新書.

中野卓,1985. 日本の家族[M]. 東京:弘文堂.

中村幸彦,1975. 近世町人思想[M]. 東京:岩波書店.

中村幸彦,1966. 近世文学論集[M].東京:岩波書店.

南博,1965. 日本人の心理[M]. 東京:岩波書店.

ルース・ベネディクト,1969. 菊と刀[M]. 長谷川松治,訳. 東京:社会思想社.

关于外交场合"协调"一词的考察

孙　逊①

（西安外国语大学日本文化经济学院　西安：710128）

摘　要：汉语和日语中存在着很多汉字字形相同的双音节词,也称中日同形词,其中又分为同形同义、同形异义、同形近义三种类型。本文探讨的是中日同形异义的"协调"一词。虽然汉语和日语都在使用"协调",但该词在外交场合汉语语境下所具有的"对话""协商"等义项并没有出现在汉语词典中。本文主要从该词的词源和外交文献中出现的"协调"一词入手,利用《汉语大词典》《广辞苑》等工具书对"协调"的释义进行对比。本文认为在外交场合中,汉语的"协调"并不具有"和谐一致"或"配合得当"之意。

关键词：文献；协调；外交；词义

一、引　言

因为部分汉语资料中出现的"协调"与《现代汉语大词典》《现代汉语词典》中的释义不同,因此本文结合汉语资料中的例句,主要考察在外交场合使用的"协调"一词所表达的意思是否和汉语词典的释义相一致等问题。

二、汉语的"协调"

"协调"一词在汉语中首次出现大约是在488年成书的《宋书》中。

---

① 孙逊,西安外国语大学东北亚研究中心教授,硕士生导师,研究方向为中日词汇、中日互译。

(1)宜以**协调**律吕,谒荐郊庙,烟霏雾集,不可胜纪。

(沈约《宋书》卷五一《列传》第十一宗室)

那么,例句(1)中使用的"协调",其所表示的意思是否与《汉语大词典》《现代汉语词典》的释义一致呢? 以下是《汉语大词典》(第一卷,第882页)对"协调"的释义:

【协调】(-tiáo)和谐一致;配合得当。

徐迟《牡丹》八:"而这时她和整个舞台取得了最美妙的**协调**。"

草明《乘风破浪》第三章:"唐绍周认为自己刚来,和老宋的关系一直不是那么**协调**。"

《花城》1981年第2期:"上下级通气,甲乙方**协调**。"

和《汉语大词典》的释义稍有不同,《现代汉语词典》(1985年,第1275页)对"协调"的释义如下:

【协调】xiétiáo　　配合得适当:国民经济各部门的发展必须互相～。

由此可知,《宋书》中使用的"协调"与上述两部词典对"协调"的释义不同。明代剧作家冯梦龙撰写的《东周列国志》第四十七回中也使用了"协调":

(2)风声与箫声,唱和如一,宫商**协调**,喤喤盈耳。

(冯梦龙《东周列国志》第四十七回)

《宋书》中的"协调"作为动词,它的宾语是"律吕"。如果按照"配合得当"或"和谐一致"的意思来说明"律吕",则比较难以理解。①《东周列国志》中的宫和商指的是古代音乐七音中的两音,在古汉语中泛指乐。"协调"在句中可解释为"配合得当",其意思均符合上述两部词典的释义。因此,我们是不是可以得出结论,即两部词典对"协调"的释义应该指的是明代以后汉语中出现的"协调"。遗憾的是,两部词典对《宋书》《宋史》《文献通考》等文献中使用的"协调"一词所包含的意思并没有进行解释。例如:

(3)俟有知音者,能考四钟,**协调**清浊,有司别议以闻。

(马端临《文献通考》卷一三四·乐考七)

---

① 根据《现代汉语词典》(1985年,第742页),【律吕】lǜlǚ,古代用竹管制成的校正乐律的器具,以管的长短(各管的管径相等)来确定音的不同高度。从低音管算起,成奇数的六个管叫作"律";成偶数的六个管叫作"吕"。后来用律吕作为音律的统称。

(4)且诏曰:"俟有知者,能考四钟**协调**清浊,有司别议以闻。"

(脱脱、阿鲁图等《宋史》志第七九·乐一)

例句(3)和例句(4)中出现的"协调"与汉语词典中对"协调"的释义不符,而且汉语词典也没有对汉语史料中的"协调"进行解释。下面汉语语料中的"协调",大都和汉语词典表示的"和谐一致,配合得当"的意思相同。

(5)社会主义社会的上层建筑同经济基础之间,生产关系和生产力之间,其关系是**协调**的,最基本的方面是相适应的。

(唐琼瑶《法学基本理论概述》)

(6)国家机关是代表全体人民的根本利益来统一领导、**协调**全部经济活动的社会中心。

(肖励锋,冯秉智,甘棠寿《简明科学社会主义史》)

(7)就四个现代化的角度来说,目前虽说我们国家有了一批现代化企业,掌握了一些先进的科学技术,但总的看来,社会生产力水平毕竟还不高,特别是农业生产的物质技术基础还很落后,工业内部的发展也很不平衡,经济发展同人口发展的比例十分不**协调**,人均国民收入水平仍处于世界较落后国家的行列。

(李泽中《当代中国社会主义经济理论》)

(8)**协调**意义是指,领导者通过与下属的交往,可以**协调**彼此的行为,使之保持平衡,避免发生误解、干扰、矛盾与冲突。

(俞文钊《领导心理学》)

(9)社会整合,就是**协调**、解决社会生活中的纠葛和矛盾,通过社会力量使人们遵从社会规范,维持社会秩序的过程。

(高平《社会主义学》)

(10)在客观上,农村经济是由农业、林业、牧业、渔业、副业、工业、商业、建筑业、交通运输业、服务业等互相联系、互相促进、互相制约的产业构成的一个整体系统,必须强化系统设计,采取使系统内各个产业之间、产业内部各个行业之间**协调**发展的政策,才能促进农村经济的良性循环,发挥其整体发展的效能。

(闵耀良,李炳坤《中国农村经济改革研究》)

(11)经过调整,我国经济结构不合理状况有所改变,国民经济各部门特别是农轻重的比例关系趋向**协调**,为我国经济建设顺利发展和提高社会经济效益创造了必要的条件。

(马洪《探索经济建设之路》)

(12)宏观经济管理体制改革的基本内容包括,国家从主要运用行政手段和实物分配方式对企业实行直接计划控制,转变为主要运用经济和法律手段通过市场对企业行为进行间接引导;国家通过制定和实施国民经济发展战略、产业政策和财政、金融、收入分配政策,保持积累、消费的适当比例和宏观上的总量平衡,推动国民经济持续、稳定、**协调**发展。

(王志伟,朱善利《中国经济概论》)

(13)按照上述物质生产部门的门类划分,合理的产业结构应该是从起始产品生产、中间产品生产到最终产品生产相互衔接、相互适应、相互服务、相互促进,及时消除薄弱环节,这样一个比较**协调**的体系。

(刘波,高生文《社会主义宏观经济效益概论》)

(14)社会主义国家的这一本质决定,它能代表社会整体,兼顾国家、企业和劳动者个人的利益要求,正确**协调**三者利益的矛盾,调动各方面发展生产的积极性,发挥社会主义制度的优越性。

(李忠凡《中国经济体制改革概论》)

(15)而真正可行的道路就是通过改革加速市场的形成过程,一方面充分鼓励每一个人,每一个企业的能动性、创造性;一方面发挥国家的规划、指导、**协调**和扶助作用。

(贾履让,房汉廷《宏观市场理论研究——市场结构》)

通过例句(5)—(15),我们可以看到在汉语语境下的"协调"除了具有"和谐一致,配合得当"的意思外,在另外一个层面上,例如例句(6)和例句(15)还具"上级或国家机关动用权力理顺下属各个部门之间的关系"的意思在里面。而例句(8)则包含"部门或机构负责人要求下属的行为不要和领导发生矛盾或冲突"的意思。不得不说,汉语词典没对"协调"一词做进一步的解释是一件非常遗憾的事情。

三、外交文场合中的日语「協調」

日语中的「協調」一词除了具有和汉语"和谐一致,配合得当"相同的意思外,还具有"合作、协作、协商"的意思。但是,通过查阅日语词典和相关资料,我们发现日语的「協調」在外交场合中并没有汉语所表示的"和谐一致,配合得当"的意思。

关于第一次世界大战后日本实施"协调外交"的起因和背景,王新生,矢板明夫(2007)指出:"20世纪20年代,随着日本不断对外扩张,与欧美列强在争夺殖民地权益问题上的冲突日趋剧烈,因而'协调外交'作为重要的外交施策被正式提出并加以实施。"同时又指出,其背景是"凡尔赛—华盛顿体制成为日本'协调外交'政策的制定背景"。正是由于上述原因,日本原敬内阁在国内外新形势下推行新型的与英美"妥协(协商、对话)"的外交路线。其后几届内阁继承了原敬的外交方针,"协调外交"成为20世纪20年代以后日本外交的主流。但从20世纪30年代日本报纸出现的题为「国際協調といふも実体は追随外交」(国际协商的本质就是没有外交独立①)的报道,就可以看出当时日本国内还存有一股"强权外交"势力。

　　日本的"协调外交"从开始实施一直持续到今天,日本在外交和政府对外援助等场合仍然使用「協調」一词。例如例句(16)—(25)②。

　　(16)臣が各議題を通じての基本的考え方をまとめて発言し,特に,1サミット諸国間の連帯と**協調**(「和」の精神)の強化,2西側経済の再活性化,3自由貿易体制の維持・強化等を強調……

(外務省『わが外交の近況』)

　　　　大臣通过各议题就基本想法做了总结发言,特别强调:1.强化同参加峰会国家之间的团结**合作**关系("和"的精神),2.西方经济的再活性化,3.强调继续维持和强体制……

　　(17)特定の国に対するパリ・クラブの繰り延べ返済期間の長期化等,先進諸国及び国際機関の**協調**による各種の前向きな対応がなされてきているが,依然として深刻な状況にある。

(外務省『外交青書1988』)

　　　　对于特定国家中的巴黎俱乐部偿还期限的长期化等问题,虽然发达国家及国际机构之间经过**协商**,并且采取了各种积极措施进行应对,但情况依旧很严重。

　　(18)様々な要素が絡んでいるからであると言える。これに対し、今日の国際社会は、対話と**協調**による国際秩序の構築を真剣に模索しつつあるものの、関係当事者が国際的仲介や調停に……

(外務省『外交青書1991』)

　　　　可以说是牵涉到了各种各样的要素。与此相对,今天的国际社会正在认真摸索通过对话和**协商**来构筑国际秩序,相关当事人却对国际间的中介和调停……

---

① 如果没有特别说明,文中的中译文均为笔者自译。

② 以下例句均引自少纳言『現代日本語書き言葉均衡コーパス』,例句出处仅标明作者和作品名。

（19）ノールウェーは積極的に減産を発表し，メキシコ，オマーン，マレイシア等も
従来からの**協調**維持を表明した。ところが，OPEC内部では（19）87年夏場以
降，国別割当量を守らぬ違……

（外務省『外交青書1991』）

挪威积极宣布减产，墨西哥、阿曼、马来西亚等国也表明维持之前开始的**合作**，
但是，欧佩克（石油输出国组织）内部从1987年夏季以后出现了不遵守石油产量
目标等问题……

（20）世界経済の主要な担い手として、その持続的成長を確保するための役割を主
要国との政策**協調**の中で率先して果たす必要がある。（19）93年は、日本経済
の低迷が続いたが、こうした中……

（外務省『外交青書1993』）

作为世界经济的主要支柱，为了确保持续增长，在与主要国家进行政策磋商中
有必要率先发挥其作用。1993年日本经济持续低迷，其中……

（21）このために国連安全保障理事会常任理事国の一員としての地位を活用しつ
つ、仏独**協調**に基づいた欧州統合の積極的推進を図るとの基本路線にも変化
がない。仏独関係は……

（外務省『外交青書1994』）

为此，在充分利用作为联合国安全保障理事会常任理事国一员的地位的同时，
基于德法两国之间的**协作**，积极推进欧洲统一的基本路线没有发生改变，德法
关系……

（22）IMFからも高い評価を得ている。外交面では、ASEANを基盤に我が国、米国等
との**協調**に努めてきており、（19）91年カンボディア和平が成立すると自らを
インドシナ地域のゲート……

（外務省『我が国の政府開発援助』下巻）

国际货币基金组织也给予了很高的评价。外交方面，以东南亚国家联盟为基
础，我国致力于同美国等国家之间的**合作**，1991年柬埔寨问题终于得到全面、公
正、合理的政治解决，随即柬埔寨立即加入了印度支那联邦……

（23）多くが民主化、経済自由化に向けた動きを強めている。わが国は他の先進民
主主義諸国と**協調**して欧州復興開発銀行（EBRD）の設立に積極的な役割を果
たしたり、これら諸国に対……

（外務省『外交青書1990』）

多数人都在为民主化、经济自由化而努力。我国与其他先进民主主义国家**合作**,为建立欧洲复兴开发银行(BRD)发挥了积极作用⋯⋯

(24)経済に対する信頼の回復に努め、一部逃避資金の還流も見られた。また、国際金融機関との**協調**関係を維持し、(19)92年4月には民間銀行団とブレイディ提案に基づく債務削減につき合意⋯⋯

(外務省『外交青書1992』)

努力恢复对经济的信任,也发现了部分逃避资金的回流现象。同时,维持与国际金融机构的**合作**关系,1992年4月与民间银行团就基于布莱迪提案的债务削减达成协议⋯⋯

(25)プログラムを推進し、東西回廊の整備などを進めているアジア開発銀行(ADB)とも**協調**しながら案件形成を進めています。メコン地域全体の広域的連結を促進するためには⋯⋯

(外務省『政府開発援助(ODA)白書』)

推进项目进展、与整修东西走廊等项目的亚洲开发银行(ADB)**合作**,形成议案。为促进整个湄公河流域的广域连接⋯⋯

从以上例文中可以看到,日语使用的「協調」并没有汉语"配合得当,协调一致"的意思,该词表示的意思大都是"合作、协商、协作"等。另外,日语的「協調」在行政事务的上下级中表示的是一种平等的关系。

关于日本的"协调外交"一词的含义,武寅(1995:27)认为日本的"协调外交"具有与武力争夺时期的不同特点。本文认为,日语的"协调外交"和"军国主义"的概念是相对的。

四、外交场合中的汉语"协调"

在汉语语境中,"协调"用于外交场合,最早见于胡汉民撰写的《英美的协调与国际分惠——中国目前的外交危机》。

(26)最近两个月来,因日本侵略察哈尔的尖锐化,与军缩等问题的僵化,所谓英美俄**协调**以解决远东问题的主张⋯⋯

(胡汉民《美英的协调与国际分惠——中国目前的外交危机》)

胡汉民在分析20世纪30年代有关远东的问题时指出,英美发表了关于解决裁军和远东问题的建议,强调英美必须参与和合作,如果没有美国方面的参与,英国绝不敢采取任何一个可以向日本发动武力的积极政策。所以,胡汉民的题目中"英美协调"中的"协调"其实就是表示英美"合作"。

在国内公开报道和分析有关外交关系的文章中,也经常出现"协调"一词,例如例句(27)—(30)。

(27)《日本经济新闻》说:"美中建交迫使日本采取对策,在中国市场问题上肯定将同美、欧竞争,要探讨新的**协调**办法。

(朱州《国际舆论与中美建交》)

(28)田中内阁时期实行了以"对美**协调**为主轴",以恢复中日邦交为"首要课题"的多边自主外交政策。

(沈学善,张脉强《当代世界史》)

(29)杨洁篪强调,当今世界机遇和挑战并存,世界各国需要携手合作。习近平主席和特朗普总统同意共同推进以**协调**、合作、稳定为基调的中美关系,特朗普总统表示发展合作和建设性的美中关系是他的优先事项。两国元首达成的重要共识,为今后一个时期中美关系发展指明了方向。

(https://www.fmprc.gov.cn/web/zyxw/t1638508.shtml,2019-04-12)

(30)中美双方都认识到,中美关系对两国、对世界都非常重要,中美关系只能搞好不能搞坏,两国政治家要主动担当,有所作为,在新起点上推动中美关系取得更大发展。习近平重申"合作是中美两国唯一正确的选择"。特朗普也表示"双方应该就重要问题保持沟通和**协调**"。

(梁启东《习特会:为中美关系发展定基调、定方向、定框架、定路径》)

上述例句(27)—(30)中出现的"协调"都具有"协商"或"对话"的意思,如果从汉语词典释义的立场,对上述例文中的"协调"理解为"配合得当"或"和谐一致"则显得有些牵强附会。

2018年12月25日在外交部举行的记者招待会上,对于有记者提出的"请问巴基斯坦外长是否正在中国访问""巴外长此访是否与当前阿富汗局势有关"问题,当时的外交部发言人华春莹的回答如下。

(31)今天上午,国务委员兼外长王毅会见了专程来华的巴基斯坦外长库雷希。双方就阿富汗局势的最新变化进行了深入讨论,达成了广泛共识。双方一致认为,军事手段解决不了阿富汗问题,推进政治和解是唯一现实可行的途径。双方欢迎各方为此做出的各种努力,愿就此保持密切沟通和战略**协调**。双方还一致同意,进一步深化中巴全天候战略合作伙伴关系,不断提升全方位合作水平。

(https://www.fmprc.gov.cn/web/fyrbt_673021/t1624855.shtml,2019-04-12)

2018年12月21日,中国驻美国大使崔天凯接受中国国际电视台(CCTN)采访,在被问及中美关系40年发展的启示时,崔天凯回答如下。

(32)过去40年世界和中美两国都经历了深刻变化,面临的机遇和挑战同步增加,但双边关系总体保持了正确的发展方向。历史经验告诉我们,合作是双方唯一正确选择,中美关系的基调应是**协调**、合作和稳定。

（https://www.fmprc.gov.cn/web/zwbd_673032/gzhd_673042/t1624429.shtml,
2019-04-12）

除此之外,国内的主流媒体也常常使用"协调"一词。

(33)中美应就两国世界观加强战略**协调**,构建以**协调**、合作、稳定为基调的双边关系。

（《人民日报》,2020年2月5日）

外交部发言人和驻美大使的发言多次使用"战略协调"一词,在外交部官网的报道中"战略协调"一词大约出现50次。其中,"加强战略协调"出现频率最高,使用了12次,"密切战略协调"2次,"深化战略协调"1次。本文认为"战略协调"中的"协调"和汉语词典中对"协调"的释义不同,在外交场合中该词具有"协商"或"合作"的意思。因为在外交活动中,相互尊重是一种基本规则,尊重交往对象,通常意味着尊重对方价值观及其他选择(金正昆,2016:170)。

2020年年初,中国武汉发生了新冠肺炎疫情,经过两个多月的奋战,中国国内疫情防控态势不断向好。但是从3月起,欧洲、美洲等地区和国家也大面积暴发了新冠肺炎疫情,COVID-19的确诊、疑似、死亡病例不断增加,对于欧洲的疫情,国家主席习近平向欧洲理事会主席米歇尔和欧盟委员会主席冯德莱恩发去了慰问电,部分内容如下。

(34)当前形势下,中方坚定支持欧方抗击疫情的努力,愿积极提供帮助,协助欧方早日战胜疫情。中方秉持人类命运共同体理念,愿同欧方在双边和国际层面加强**协调**合作,共同维护全球和地区公共卫生安全,保护双方人民和世界各国人民生命安全和身体健康。

（《人民日报》,2020年3月15日）

如果按照汉语词典的释义去解读例句(34)中的"协调",可能就成了"中国同欧方在双边和国际层面配合得当"的意思。把原文的"协调"理解成"联系"或"沟通"也许更符合原文所要表达的意思。只有对语用义的理解和掌握,才有可能真正掌握该词的实际意义。

另外,在外交场合中军事战略外交战略方面,金正昆(2016:41)指出:"在各国的总体战略中,外交战略与军事战略通常都是相互协调、相互配合、密切关联的。在绝大多数情况下,各国外交战略与军事战略的基本目标大抵都是一致的。"在本文文字中出现的"协调"不是本国与其他国家之间外交战略和军事战略的"协调",而是指本国的外交战略和军事战略之间相互配合。

五、结　语

诞生于汉语的"协调"最初表示的意思是在音乐方面的"校"音。但是《汉语大词典》和《现代汉语词典》均没有收录古汉语的"协调"。

通过汉语的例文,现代汉语中的"协调"一词可以用在表示理顺上下级关系、生产关系、各部门之间的关系等方面。

中共中央编译局的卿学民从译者角度出发,指出日语中的"协调"一词和日本的"军国主义""大国主义"的概念相对立,该词经常出现在G8、G20、APEC等国际场合,在很多情况下表示的是"对话""协商""合作""相向而行"等意思。[①]

但是在汉语词典中,"协调"的释义只有一个基本义。从上述例文中我们可以看出,汉语语境下的外交场合使用的"协调"并不包含"配合得当"或"和谐一致"的意思。汉语词典中还有不少词都只有基本释义,基本没有对语用义的解释。词典的基本释义和语用义之间存在的一些问题,给译者带来了一些困惑。从本文的例子可以看出,单从词典的释义去分析和考察像"协调"等词存在着一定的困难。

由于汉语词汇的诞生和词义的发展变化,在翻译过程中,译者认真领会和掌握原文中每一个单词的意思是非常重要的。如果翻译仅仅是不同语言之间的单词置换,那么就很可能造成译文中文化等方面的缺失现象。

参考网站

爱汉语汉语语料库,http://corpus.zhonghuayuwen.org/

人民网,http://www.people.com.cn/

人民网日语版,http://j.people.com.cn/

外交部,https://www.fmprc.gov.cn/web/

---

① 卿学民,译审,中共中央编译局文献翻译部副主任。2018年5月14日在大连外国语大学做了题为"「タカの目」と「アリの目」——十九大政治报告日文译法例析"的学术讲座。

新华网,http://m.xinhuanet.com/

光明网理论频道,http://theory.gmw.cn/2017-04/11/content_24178906.htm

日本外务本省,https://www.mofa.go.jp/mofaj/annai/honsho/shiryo/shidehara/03_1.html

少纳言,http://www.kotonoha.gr.jp/shonagon/search_form

参考文献

冯梦龙,2018. 东周列国志[M]. 北京:北京教育出版社.

高平,1991. 社会主义学[M]. 北京:中共中央党校出版社.

汉语大词典编纂委员会,1993. 汉语大词典:第一卷[M]. 上海:汉语大词典出版社.

胡汉民,1936. 英美协调与国际的分惠——中国目前的外交危机[M]. 北京:新众社.

贾履让,房汉廷,1988. 宏观市场理论研究——市场结构[M].北京:中国展望出版社.

金正昆,2016. 外交学[M]. 3版. 北京:中国人民大学出版社.

李泽中,1989. 当代中国社会主义经济理论[M]. 北京:中国社会科学出版社.

李忠凡,1988. 中国经济体制改革概论[M]. 北京:经济科学出版社.

梁启东,2017. 习特会:为中美关系发展定基调、定方向、定框架、定路径[EB/OL]. (2017-
　　04-11)[2019-04-12]. https://theory.gmw.cn/2017/04/11/content_24178906.htm.

刘波,高生文,1984. 社会主义宏观经济效益概论[M]. 沈阳:辽宁人民出版社.

吕叔湘,丁树声,2016. 现代汉语词典[M]. 北京:商务印书馆.

马端临,2018. 文献通考[M]. 北京:中华书局.

马洪,1984. 探索经济建设之路[M]. 上海:上海人民出版社.

闵耀良,李炳坤,1988. 中国农村经济改革研究[M]. 北京:中国展望出版社.

人民日报,2020. 习近平向欧洲理事会主席米歇尔和欧盟委员会主席冯德莱恩致慰问电
　　[N]. 人民日报,2020-03-15(01).

人民网,2020. 中美应加强战略协调[N]. 人民日报,2020-02-05(16).

沈学善,张脉强,1991. 当代世界史[M]. 南京:南京大学出版社.

沈约,1985. 宋书[M]. 北京:中华书局.

唐琮瑶,1981. 法学基本理论概述[M]. 福州:福建人民出版社.

脱脱,阿鲁图,2015. 宋史[M]. 北京:中华书局.

外交部,2018a. 驻美国大使崔天凯接受中国国际电视台(CGTN)《欣视点》栏目采访[EB/
　　OL]. (2018-12-23)[2018-12-23]. https://www.fmprc.gov.cn/web/zwbd_673032/gzhd_
　　673042/t1624429.shtml.

外交部,2018b. 2018年12月25日外交部发言人华春莹主持例行记者会[EB/OL].(2018-12-25)[2019-04-12]. https://www.fmprc.gov.cn/web/fyrbt_673021/t1624855.shtml.

外交部,2019. 杨洁篪:希望美方同中方一道,落实好两国元首共识,推进以协调、合作、稳定为基调的双边关系[EB/OL].（2019-02-17)[2019-04-12]. https://www.fmprc.gov.cn/web/zyxw/t1638508.shtml.

王德春,1990. 语言学通论[M]. 南京:江苏教育出版社.

王新生,矢板明夫,2000. 论20年代日本的"协调外交"[J]. 日本学刊(3):122-137.

王志伟,朱善利,1992. 中国经济概论[M]. 北京:经济日报社.

武寅,1995. 从协调外交到自主外交[M]. 北京:中国社会科学出版社.

肖励锋,冯秉智,甘棠寿,1987. 简明科学社会主义史[M]. 兰州:甘肃人民出版社.

新村出,2014. 广辞苑[M]. 上海:上海外语教育出版社.

俞文钊,1987. 领导心理学[M]. 上海:上海人民出版社.

中国社会科学院语言研究所词典编辑室,1985. 现代汉语词典[M]. 北京:商务印书馆.

朱州,1979. 国际舆论与中美建交[M]. 北京:世界知识出版社.

藤堂明保,1978. 学研漢和大字典[M]. 東京:学習研究社.

中日箸的用途对比研究

余明珠①

（西安外国语大学日本文化经济学院　西安：710128）

摘　要：箸在中国和日本的文化史上都扮演着重要角色，不仅作为一种物质存在，更是一种文化传承的载体。本文主要采用比较研究法，发现中日箸在作为助食工具、工艺品、纪念品上有相似之处，反之在陪葬品、舞蹈用具、暗号、刑具、祭器等用途上存在明显差异，通过对比分析从而细化中日箸的相关研究，以期呈现出更多样化的箸文化。

关键词：箸；文化；中国；日本；用途

一、引　言

中国与日本同属亚洲箸文化圈，两国使用箸的历史由来已久。学界在对箸的研究上也颇有建树。但无论是中国还是日本，将两国的箸分开进行陈述的研究较多，而将中日箸进行对比研究的少数论文中，大多从文化视角整体切入。例如，安淑英在论文中"将中日筷子作为餐饮文化的一部分进行比较，突出中日文化差异"（安淑英，2005：139-140）。李庆祥认为，"日本箸文化的形成对日本人的性格养成、行为方式、价值取向都产生很大影响。在此基础上，与中国筷子进行简单对比"（李庆祥，2009：94-97）。文中仅涉及了些许与中国箸的比较内容，且大多停留在表面，未进一步深入分析。可知，在已有的相关研究中，存在研究内容范围过大、分析不够细致的问题。因此，本文将视点锁定在"用途"上，将时间节点控制在从中国的新石器时代到清代、日本从开始出现箸的时期到江户时代间，比较两国箸在用途上的异同。

---

① 余明珠，西安外国语大学在读硕士研究生，研究方向为日本文学。

二、箸在中国的用途

新石器时代，中国已经出现了箸。除此之外，还出现了其他的进食用具。在陕西关中地区、河南中部、江淮东部、浙江沿海的史前居民已经开始使用不同种类的进食用具。集中进食用具用途及差别分别如下：

"小型块状食品和颗粒状食品可借助匕进食；粒食、粥类、汤类、羹类食品，可以借助勺来舀取食物；块状食品，可以借助刀来帮助进食。叉主要叉取块状食品，以及从汤类、粥类、羹类食品中捞取蔬菜类食品。"（刘云，2006：61）

从上述几种进食用具的具体用途中可以看出，匕、勺、刀、叉都有不便进食的食物。唯有箸，既便于块食、粒食，又便于汤、粥、羹食。可知在当时中国这几种餐具中，箸是功能较齐全的进食用具。

先秦时期（旧石器时代—公元前221年）历时1800多年。这一时期，我国历史逐渐告别原始时期，社会经济的不断发展，也推动了饮食文明的逐渐进步，箸的用途随之多样化。

箸，在人们的饮食生活中，已经成为主要进食工具。当时人们进食时，一般都是将箸和餐匙组合起来使用的。例如，《礼记·曲礼上》记载"羹之有菜者用梜，其无菜者不用梜"，意为羹食中有菜的时候使用梜，没有菜的时候不使用梜。其中所记载的"梜"便是箸，说明箸在当时是专门用来夹取羹中菜食的。同篇中出现的"饭黍毋以箸"，意为"食用米饭米粥不能用箸，一定得用匕"。"三礼"记载，周代的礼食中既用箸也用匕，但二者分工十分明确。从以上可知，虽箸与匕组合作为助食工具，但分工明确，不可混用。

秦代后期，箸的功用也开始发生变化，它不再只限于夹取羹中的菜食了，也开始用于夹取其他的食物。

在黄河流域和长江流域的先秦文化遗址和墓葬中，先后都发现有箸文化物质遗存。这说明在商周时期，不仅中原地区的人们在饮食生活中广泛使用箸，而且边疆地区的少数民族也在使用箸进食。而且，此时的箸，除了作为人们饮食生活中的进食工具外，还出现了烹饪专用箸，甚至普遍用作墓葬中的陪葬品。

"20世纪30年代，在安阳西北岗祭祀坑出土了商代的青铜箸头6件。"[1]陈梦家老先生

---

[1] 梁思永：《梁思永考古论文集》，科学出版社1952年版，殷虚发掘展览目录。转引自刘云：《中国箸文化史》，中华书局2006年版，第92页。

认为这些箸"皆原有长形木柄,后者似为烹调之用具"①。如图1所示,这种装有木柄的箸头较大,用作进食工具不太便利,被认为用于烹调料理较为合理。

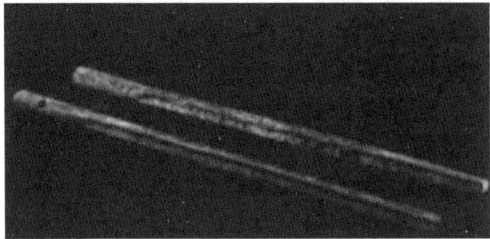

图1　商代青铜箸头(安阳出土)

(刘云,2006:93)

据古籍记载,秦汉宴饮已成惯例,由于进食方式改进,箸的使用更为普遍。箸除了用作进食工具外,已经用作陪葬品。比如,在湖北云梦大坟头出土的16件竹箸,为西汉初遗物;汉文帝墓葬中也发现了箸。所以可以看出,箸也慢慢变成陪葬品中的一种。

王莽时期出现了铁箸。如《汉书·王莽传》记载公元19年,"夙夜'连率'韩博上言:'有奇士,长丈,大十围……自谓巨无霸……霸卧则枕鼓,以铁箸食……'"此人身高约为2.34米,一般的木制箸使用较为不便,使用铁箸似愈加合乎情理,但也不排除作为随身兵器之可能,有待进一步探讨。

魏晋南北朝时期,种植业发展,粟、麦等农作物在南方也得以种植。汉代出现的石磨在魏晋南北朝时期大量普及,面粉产量随之增多。随着面粉产量的增加,出现了许多种类的饼。热汤饼则是当时非常有代表性的一种美食,其使得箸成为唯一的助食工具(热汤饼的汤温度很高,而且要趁热吃,所以用匕或者手指进食都不方便)。

隋唐五代时期,出现了用于挟火、拨火等的火筯(见图2)。火筯与火夹不同,虽都由一双箸构成,但二者间多用链条相连,便于使用。火筯一般短于平常所用的食用箸,多为铜制、铁制,但也有金、银铸造品。

隋唐王朝由于政治军事实力不断增强,政局及社会相对稳定,追求奢靡逐渐被视为时尚,与日常生活密切相关的箸也自然被视为一种生活享受的对象。小小两根箸,逐渐作为权势财富的象征。箸成为皇亲国戚的陪葬之物。墓内陪葬物有银箸和银饰,可表明墓主人的身份高贵和财富之多。

---

① 陈梦家:《殷代铜器三》,《考古学报》1954年第7册。转引自刘云:《中国箸文化史》,中华书局2006年版,第92页。

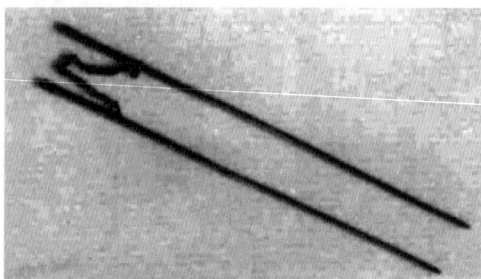

图2　火筋(唐代银火筋,法门寺出土)

(刘云,2006:226)

而且,这一时期以出土的唐代金属箸为代表,更加注重箸在首顶端或箸壁进行工艺装饰,即为工艺箸(装饰用)。

南唐时期,正月十五元宵节里流行用箸占卜。唐代郑熊在《番禺杂记》中称:"岭表占卜甚多,鼠卜、箸卜、牛卜、骨卜、田螺卜、鸡卵卜、篾竹卜,俗鬼故也。"由此可知,当时占卜十分流行,且占卜工具多种多样,箸也位列其中。

宋辽金元时期,箸作为意象在诗词中广泛出现。它已不单单作为千万人司空见惯的进食工具,而且作为诗人词人言志抒情的文化载体。

例如,北宋书法家米芾在《三吴帖》中曾经借箸来抒发自己的心情:

三吴有丈夫,气欲吞海水。
开口论世事,借箸对天子。

这是米芾在30岁时,为即将前往江西上任的好友所作之诗。刚进入官场的他,很羡慕友人"开口论世事,借箸对天子"的豪情壮志,故作下此诗。

再如,方岳在《水调歌头》(九日多景楼用吴侍郎韵)中写道:

旧黄花,新白发,笑重游。满船明月犹在,何日大刀头。谁跨扬州鹤去,已怨故山猿老,借箸欲前筹。莫倚阑干北,天际是神州。

其中"借箸欲前筹"词中的"借箸前筹"的故事来自《史记》,指张良借用刘邦面前的箸为他筹划当前形势。此词借此典故表现方岳想为国家贡献、出谋划策的赤子之心。

另外,箸在民间的婚姻确立过程中也发挥了不可或缺的作用。在宋代孟元老所著的《东京梦华录》卷五第三节"娶妇"中如此写道:"凡娶媳妇,先起草帖子,两家允许,然后起细帖子,序三代名讳,议亲人有服亲田产官职之类。次檐许口酒,以络盛酒瓶,装以大花八朵、罗绢生色或银胜八枚,又以花红缴檐上,谓之'缴檐红',与女家。女家以淡水二瓶,活鱼三五个,箸一双,悉送在元酒瓶内,谓之'回鱼箸'。"对男家送来的"许口酒",女家要对此回礼,包括两个水瓶,里面装着清水,三五条活鱼,一双筷子,全部放在男家原来的酒瓶里,这叫"回鱼箸"。返礼送"回鱼箸"表明女方家庭对此亲事基本保持认可态度,送箸寓意"一团和气",表明女家希望今后两家能够和和气气。从中可以看出箸在宋代民间婚姻确立过程中担任着重要的角色。

箸用于舞蹈的历史也很久远,主要出现在我国一些少数民族的舞蹈中。其中蒙古族的"筷子舞"("筷子舞"的说法已经固定下来,故本处采用"筷子"而非"箸"的表达方法)最少也有700年的历史。"目前对于'筷子舞'的定义与得名有多种说法。但是可明确的是'筷子舞'属于道具舞蹈,必须使用道具筷子共同起舞。"(孙兰,2019:11)一般在婚宴、节庆或者亲友聚会时会出现"筷子舞",其形式有单舞筷子、顶碗,也有击打盘子时同时舞动筷子的。"表演时,舞者与众人的歌声、乐曲声和'击节堪声'的击筷节奏声,在保持以坐、跪、立为主的姿态中,随着腰部柔韧性扭动或膝部韧性屈伸变化,有节奏地用筷子敲击手、臂、肩、背、腰、腿、脚等身体各个部位,或者敲击盘、碗和地面等处。"(王景志,2019:335)箸作为"筷子舞"的道具,提供了不少风趣。

另外,在宋代文献中,已明确有箸用于医疗的记述。《潜居录》中记载:"八月朔,以碗取树叶露,研展砂,以牙箸点染审视,百病俱消,谓之天灸。"意为"用露水和朱砂研磨后,用筷子蘸至患处,可祛病。此法誉为'天灸'"。"百病俱消"确实言过其实,但牙箸研展砂叶露,点染于身,用来防病,应该是当时民间流行的一种防病方法。

清代,箸的功能用途进一步丰富。首先,与隋代一样,可用于表现不同的身份规格和等级。比如,皇帝在宴请群臣之时,自己使用银盘、银箸,但是身边地位较低的臣子就使用铜箸和铜盘等餐具。

除此之外,还陆续出现了功筷(见图3)等。箸逐渐有了可以作为信物、暗号工具、刑具的用途。

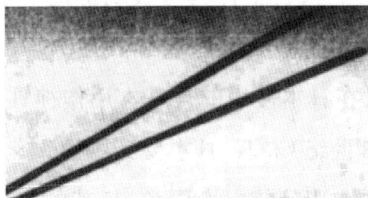

图3　清代功筷(北京征集)
(刘云,2006:341)

清朝由满洲贵族常年军事征伐建立，是以武力威慑维系的封建国家政权。初期，社会经济政治尚处于暂不稳定状态，会党与江湖社会普遍存在，江湖人士危机意识尚存。此时箸的使用已经较为普遍，江湖人士为了确保自身或团体的安全，开始习得"箸功"技艺，以及将箸作为防身武器。"这种功筷相较于普通助食箸长7—8厘米，重量则是平常竹箸的16—17倍。"（刘云，2006：341）外形和重量的差异，决定了箸的用途的不同。

信物。明清时期出现箸壁上刻有"百年好合""龙凤呈祥"等字样的新婚夫妻箸，夫妻两人可以各执其一，用作信物。也有"夫妻如箸"这一说法，用箸喻夫妻间的平等关系，互帮互助，目标一致。

暗号工具。如上所言，从清代至民国，社会处于不安稳状态，各地帮会结社十分繁杂，且活动日益频繁。他们常使用隐语和暗号与同行取得联系。因联络地点大多在饭店等饮食场所，所以箸便顺其自然地成为常用的暗号工具之一。

箸成为刑具，在清代文录中稍有记载。李伯元在《活地狱》中写道某县的县长诱逼浪子入伙为贼，将箸作为刑具。清代黄六鸿在《福惠全书·用刊》中写道："今之刑具，较之前古甚轻，责惟竹板；鞫讯不服则夹棍拶指；辱之示众，则枷；而拘系防闲，则锁铐，杻镣而已。"（曹强新，2011：42）如其中所提及的"夹棍""拶指"都属于当时的刑具，与"箸"形状相同，但用法天差地别。

三、箸在日本的用途

3世纪左右，即日本弥生时代末期，箸传到了日本。在新尝祭和大尝祭中，天皇使用小钳子形状的折箸（将食物进贡给神，所以尽量避免手接触到食物），将当年新产的粮食供奉给神。这可看出当时箸主要是祭祀用的祭器，并不能用作食器。

在《古事记》中，有关于神功皇后向河神、海神进贡的相关记载。在祭祀活动中，人们会使用折箸将神馔进贡给河神、海神。从记载可以得知，日本从弥生时代到古坟时代使用的箸主要是在祭祀仪式和祭祀专用中使用的折箸。《古事记》中也有"倭迹迹日百袭姬神与大物主神结婚后，由于看到大物主神真身表现得过于吃惊，大物主神觉得受辱狠心离去，倭迹迹日百袭姬神悔恨不已，用箸插自己导致死亡"的记载。在这个故事中，箸被认定为神具。据此推测，当时在日本使用的箸基本用作神具，而非食器。

在飞鸟和奈良时代（5—8世纪）末期，日本受到中国文化的深刻影响。607年，圣德太子为建设新的律令制国家，派遣遣隋使向中国学习，其中也包括学习食文化中箸的使用。以小野妹子为代表的日本遣隋使入隋后，看到了箸作为助食工具的用法，深受震撼，并在

608年返回日本后,将此事汇报给圣德太子。为了不失礼节,圣德太子在招待隋朝使节的时候首次将箸作为助食工具,并且于同年颁布了"箸食制度"。在奈良东大寺正仓院中出土的御物中,含有铁质的折筷(见图4)。从中可知,此时的箸不仅出现了作为食器的功用,也依然保留作为祭器的用途。

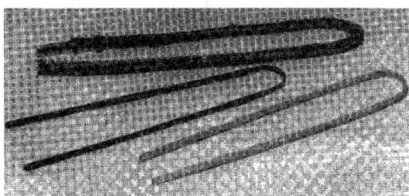

图4　折筷(弥生时代至奈良时代)

(勝田春子,1989:208)

平安时代,是以贵族为中心的时代。贵族文化在平安时代得到了空前的繁荣和发展,贵族十分倾心于举办各式各样的宫廷庆典。"在元旦庆典,三月的节日,五月的节日,七夕,中秋节,都有各种各样门类丰富的宫廷庆典活动。在这些庆典活动中,竹箸、银箸、银匙和柳箸等都得到了使用。"(勝田春子,1989:212,笔者自译)从中可以看出,在不断多样化的宫廷庆典中,箸的使用也随之增多。箸逐渐成为宫廷庆典文化中的重要组成部分。

861年,有一个名叫白箸翁(しらはしのおきな)的人,他将宫廷内多余的材料制成白色箸,在城市里进行售卖。当时很多人将这种箸放在神龛祭祀,祈求去除灾难。

在此时期,出现了料理用箸,主要是真鱼箸(まなばし)和菜箸(さいばし)。真鱼箸是在料理鱼或者鸟类食材的时候使用的长形木制或铁制箸(见图5)。

图5　庖丁师用真鱼箸处理食材[1]

① 图片来源:『七十一番職人歌合絵卷』。

而与此相对的是菜箸。该箸在料理过程中或分食物时频繁使用。比普通作为食具的箸略长,长度为普通食箸的1.5—2.5倍。

镰仓时代,武士逐渐掌权。推崇实用、合理的武家文化逐渐成为当时日本文化的重要组成部分。此时关于箸的使用用途记载相对较少。

但是,在记载武士阶层用餐方法的《酒饭论》(『しゆはんろん』)画卷图(见图6)中,描绘了武士将饭盛得满满当当,使用长箸进行用餐的样子。从图6中可清楚看出,除箸以外并未出现其他的进食工具。据此可知,在镰仓时代,武士阶层只使用箸,将其作为进食工具。这与奈良时代、平安时代贵族阶层在用餐时,都习惯将箸和其他进食工具结合使用不同。而只使用箸,就意味着箸必须承担抓、夹、切、搅拌、按压等一系列其他进食工具所承担的功能和用法。此时的一双箸承担了许多功用。

图6 《酒饭论》①

室町时代,后醍醐天皇和足利尊氏推行建武新政,国内矛盾激化政治不稳定,且内乱持续了将近240年,战乱对武士阶层的饮食也带来了一定影响。镰仓时代武士一日两餐,但到了室町时代,由于战乱频繁,武士们一日三餐已变得十分普通。由于用餐次数增多,箸的使用频率也随之增加,对箸的规定和使用方法也逐渐变得规范,如箸的放置方法、拿法、使用方法,以及使用箸的礼仪等,甚至料理顺序和日本菜刀的使用方式等关于料理技术的规则也逐步确立。

在料理体系中,精进料理、本膳料理、怀石料理等接连确立,延续至今。精进料理主要是受佛教影响的一种料理形式。"精进料理在佛教祭祀活动中,经常会使用竹箸。茎部

---

① 图片来源:文化遺産オンライン,https://bunka.nii.ac.jp/heritages/heritagebig/221634/0/1 [2020-12-20]。

较粗的在日本称为'竹'（たけ），茎部较细的称为'细竹'（ささたけ）。在日本，无论是竹还是细竹，都体现了一种生命的韧性和恒久性。在精进料理中使用竹箸也是受此影响。"（勝田春子，1990：232，笔者自译）从中可以看出日本人对箸的选取与其材质的来源有一定的关联性。

室町时代中期，在神灵祭祀活动中，人们有特别使用柳箸（やなぎ箸）的习惯。关于这个使用理由，没有相关记载文献。据著名箸学家真野康丸氏推测，「やなぎ」来自「やん・なぎ」，「やん・なぎ」中的「やん」象征着远离战争和纷乱，「なぎ」意为平静。结合起来就是蕴含平和平静之意，使用柳箸也体现室町时代长期处于战乱生活的人们对和平宁静生活的渴望。除此之外，在大型的庆典中，人们十分忌讳箸被折断，由于柳枝不易断，再加上日本人认为柳树是被水洗涤过的神木，有时还会将其写作"家内喜"（やなぎ），寓意较好，所以柳箸作为一种有代表性的"祝箸"沿用至今，主要在正月的前三天使用。

安土桃山时代，随着茶道的盛行，在怀石料理中象征着日本美意识的利休箸出现了。因为最初是千利休用吉野的杉削成箸来招待客人，故得名。这种箸中间有点宽大扁平，两端细长（可两端使用），"中平两细"的形状就是"利休箸"的特征。利休箸是最早的工艺箸。

江户时代初期，随着制箸工艺的不断发展，在日本各地的漆器产地先后出现各式漆箸（见图7），并作为地方特产迅速发展。江户时代的《和汉三才图会》中记载："凡异国人用'箸'与匕，本朝人不用匕，唯用'箸'。"当时日本用箸的习惯十分盛行，甚至喝汤的时候也不用勺子，都使用箸，这点与中国强调的喝汤要用勺子略有差异。

漆箸最初是奢侈品，是上层人士彰显其地位的工具。后来各地在漆箸上又添加各种花纹装饰和镶嵌品，漆箸的制作工艺也日趋精巧美观。这样，箸在日本不仅作为实用的餐具，还作为工艺品受到了关注和青睐。

图7　漆箸①

① 图片来源：http://www.marumitsu.jp/studiom/2019aw/article/urushibashi［2020-12-20］。

除此之外,1827年,行脚僧杉原宗庵用制造酒桶的剩余材料制成了"割箸",即一次性筷,后来在东京和大阪的鳗鱼店里相继出现了一次性竹制方便筷,这种箸被视为现代的一次性筷的始祖。一次性筷的投入使用,减少了细菌传播的途径,使用也十分便捷,深受日本大众的喜爱。

四、中日箸的用途比较

(一)中日箸用途小结

在中国的新石器时代已经出现了箸。据考古发现,当时中国人使用的餐具中,箸相较于其他进食用具,用途更加丰富。先秦前期,箸主要是用来夹取羹中菜食;后期箸的用途开始发生了变化,不再限于夹取羹中菜食,也开始夹取其他食物。除此以外,箸还可作为陪葬品,同期也出现了烹饪专用箸。魏晋南北朝时期,由于热汤饼的出现让箸作为进食工具使用的地位更加稳固。隋唐五代时期,出现了挟火、拨火用的火筋。此外,箸也可以作为权势财富的象征,同时期也出现了工艺箸。南唐时期箸作为占卜工具得到使用。宋辽金元时期,箸逐渐成为诗词中的文化载体,同时箸在民间婚姻中起到了非常重要的作用。这一时期,蒙古族出现了以箸为主要元素的"筷子舞",民间还有箸作为一种防病措施的说法。清代,出现了功筷,即作为防身武器的箸。同时,箸也有作为信物、暗号工具和刑具的用途。

3世纪,箸传到了日本。在新尝祭中出现了祭祀用的折箸。弥生时代到古坟时代,箸主要是在祭祀仪式和祭祀专用中使用的折箸。此时,箸主要用于祭祀活动,并不具备用作进食工具的用途。飞鸟和奈良时代,圣德太子首先使用箸作为助食工具。平安时代,箸开始用于各种庆典活动,同时出现了料理用箸,主要是真鱼箸和菜箸。室町时代中期,在神灵祭祀活动中,人们有特别使用柳箸的习惯,关于这个理由没有明确的文献记载。著名箸学家真野康丸认为,这是为了表达宁静平和之意,笔者也依据日本人对柳的态度做了适当推测。安土桃山时代,出现了利休箸,在怀石料理中使用,也可作为一种工艺箸。江户时代出现了漆箸,既作为一种餐具,又作为工艺品。1827年出现了一次性筷,一次性筷的使用为人们的生活带来了诸多便利。

(二)比较结果

将上述内容中的中日箸在用途方面存在的异同点归纳如下。

1. 相同点

第一,中日箸都可作为食用工具。在中国,箸从先秦时期就开始作为助食工具。随着朝代的更替,不断出现了箸的新用法,但最基本用途还是作为助食工具。在日本,首次正式使用箸是在隋朝裴世清访问日本时,在日本的宫廷宴会上,圣德太子决定使用中国礼仪来接待隋朝使者,首次将筷子作为助食工具。

第二,中日箸都可作为工艺品。以出土的唐代金属箸为代表,中国隋唐五代时期对箸的装饰有一定的考究,箸可以被认为是工艺箸。日本安土桃山时代,利休箸的出现成为日本最早的工艺箸。

第三,中日箸都可作为纪念品。中国在明清时期出现了箸身刻有"百年好合""龙凤呈祥"等类似字的夫妻筷,二者各执其一,可作为信物。同样,日本也有夫妻箸,可以作为礼物送给夫妇当纪念品,但何时出现没有具体文献记载。

2. 不同点

第一,在作为陪葬品方面,中有日无。在秦代、清代的古墓陪葬品中发现了箸,但到目前为止,日本没有相关考古发现。

第二,在作为舞蹈用具、功筷、暗号工具、刑具方面,中有日无。筷子舞是从中国元代流传下来的传统民间舞蹈。明清时期,箸的功能呈现更加多样化趋势。功筷可作为防身武器,除此以外,箸也可作为暗号工具和刑具。而在日本,没有发现箸有如上相关用途。

第三,在作为祭器方面,中无日有。笔者整理的中国方面资料并没有记载箸可作为祭器的用法。与中国不同,日本从最初使用箸起就将其作为祭器,且后期在各种庆典中,箸也被作为祭祀用品得到广泛使用。

中日箸的用途对比详见表1。

表1 中日箸的用途对比

时代	中国	时代	日本
新石器时代	出现了箸		
先秦时期	1. 专门夹取羹中菜食 2. 箸与匕搭配使用且分工明确	绳纹时代	
秦汉时期	1. 除了夹取羹中饭食,也开始夹取其他食物 2. 陪葬品 3. 作为烹调工具的箸出现 4. 有作为随身兵器的可能性	弥生时代	新尝祭和大尝祭中,作为祭器
魏晋南北朝时期	箸成为唯一的助食工具	古坟时代	

续　表

时代	中国	时代	日本
隋唐五代时期	1. 挟火、拨火用的火筋出现 2. 权势财富的象征 3. 工艺箸 4. 占卜工具	飞鸟时代	除了作为祭器外,还作为助食工具使用
		奈良时代	
		平安时代	1. 宫廷庆典中使用 2. 料理用箸(真鱼箸和菜箸) 3. 白箸置于神龛,去灾
宋辽金元时期	1. 诗词的文化载体 2. 在婚姻程序中担任重要角色 3. 筷子舞的工具 4. 民间流行的祛病方法中的一环	镰仓时代	武士阶层只使用箸作为进食工具
		室町时代	1. 精进料理中,与佛有关,常使用竹箸。象征生命的韧性和持久性 2. 神灵祭祀中使用柳箸,象征平和平静
明清时期	1. 表示身份规格与等级 2. 功筷 3. 信物 4. 暗号工具 5. 刑具	安土桃山时代	工艺箸(利休箸)
		江户时代	漆箸出现 1. 餐具 2. 工艺品 3. 奢侈品

五、结　语

中日同属箸文化圈。两国的箸,在作为助食工具、工艺、纪念品这三类用途上具有一致性。但除此之外,有相当的差异。在中国先秦文化遗址和墓葬中出土了箸,可知中国箸有作为陪葬品的用途。而日本虽然也有葬箸(葬の箸)这一说法,但是在墓葬考古研究中没有相关发现,所以可以推测在日本箸没有作为陪葬品的用途。日本的葬箸是作为「立て箸」来使用的,即在故人爱用的茶碗里面盛上饭插上箸用来祭祀亡灵。此外,日本还有一种「箸渡し」的仪式——在人火化后,用筷子拾取剩下的骨头。这两种都可纳入日本葬箸的用法,但不作陪葬品之用。中国在宋代出现了筷子舞,箸作为舞蹈用具得到使用。明清时期出现了作为武器的功筷,箸也可作为暗号工具和刑具。但是日本的箸没有出现相关用途。除此以外,日本的箸可作为祭器,而中国的箸没有该用途。

在中日两国,箸之所以出现了不同的用途,与当时的社会背景和文化存在密切联系。中国从秦朝开始用箸来陪葬,这一用途极大地反映了从秦开始的封建王权之盛况。日本虽然后期也形成了封建专制统治,但是日本的封建专制制度与中国相比,基础还是显得比较薄弱,这一点也是日本的箸没有陪葬品这一用途的原因之一。

随着两国人民对箸文化的认知和了解程度的不断加深,箸不再单纯作为进食工具,其制造工艺不断完善,人们对箸的使用教育也逐渐规范,对箸的使用的相关研究也在不断深入和扩大,足以表明箸的价值和从事与箸相关研究的意义。箸不管是在中国还是在日本,历经漫长历史不仅没有退出历史舞台,相反更以它自身的魅力在历史长河中立住了脚跟。

本文通过中日箸的用途对比研究,一方面希望据此促进对箸的相关研究细化,另一方面则希望通过把握中日箸在使用上的异同点,呈现出更加多样化的箸文化,推动中日文化的交流与发展。

参考文献

安淑英,2005. 中日文化的异同比较[J]. 宁夏社会科学(6):139-140.

曹强新,2011. 清代监狱研究[D]. 武汉:武汉大学.

李庆祥,2009. 日本的箸与文化——兼与中国筷子文化比较[J]. 解放军外国语学院学报(5):94-97.

孟元老,2010. 东京梦华录[M]. 郑州:中州古籍出版社.

刘云,2006. 中国箸文化史[M]. 北京:中华书局.

孙兰,2019. 1980年代以来蒙古族筷子舞创作研究[D]. 呼和浩特:内蒙古大学.

王景志,2019. 中国蒙古族舞蹈艺术论[M]. 呼和浩特:内蒙古大学出版社.

一色八郎,1998. 箸の文化史[M]. 東京:御茶の水書房.

勝田春子,1989. 食文化における箸についての一考察:わが国における箸の変遷1 弥生時代～鎌倉時代[J]. 文化女子大学研究紀用(1):205-215.

勝田春子,1990. 食文化における箸についての一考察:わが国における箸の変遷2 室町時代～江戸時代[J]. 文化女子大学研究紀要(1):231-241.

太田昌子,2001. 箸の源流を探る—中国古代における箸使用習俗の成立—[M]. 東京:汲古書院.

法橋寺島良安,1712. 和漢三才図会[M]. 大阪:書林堂.